급속충전
에이급수학

발행일 2023년 11월 1일
펴낸이 김은희   **펴낸곳** 에이급출판사   **등록번호** 제20-449호
책임편집 김선희, 손지영, 이윤지, 김은경
마케팅총괄 이재호
표지 및 내지디자인 공정준
조판 보문미디어
주소 서울특별시 강남구 봉은사로 37길 13 동우빌딩 5층
전화 02-514-2422~3, 02-517-5277~8
팩스 02-516-6285
홈페이지 www.aclassmath.com

수학 꽉 잡는
급속충전
에이급수학
중 3 상

100

최 적 화 됨

누구도 내 공부를 대신해 줄 수 없습니다.
학원을 다니고 과외를 받아도
결국 공부는 남이 해주는 것이 아니고, 내가 하는 것입니다.
나의 목표도, 취약한 부분도
나만이 가장 잘 알고 있습니다.
혼자 달리는 마라톤처럼 긴 공부에 지칠 때도 분명 많겠지요.
하지만 모르는 부분을 알 때까지 물고 늘어져서 스스로 깨우친 순간,
계속 도전해서 드디어 어려운 문제를 풀어낸 가슴 떨리는 성취감의 기억은
우리를 더 큰 미래로 나아가게 합니다.
포기하지 않고 더 깊게 사고하게 하는 수학의 힘은
앞으로 수많은 난제를 논리적으로 해결하는 여러분만의 능력이 될 것입니다.
최상위권 수학의 대명사인 『에이급수학』 그 에이급수학을 자신있게 풀기 위한
가장 빠르고 효과적인 사다리가 『급속충전 에이급수학』입니다.
배움에 한계는 없지만 시간은 정해져 있기에
가장 효율적으로 공부해서 최선의 결과를 얻기를 기원합니다.

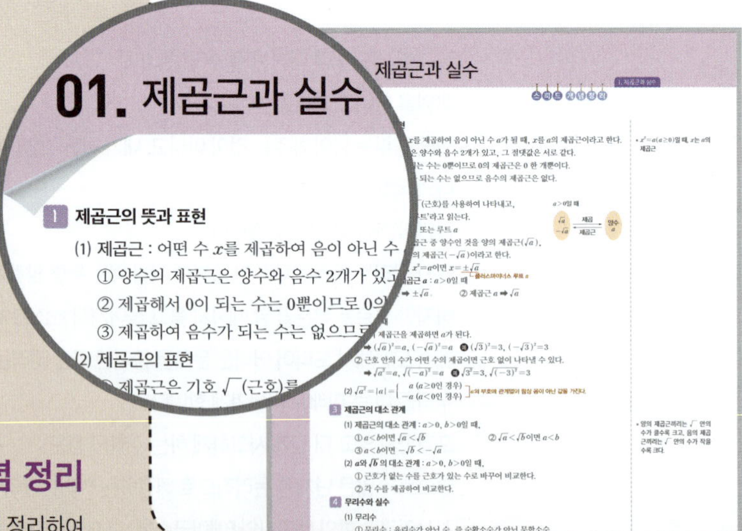

스피드 개념 정리

반드시 알아야 하는 개념만을 꼼꼼하게 정리하여 빠르게 이해하고 습득할 수 있도록 하였습니다.

주제별필수문제

학교 시험에서 자주 출제되는 문제를
주제별로 분류하여 문제를 풀면서
주제를 완벽하게 이해할 수 있게 하였습니다.

실력완성문제

학교 시험 만점에 도전하기 위한 상위 수준의 문제로
자신만만하게 실전에 대비합니다.

서술형 비중이 점점 높아지고 있는 서술형 문제도
주눅들지 않고 자연스럽게 풀 수 있도록
하였습니다.

최고난도문제

변별력을 결정하는 고난도 문제와 신유형의 문제로
종합적인 응용력을 완성하도록 하였습니다.

CONTENTS

I 제곱근과 실수

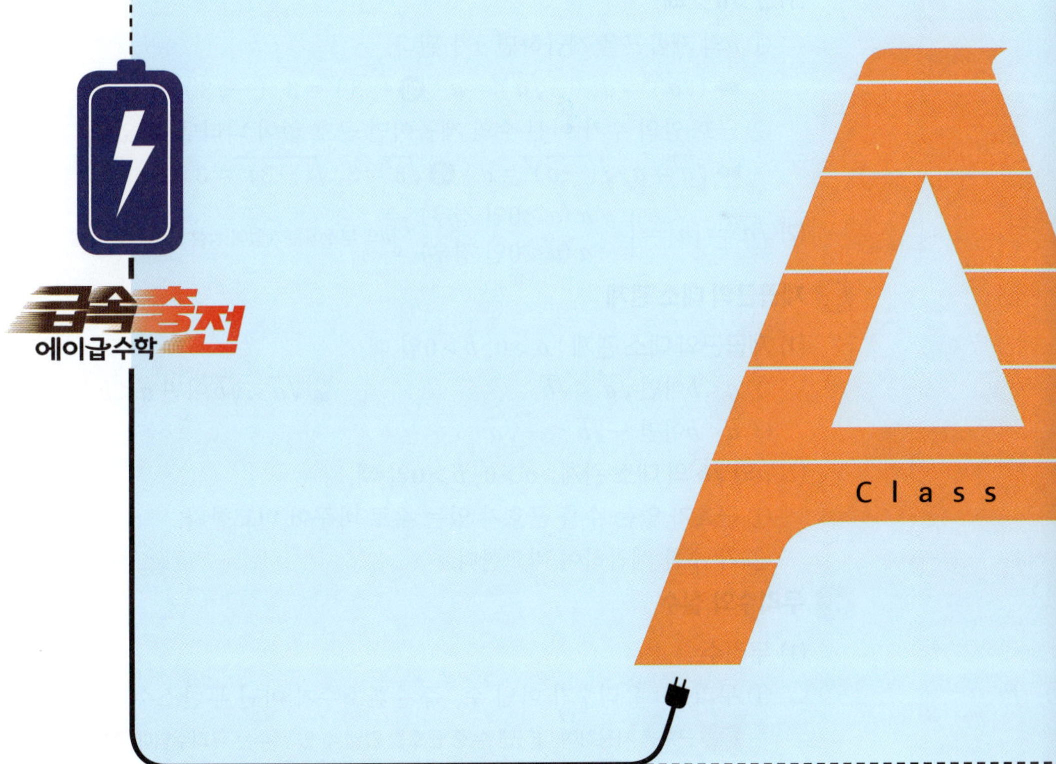

01. 제곱근과 실수

1 제곱근의 뜻과 표현

(1) 제곱근 : 어떤 수 x를 제곱하여 음이 아닌 수 a가 될 때, x를 a의 제곱근이라고 한다.

  ① 양수의 제곱근은 양수와 음수 2개가 있고, 그 절댓값은 서로 같다.

  ② 제곱해서 0이 되는 수는 0뿐이므로 0의 제곱근은 0 한 개뿐이다.

  ③ 제곱하여 음수가 되는 수는 없으므로 음수의 제곱근은 없다.

(2) 제곱근의 표현

  ① 제곱근은 기호 $\sqrt{}$ (근호)를 사용하여 나타내고, '제곱근' 또는 '루트'라고 읽는다.

    ➡ $\sqrt{a}$: 제곱근 a 또는 루트 a

  ② 양수 a의 두 제곱근 중 양수인 것을 양의 제곱근($\sqrt{a}$), 음수인 것을 음의 제곱근($-\sqrt{a}$)이라고 한다.

    ➡ $a>0$일 때, $x^2=a$이면 $x=\pm\sqrt{a}$ ← 플러스마이너스 루트 a

(3) a의 제곱근과 제곱근 a : $a>0$일 때

  ① a의 제곱근 ➡ $\pm\sqrt{a}$ ② 제곱근 a ➡ $\sqrt{a}$

$a>0$일 때

$$\sqrt{a},\ -\sqrt{a}\ \xrightarrow{\text{제곱}}\xleftarrow{\text{제곱근}}\ \text{양수}\ a$$

• $x^2=a(a\geq0)$일 때, x는 a의 제곱근

2 제곱근의 성질

(1) $a>0$일 때

  ① a의 제곱근을 제곱하면 a가 된다.

    ➡ $(\sqrt{a})^2=a$, $(-\sqrt{a})^2=a$ **예** $(\sqrt{3})^2=3$, $(-\sqrt{3})^2=3$

  ② 근호 안의 수가 어떤 수의 제곱이면 근호 없이 나타낼 수 있다.

    ➡ $\sqrt{a^2}=a$, $\sqrt{(-a)^2}=a$ **예** $\sqrt{3^2}=3$, $\sqrt{(-3)^2}=3$

(2) $\sqrt{a^2}=|a|=\begin{cases} a\ (a\geq0\text{인 경우}) \\ -a\ (a<0\text{인 경우}) \end{cases}$ a의 부호에 관계없이 항상 음이 아닌 값을 가진다.

3 제곱근의 대소 관계

(1) 제곱근의 대소 관계 : $a>0$, $b>0$일 때,

  ① $a<b$이면 $\sqrt{a}<\sqrt{b}$ ② $\sqrt{a}<\sqrt{b}$이면 $a<b$

  ③ $a<b$이면 $-\sqrt{b}<-\sqrt{a}$

(2) a와 $\sqrt{b}$의 대소 관계 : $a>0$, $b>0$일 때,

  ① 근호가 없는 수를 근호가 있는 수로 바꾸어 비교한다.

  ② 각 수를 제곱하여 비교한다.

• 양의 제곱근끼리는 $\sqrt{}$ 안의 수가 클수록 크고, 음의 제곱근끼리는 $\sqrt{}$ 안의 수가 작을수록 크다.

4 무리수와 실수

(1) 무리수

  ① 무리수 : 유리수가 아닌 수, 즉 순환소수가 아닌 무한소수

    주의 근호를 사용하여 나타낸 수 중 근호를 없앨 수 있는 수는 유리수임에 주의한다.

      예 $\sqrt{9}=\sqrt{3^2}=3$ ➡ 유리수

  ② 소수의 분류

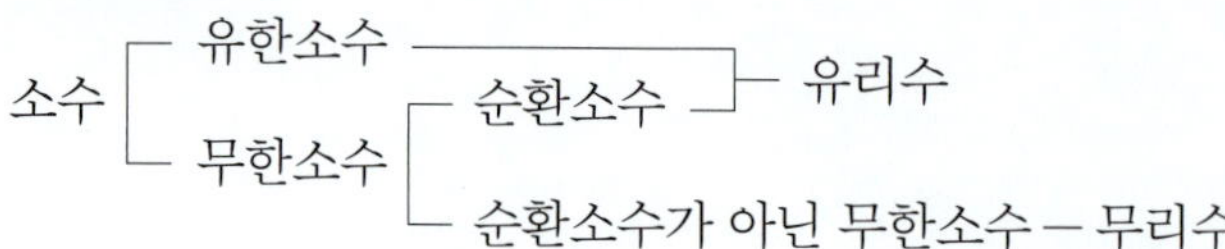

(2) 실수

① 실수 : 유리수와 무리수를 통틀어 실수라고 한다.

② 실수의 분류

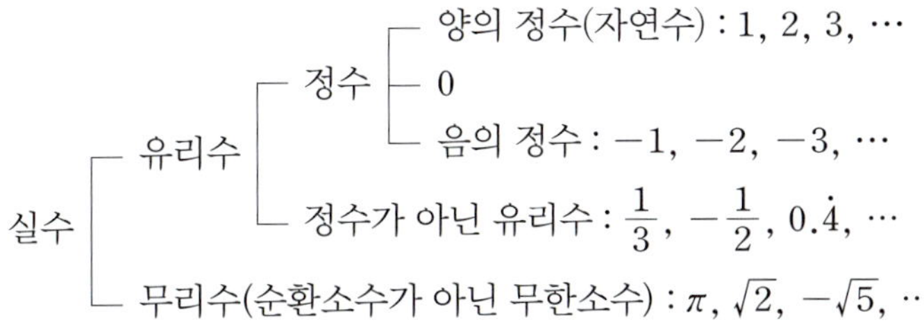

● 특별한 말이 없을 때에는 수라 하면 실수로 생각하기로 한다.

5 제곱근표

(1) 제곱근표 : 1.00에서 99.9까지의 수의 양의 제곱근의 값을 반올림하여 소수점 아래 셋째 자리까지 정리하여 나타낸 표

(2) 제곱근표 읽는 법 : 처음 두 자리 수의 가로줄과 끝자리 수의 세로줄이 만나는 곳에 있는 수를 읽는다.

6 실수와 수직선

(1) 무리수 $\sqrt{2}$, $-\sqrt{2}$ 를 수직선 위에 나타내기

직각삼각형에서 피타고라스 정리를 이용하여 빗변의 길이를 구하면 무리수를 수직선 위에 나타낼 수 있다.

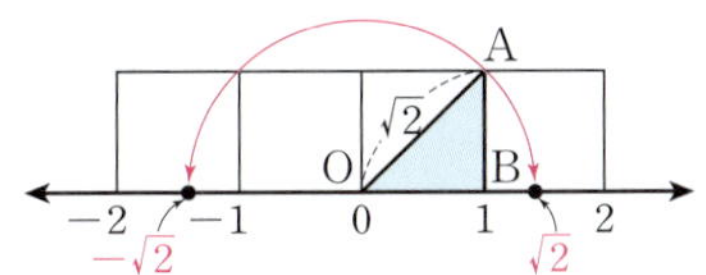

① 수직선 위의 원점을 한 꼭짓점으로 하고 빗변의 길이가 $\sqrt{2}$인 직각삼각형을 그린다.

② 원점을 중심으로 하고 빗변을 반지름으로 하는 원을 그렸을 때, 원이 수직선과 만나는 두 점에 대응하는 수가 각각 $\sqrt{2}$, $-\sqrt{2}$이다.

(2) 실수와 수직선

① 모든 실수는 각각 수직선 위의 한 점에 대응한다.

② 서로 다른 두 실수 사이에는 무수히 많은 실수가 있다.

③ 수직선은 유리수와 무리수, 즉 실수에 대응하는 점으로 완전히 메울 수 있다.

7 실수의 대소 관계

두 실수 a, b의 대소 관계는 $a-b$의 부호로 알 수 있다.

(1) $a-b>0$이면 $a>b$　　(2) $a-b=0$이면 $a=b$　　(3) $a-b<0$이면 $a<b$

（예） $\sqrt{3}-1$과 1의 대소를 비교해 보면

$$(\sqrt{3}-1)-1=\sqrt{3}-2=\sqrt{3}-\sqrt{4}<0 \implies \sqrt{3}-1<1$$

● 실수의 대소 관계
(1) (음수)$<0<$(양수)
(2) 양수끼리는 절댓값이 큰 수가 크다.
(3) 음수끼리는 절댓값이 큰 수가 작다.

Theme 01 제곱근의 뜻과 표현

(1) 제곱근 : 어떤 수 x를 제곱하여 a가 될 때, 즉
$x^2=a\ (a\geq0)$일 때 x를 a의 제곱근이라 한다.
① 양수의 제곱근은 양수와 음수의 2개이며, 그 절댓값은
서로 같다.
② 0의 제곱근은 0의 1개이다.
③ 음수의 제곱근은 없다.
(2) 제곱근의 표현 : $a>0$일 때
① a의 양의 제곱근 : $\sqrt{a}$
② a의 음의 제곱근 : $-\sqrt{a}$

01

다음 중 옳지 <u>않은</u> 것을 모두 고르면? (정답 2개)

① 4의 제곱근은 ±2이다.
② -16의 제곱근은 ±4이다.
③ -0.2은 0.04의 음의 제곱근이다.
④ 제곱근 10은 $\pm\sqrt{10}$ 이다.
⑤ 제곱하여 11이 되는 수는 $\pm\sqrt{11}$ 이다.

02

다음 중 그 값이 나머지 넷과 <u>다른</u> 하나는?

① $x^2=25$를 만족시키는 x의 값
② 25의 제곱근
③ 제곱근 25
④ 제곱하여 25가 되는 수
⑤ $\sqrt{625}$ 의 제곱근

03

$(-5)^2$의 양의 제곱근을 a, $\sqrt{\dfrac{81}{625}}$ 의 음의 제곱근을
b라 할 때, ab의 값을 구하여라.

04

가로의 길이가 15, 세로의 길이가 6인 직사각형과 넓이가 같은 정사각형의 한 변의 길이를 구하여라.

05

오른쪽 그림과 같이 $\angle C=90°$인
직각삼각형 ABC에서
$\overline{AB}=6\ \text{cm}$, $\overline{BC}=5\ \text{cm}$일 때,
$\overline{AC}$ 의 길이를 구하여라.

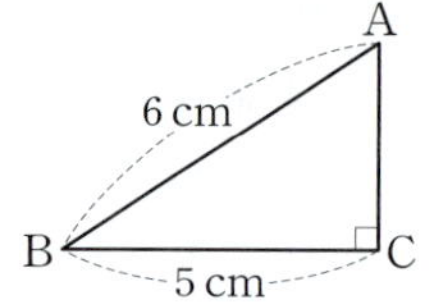

06

다음 수 중에서 제곱근을 근호를 사용하지 않고 나타낼 수 있는 것을 모두 고르면? (정답 2개)

① 0.4 ② 49 ③ $\sqrt{16}$
④ $\sqrt{0.01}$ ⑤ $\sqrt{\dfrac{1}{36}}$

Theme 02 제곱근의 성질

(1) $a>0$일 때

① $(\sqrt{a})^2=a,\ (-\sqrt{a})^2=a$

② $\sqrt{a^2}=a,\ \sqrt{(-a)^2}=a$

(2) 모든 실수 a에 대하여

$$\sqrt{a^2}=|a|=\begin{cases} a\ (a\geq 0) \\ -a\ (a<0) \end{cases}$$

07

$\sqrt{81}\div(-\sqrt{3})^2-\sqrt{\left(-\dfrac{3}{2}\right)^2}\times\{-\sqrt{(-2)^2}\}$ 을 계산하여라.

08

$a>0$일 때, 다음 중 옳은 것은?

① $(-\sqrt{a})^2=-a$ ② $-\sqrt{(-a)^2}=a$

③ $\sqrt{(-4a)^2}=4a$ ④ $-\sqrt{9a^2}=3a$

⑤ $-\sqrt{(-6a)^2}=6a$

09

$-1<x<2$일 때, $\sqrt{(x+1)^2}-\sqrt{(x-2)^2}$ 을 간단히 하면?

① -3 ② $-2x-1$ ③ 0

④ $2x-1$ ⑤ 3

Theme 03 제곱근이 자연수가 되도록 하는 자연수 구하기

(1) $\sqrt{Ax},\ \sqrt{\dfrac{A}{x}}$ (A는 자연수)의 꼴을 자연수로 만들기

① A를 소인수분해한다.

② 소인수의 지수가 모두 짝수가 되도록 하는 자연수 x의 값을 구한다.

(2) $\sqrt{A+x}$ (A는 자연수)의 꼴을 자연수로 만들기

⇨ A보다 큰 제곱수를 찾은 후 자연수 x의 값을 구한다.

(3) $\sqrt{A-x}$ (A는 자연수)의 꼴을 자연수로 만들기

⇨ A보다 작은 제곱수를 찾은 후 자연수 x의 값을 구한다.

10

$\sqrt{180x}$ 가 자연수가 되도록 하는 두 자리 자연수 x의 개수를 구하여라.

11

$\sqrt{\dfrac{x}{24}}$ 가 유리수가 되도록 하는 자연수 x의 값 중에서 가장 작은 수를 구하여라.

12 서술형

$\sqrt{90a}$ 가 자연수가 되도록 하는 가장 작은 자연수 a와 $\sqrt{\dfrac{700}{b}}$ 이 자연수가 되도록 하는 가장 작은 자연수 b에 대하여 $a-b$의 값을 구하여라.

13

다음 중 $\sqrt{15+x}$ 가 자연수가 되도록 하는 자연수 x의 값이 <u>아닌</u> 것은?

① 1   ② 10   ③ 22
④ 34   ⑤ 49

14

$\sqrt{26-x}$ 가 정수가 되도록 하는 자연수 x의 개수를 구하여라.

15

$\sqrt{120+2x}$ 가 자연수가 되도록 하는 x의 값 중 가장 작은 자연수를 구하여라.

Theme 04 제곱근의 대소 관계

(1) 제곱근의 대소 관계 : $a>0$, $b>0$일 때
  ① $a<b$이면 $\sqrt{a}<\sqrt{b}$
  ② $\sqrt{a}<\sqrt{b}$이면 $a<b$
  ③ $\sqrt{a}<\sqrt{b}$이면 $-\sqrt{b}<-\sqrt{a}$

(2) 제곱근을 포함한 부등식
  $a>0$, $b>0$, $x>0$일 때, $a<\sqrt{x}<b$를 만족하는 x의 값의 범위는
  $$a<\sqrt{x}<b \Rightarrow a^2<(\sqrt{x})^2<b^2$$
  $$\Rightarrow a^2<x<b^2$$

16

다음 중 두 수의 대소 관계가 옳지 <u>않은</u> 것을 모두 고르면? (정답 2개)

① $-3<-\sqrt{11}$ ② $\sqrt{0.6}>0.6$
③ $\dfrac{2}{3}<\sqrt{\dfrac{1}{2}}$ ④ $\sqrt{\dfrac{1}{5}}<0.2$
⑤ $\sqrt{30}>5$

17

다음 수를 큰 수부터 차례대로 나열하여라.

$$-\sqrt{10}, \quad \frac{1}{4}, \quad 4, \quad \sqrt{(-3)^2}, \quad -\sqrt{1.8}, \quad \sqrt{20}$$

18

$5<\sqrt{2x}<6$을 만족시키는 자연수 x의 개수를 구하여라.

Theme 05 무리수와 실수

(1) 무리수 : 유리수가 아닌 수, 즉 순환소수가 아닌 무한소수

(2) 실수 : 유리수와 무리수를 통틀어 실수라 한다.

$$\text{실수} \begin{cases} \text{유리수} \begin{cases} \text{정수} \begin{cases} \text{양의 정수(자연수)} \\ 0 \\ \text{음의 정수} \end{cases} \\ \text{정수가 아닌 유리수} \end{cases} \\ \text{무리수(순환소수가 아닌 무한소수)} \end{cases}$$

19

다음 중 무리수인 것을 모두 고르면? (정답 2개)

① $\sqrt{144}$ ② $\sqrt{18}$ ③ $0.5\dot{4}$

④ $-\sqrt{0.09}$ ⑤ $\sqrt{\dfrac{2}{9}}$

20

다음 수들에 대한 설명으로 옳은 것은?

$$\pi, \quad \sqrt{2}, \quad \frac{4}{3}, \quad 0.\dot{7}, \quad \sqrt{225}, \quad \sqrt{\frac{16}{5}}$$

① 모두 무리수이다.

② $0.\dot{7}$은 기약분수로 나타낼 수 없다.

③ 유리수는 2개이다.

④ 순환소수가 아닌 무한소수로 나타내어지는 소수는 $\pi, \sqrt{2}, \sqrt{\dfrac{16}{5}}$ 이다.

⑤ $\sqrt{2}$를 제곱하면 무리수이다.

21

다음 중 옳지 <u>않은</u> 것은?

① 유한소수는 모두 유리수이다.

② 순환소수가 아닌 무한소수는 실수이다.

③ 무한소수 중에는 유리수가 없다.

④ 유리수가 아니면서 정수인 수는 없다.

⑤ 유리수인 동시에 무리수인 수는 없다.

Theme 06 제곱근표

(1) 제곱근표 : 1.00부터 99.9까지의 수의 양의 제곱근의 값을 반올림하여 소수점 아래 셋째 자리까지 나타낸 표

(2) 제곱근표 보는 법 : 처음 두 자리 수의 가로줄과 끝자리 수의 세로줄이 만나는 곳에 있는 수를 읽는다.

22

다음 제곱근표에서 $\sqrt{18.1}$의 값을 a, $\sqrt{20.4}$의 값을 b라 할 때, $a+b$의 값을 구하여라.

수	0	1	2	3	4
17	4.123	4.135	4.147	4.159	4.171
18	4.243	4.254	4.266	4.278	4.290
19	4.359	4.370	4.382	4.393	4.405
20	4.472	4.483	4.494	4.506	4.517

23

다음 제곱근표에서 $\sqrt{a}=2.853$, $\sqrt{b}=2.902$일 때, $b-a$의 값을 구하여라.

수	0	1	2	3	4
8.1	2.846	2.848	2.850	2.851	2.853
8.2	2.864	2.865	2.867	2.869	2.871
8.3	2.881	2.883	2.884	2.886	2.888
8.4	2.898	2.900	2.902	2.903	2.905

24

다음 제곱근표에서 $\sqrt{3.32}=x$이고, $\sqrt{y}=1.908$일 때, $1000x-100y$의 값을 구하여라.

수	2	3	4	5	6
3.3	1.822	1.825	1.828	1.830	1.833
3.4	1.849	1.852	1.855	1.857	1.860
3.5	1.876	1.879	1.881	1.884	1.887
3.6	1.903	1.905	1.908	1.910	1.913

Theme 07 실수와 수직선

(1) 무리수를 수직선 위에 나타내기

직각삼각형의 빗변의 길이를 이용하여 무리수를 수직선 위에 나타낼 수 있다.

예) 빗변의 길이가 $\sqrt{2}$ 인 직각삼각형을 이용하여 무리수 $-\sqrt{2}$, $\sqrt{2}$ 를 수직선 위에 나타내면 다음과 같다.

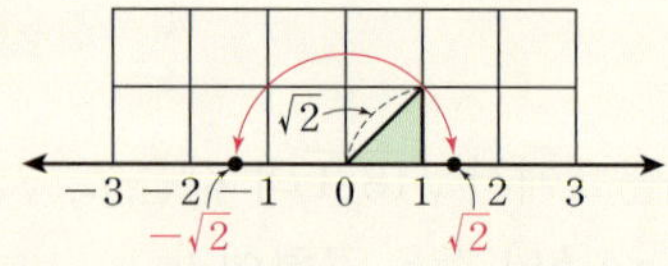

(2) 실수와 수직선

① 수직선은 실수에 대응하는 점들로 완전히 메울 수 있다.

② 모든 실수는 각각 수직선 위의 한 점에 대응한다.

③ 수직선 위에서 원점의 오른쪽에 있는 점에는 양의 실수가 대응하고, 왼쪽에 있는 점에는 음의 실수가 대응한다.

④ 서로 다른 두 실수 사이에는 무수히 많은 실수가 있다.

25

다음 그림은 한 눈금의 길이가 1인 모눈종이 위에 수직선과 직각삼각형 ABC를 그린 것이다. $\overline{AB}=\overline{PB}$ 이고 점 P에 대응하는 수가 $a-\sqrt{b}$ 일 때, $a+b$ 의 값을 구하여라. (단, a, b 는 정수)

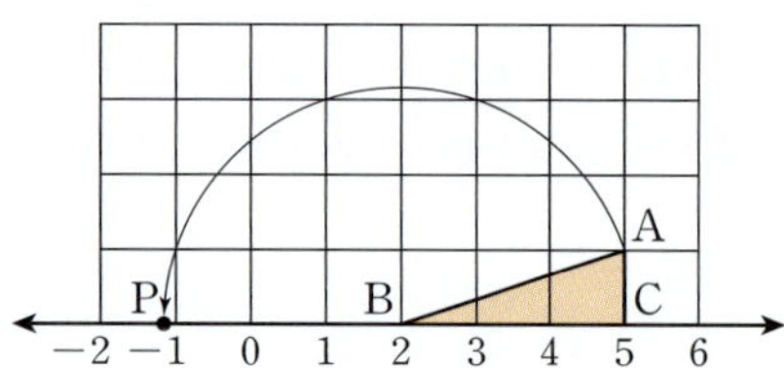

26

다음 중 옳은 것을 모두 고르면? (정답 2개)

① 서로 다른 두 정수 사이에는 무수히 많은 정수가 있다.

② 서로 다른 두 실수 사이에는 무수히 많은 실수가 있다.

③ $\sqrt{5}$ 와 $\sqrt{6}$ 사이에는 유한개의 유리수가 있다.

④ 무리수만으로 수직선을 완전히 메울 수 있다.

⑤ 실수 중 수직선 위의 점에 대응되지 않는 수는 없다.

Theme 08 실수의 대소 관계

(1) 두 실수 a, b 에 대하여

① $a-b>0$ 이면 $a>b$

② $a-b=0$ 이면 $a=b$

③ $a-b<0$ 이면 $a<b$

(2) 세 실수 a, b, c 에 대하여

$a<b$ 이고 $b<c$ 이면 $a<b<c$

27

다음 중 두 실수의 대소 관계가 옳은 것은?

① $7<5-\sqrt{2}$

② $11-\sqrt{15}>11-\sqrt{18}$

③ $\sqrt{2}+5>\sqrt{5}+5$

④ $3+\sqrt{2}>\sqrt{9}+2$

⑤ $\sqrt{10}+\sqrt{7}<\sqrt{8}+\sqrt{7}$

28

다음 중 세 수의 대소 관계로 옳은 것은?

$$a=2+\sqrt{5},\ b=\sqrt{2}+2,\ c=4$$

① $a<b<c$ ② $a<c<b$ ③ $b<a<c$

④ $b<c<a$ ⑤ $c<b<a$

29

다음 수직선 위의 세 점 A, B, C는 각각 $1-\sqrt{10}$, $2-\sqrt{3}$, $\sqrt{5}-4$ 중 하나에 대응한다. 세 점 A, B, C에 대응하는 수를 구하여라.

2단계 STEP B 실력완성문제

01

다음 중 옳은 것은?

① -1의 음의 제곱근은 -1이다.
② $\sqrt{64}$의 제곱근과 제곱근 8은 같다.
③ $(-3)^2$의 제곱근은 $\pm\sqrt{3}$이다.
④ $\sqrt{(-10)^2}$의 제곱근은 $\pm\sqrt{10}$이다.
⑤ 제곱근 1.21은 ±1.1이다.

02

다음 중 그 값이 나머지 넷과 <u>다른</u> 하나는?

① 제곱근 25
② $(-\sqrt{5})^2$
③ $-(-\sqrt{5})^2$
④ $-(-\sqrt{5^2})$
⑤ $\sqrt{(-5)^2}$

03

제곱근 $\dfrac{121}{9}$ 을 a, $\left(-\dfrac{2}{3}\right)^2$의 제곱근을 b라 할 때, $a-b$의 최댓값을 구하여라.

04

$\sqrt{(3a+2)^2}=8$을 만족시키는 모든 a의 값의 합을 구하여라.

05 서술형

다음 그림과 같이 넓이가 $120\ \mathrm{cm}^2$인 정사각형 모양의 종이를 각 변의 중점을 꼭짓점으로 하는 정사각형 모양으로 계속하여 접을 때, [3단계]에서 생기는 정사각형의 한 변의 길이를 구하여라.

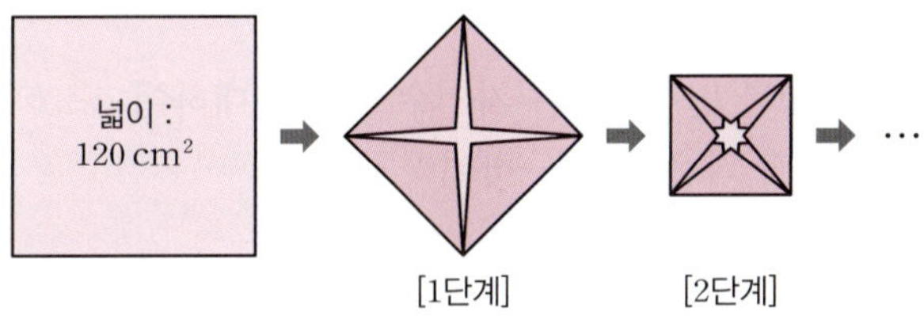

06

$A=\sqrt{(x-1)^2}-\sqrt{(x+1)^2}$에 대하여 바르게 말한 학생을 골라라.

> 찬영 : $x<-1$이면 $A=2$야.
> 유민 : $-1<x<1$이면 $A=-2x+1$이야.
> 성웅 : $x>1$이면 $A=1$이야.

07

부등식 $3x+5>2x+7$을 만족하는 x에 대하여 다음 식을 간단히 하여라.

$$\sqrt{16(x+2)^2}-\sqrt{(2-x)^2}+\sqrt{(-3x)^2}$$

08

$\sqrt{56a}=b$를 만족시키는 자연수 a, b에 대하여 $a+b$의 값 중 가장 작은 값을 구하여라.

09

자연수 a, b에 대하여 $\sqrt{\dfrac{300}{a}}=b$라 할 때, 순서쌍 $(a,\ b)$를 모두 구하여라.

10

다음 그림에서 직사각형 ABCD의 넓이와 정사각형 EFGH의 넓이가 같을 때, 정사각형 EFGH의 한 변의 길이가 자연수가 되도록 하는 가장 작은 자연수 x의 값을 구하여라.

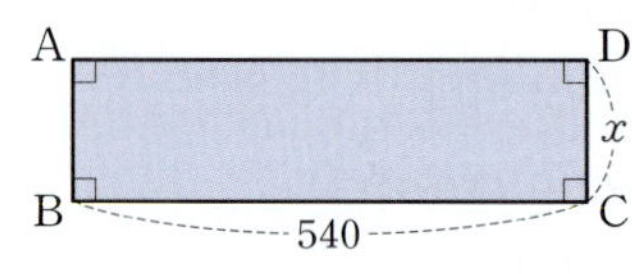
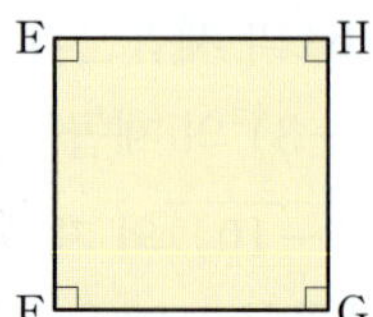

11

$a<0$이고 $b=-\sqrt{(-3a)^2}$, $c=\sqrt{25b^2}$일 때, $4a+b-c$를 간단히 하면?

① $-22a$ ② $-12a$ ③ $-2a$
④ $12a$ ⑤ $22a$

12

$a>b$, $ab<0$일 때, $\sqrt{(-a)^2}+\sqrt{(3b)^2}-\sqrt{(b-a)^2}$을 간단히 하면?

① $-a-2b$ ② $-a+2b$ ③ $2a$
④ $-2b$ ⑤ $a+2b$

13

$\sqrt{\dfrac{49000}{n}}$ 이 자연수가 되도록 하는 자연수 n의 개수는?

① 4 ② 5 ③ 6
④ 7 ⑤ 8

14 서술형

$\sqrt{200-x}-\sqrt{81+y}$ 가 가장 큰 정수가 되도록 하는 자연수 x, y에 대하여 $x+y$의 값을 구하여라.

15 서술형

연우의 방과 유리의 방은 모두 정사각형이고, 이 방들의 한 변의 길이는 모두 자연수이다. 연우의 방의 넓이가 $24n$이고 유리의 방의 넓이가 $70-n$일 때, 연우의 방의 넓이를 구하여라. (단, $n>10$)

16

자연수 x에 대하여 $\sqrt{x}$ 이하의 자연수의 개수를 $f(x)$라 할 때, $f(7)+f(8)+f(9)+\cdots+f(35)$의 값은?

① 87 ② 95 ③ 105
④ 116 ⑤ 128

17

$\sqrt{(1-\sqrt{2})^2}+\sqrt{(2-\sqrt{2})^2}$ 을 간단히 하면?

① $-2\sqrt{2}$ ② -1 ③ 1
④ $\sqrt{2}$ ⑤ $2\sqrt{2}$

18

부등식 $-5<-\sqrt{2x-3}<-4$를 만족하는 자연수 x의 값 중에서 가장 큰 값을 M, 가장 작은 값을 m이라고 할 때, $M-m$의 값을 구하여라.

19

다음 두 부등식을 동시에 만족하는 모든 자연수 x의 값의 합을 구하여라.

$$-\sqrt{13}<-\sqrt{x}<-1,\ \sqrt{21}<\sqrt{3x}<\sqrt{65}$$

20

$0<a<1$일 때, 다음 중 그 값이 가장 큰 것은?

① a
② a^2
③ $\sqrt{a}$
④ $\dfrac{1}{a}$
⑤ $\sqrt{\dfrac{1}{a}}$

21

다음 중 제곱근을 근호를 사용하지 않고 나타낼 수 있는 것을 모두 고르면? (정답 2개)

① $1.\dot{7}$
② $\sqrt{0.01}$
③ $\dfrac{225}{16}$
④ $\sqrt{400}$
⑤ $\dfrac{32}{9}$

22

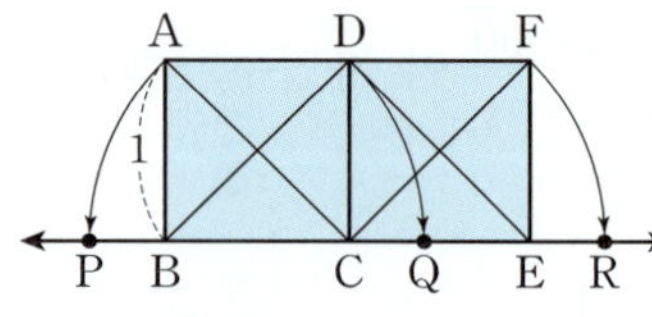

오른쪽 그림과 같이 수직선 위에 한 변의 길이가 1인 두 정사각형이 있다. 점 P에 대응하는 수가 $-1-\sqrt{2}$일 때, 두 점 Q, R의 좌표를 구하여라. (단, $\overline{AC}=\overline{PC}$, $\overline{BD}=\overline{BQ}$, $\overline{CF}=\overline{CR}$)

23

a가 유리수, b가 무리수일 때, 다음 중 항상 무리수인 것을 모두 고르면? (정답 2개)

① $a+\sqrt{3}b$
② $a-b$
③ $\dfrac{b^2}{a}$
④ ab
⑤ a^2+b

24

x가 두 자리 자연수일 때, $\sqrt{5x}$, $\sqrt{6x}$, $\sqrt{9x}$ 가 모두 무리수가 되도록 하는 x의 개수를 구하여라.

25

오른쪽 그림에서 □ABCD는 한 변의 길이가 1인 정사각형이다. 수직선 위의 네 점 A, B, P, Q에 대응하는 수를 각각 a, b, p, q라 하고, $\overline{AC}=\overline{AP}$, $\overline{BD}=\overline{BQ}$일 때, 다음 **보기** 중 옳은 것을 모두 골라라.

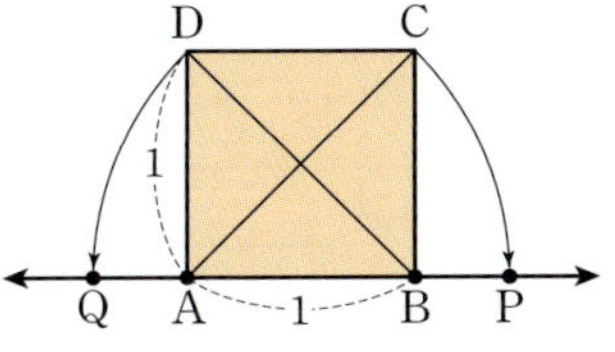

┤ 보기 ├
㉠ p가 유리수이면 a, b는 유리수이다.
㉡ p가 무리수이면 a는 유리수, b는 무리수이다.
㉢ q가 유리수이면 a, b는 무리수이다.
㉣ $p=\sqrt{2}-2$이면 $q=-1-\sqrt{2}$이다.

26

다음 중 옳은 것을 **보기**에서 모두 고른 것은?

┤ 보기 ├
㉠ $\sqrt{8}$ 과 $\sqrt{15}$ 사이에는 1개의 정수가 있다.
㉡ -1과 5 사이에는 5개의 유리수가 있다.
㉢ $\sqrt{2}$ 와 $\sqrt{11}$ 사이에는 10개의 무리수가 있다.
㉣ $x=\sqrt{5}+2$일 때, $\sqrt{13}<x<\sqrt{26}$이다.

① ㉠, ㉡ ② ㉠, ㉢ ③ ㉠, ㉣
④ ㉡, ㉢ ⑤ ㉢, ㉣

27

자연수 x에 대하여 $\sqrt{x}$ 이하의 자연수 중에서 가장 큰 수를 $M(x)$라고 할 때, $M(99)+M(200)$의 값을 구하여라.

28

두 수 $2-\sqrt{5}$와 $3+\sqrt{3}$ 사이에 있는 정수의 개수를 구하여라.

29

다음 수를 크기가 작은 것부터 차례대로 나열할 때, 두 번째에 오는 수를 구하여라.

$$-3-\sqrt{2},\ -\sqrt{5}+4,\ 5-\sqrt{3},\ -\sqrt{7}+3,\ 2$$

01 $a<0<b<1$일 때, 다음 식을 간단히 하여라.

$$\sqrt{(-a)^2}+\sqrt{\left(-b+\frac{1}{b}\right)^2}-\sqrt{\left(b-\frac{1}{b}\right)^2}+\sqrt{(a-b)^2}$$

02 서로 다른 두 개의 주사위를 동시에 던져서 나온 두 눈의 수를 각각 a, b라 할 때, $\sqrt{675ab}$ 가 자연수가 될 확률을 구하여라.

03 $4.5<\sqrt{x}<5$를 만족시키는 자연수 x의 값 중에서 가장 작은 값을 a, 가장 큰 값을 b라 하자. $\sqrt{\dfrac{b}{a}\times c}$ 가 자연수가 되도록 하는 자연수 c의 값 중에서 가장 큰 세 자리의 수를 구하여라.

04 자연수의 양의 제곱근 $1, \sqrt{2}, \sqrt{3}, 2, \sqrt{5}, \sqrt{6}, \sqrt{7}, \sqrt{8}, 3, \cdots$에 대응하는 점을 수직선 위에 나타내면 다음 그림과 같다.

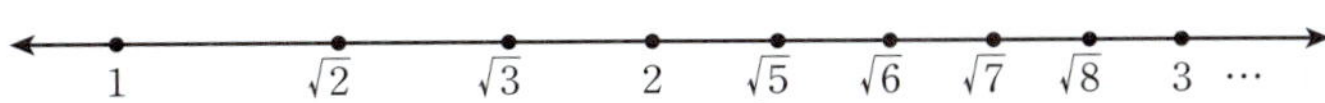

이 중에서 무리수에 대응하는 점의 개수는 1과 2 사이에는 2개, 2와 3 사이에는 4개이다. 이때 50과 51 사이에 있는 무리수에 대응하는 점의 개수를 구하여라.

05 다음 그림과 같이 $\overline{AB}=\overline{BC}$인 직각이등변삼각형 ABC가 수직선 위에서 시계 방향으로 1회전하여 점 A는 A′, 점 B는 B′, 점 C는 C′의 위치로 이동하였다. 점 A에 대응하는 수는 -1, 점 B에 대응하는 수는 0일 때, 점 A′에 대응하는 수를 구하여라.

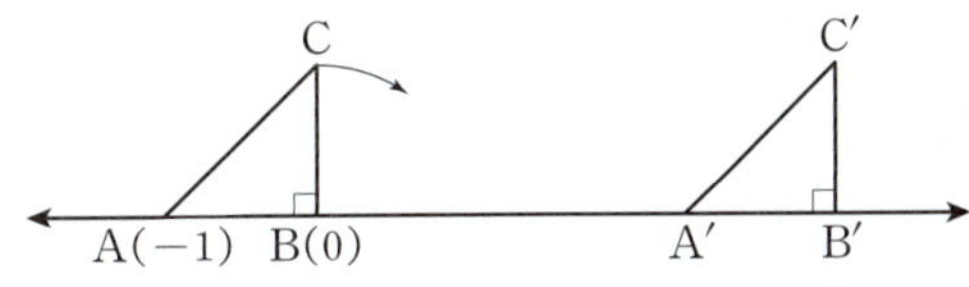

06 두 정수 a, b에 대하여 $a+\sqrt{17}$과 $b-\sqrt{17}$ 사이에 있는 정수가 3개일 때, $b-a$의 값을 구하여라.
$$\text{(단, } a+\sqrt{17}<b-\sqrt{17}\text{)}$$

02. 근호를 포함한 식의 계산

1 제곱근의 곱셈

$a>0$, $b>0$이고 m, n이 유리수일 때

(1) 제곱근의 곱셈

① $\sqrt{a}\times\sqrt{b}=\sqrt{a}\sqrt{b}=\sqrt{ab}$
② $m\sqrt{a}\times n\sqrt{b}=mn\sqrt{ab}$

(2) 근호가 있는 식의 변형 : 근호 안에 제곱인 인수가 있으면 근호 밖으로 꺼낼 수 있다.

$$\sqrt{a^2b}=a\sqrt{b}$$
예 $\sqrt{20}=\sqrt{2^2\times5}=2\sqrt{5}$

참고 $a>0$, $b>0$일 때, $a\sqrt{b}=\sqrt{a^2b}$ 예 $3\sqrt{2}=\sqrt{3^2\times2}=\sqrt{18}$

> • $a>0$, $b>0$, $c>0$일 때,
> $\sqrt{a}\sqrt{b}\sqrt{c}=\sqrt{abc}$

2 제곱근의 나눗셈

$a>0$, $b>0$이고 m, n이 유리수일 때

(1) 제곱근의 나눗셈

① $\sqrt{a}\div\sqrt{b}=\dfrac{\sqrt{a}}{\sqrt{b}}=\sqrt{\dfrac{a}{b}}$
② $m\sqrt{a}\div n\sqrt{b}=\dfrac{m}{n}\sqrt{\dfrac{a}{b}}$ (단, $n\neq0$)

참고 나눗셈은 역수의 곱셈으로 고쳐서 계산할 수 있다.

예 $\dfrac{\sqrt{10}}{\sqrt{3}}\div\dfrac{\sqrt{5}}{\sqrt{3}}=\dfrac{\sqrt{10}}{\sqrt{3}}\times\dfrac{\sqrt{3}}{\sqrt{5}}=\sqrt{\dfrac{10}{3}\times\dfrac{3}{5}}=\sqrt{2}$

(2) 근호가 있는 식의 변형 : 근호 안에 제곱인 인수가 있으면 근호 밖으로 꺼낼 수 있다.

$$\sqrt{\dfrac{a}{b^2}}=\dfrac{\sqrt{a}}{b}$$
예 $\sqrt{\dfrac{5}{9}}=\sqrt{\dfrac{5}{3^2}}=\dfrac{\sqrt{5}}{3}$

참고 $a>0$, $b>0$일 때, $\dfrac{\sqrt{a}}{b}=\sqrt{\dfrac{a}{b^2}}$ 예 $\dfrac{\sqrt{3}}{2}=\sqrt{\dfrac{3}{2^2}}=\sqrt{\dfrac{3}{4}}$

3 분모의 유리화

(1) 분모의 유리화 : 분모가 근호가 있는 무리수일 때, 분모, 분자에 0이 아닌 같은 수를 곱하여 분모를 유리수로 고치는 것

(2) 분모를 유리화하는 방법 : $a>0$이고 a, b, c가 유리수일 때

① $\dfrac{1}{\sqrt{a}}=\dfrac{\sqrt{a}}{\sqrt{a}\times\sqrt{a}}=\dfrac{\sqrt{a}}{a}$
② $\dfrac{b}{\sqrt{a}}=\dfrac{b\times\sqrt{a}}{\sqrt{a}\times\sqrt{a}}=\dfrac{b\sqrt{a}}{a}$

③ $\dfrac{\sqrt{b}}{\sqrt{a}}=\dfrac{\sqrt{b}\times\sqrt{a}}{\sqrt{a}\times\sqrt{a}}=\dfrac{\sqrt{ab}}{a}$ $(b>0)$
④ $\dfrac{c}{b\sqrt{a}}=\dfrac{c\times\sqrt{a}}{b\sqrt{a}\times\sqrt{a}}=\dfrac{c\sqrt{a}}{ab}$ $(b\neq0)$

예 ① $\dfrac{1}{\sqrt{2}}=\dfrac{\sqrt{2}}{\sqrt{2}\times\sqrt{2}}=\dfrac{\sqrt{2}}{2}$
② $-\dfrac{3}{\sqrt{5}}=-\dfrac{3\times\sqrt{5}}{\sqrt{5}\times\sqrt{5}}=-\dfrac{3\sqrt{5}}{5}$

③ $\dfrac{\sqrt{3}}{\sqrt{5}}=\dfrac{\sqrt{3}\times\sqrt{5}}{\sqrt{5}\times\sqrt{5}}=\dfrac{\sqrt{15}}{5}$
④ $\dfrac{3}{2\sqrt{5}}=\dfrac{3\times\sqrt{5}}{2\sqrt{5}\times\sqrt{5}}=\dfrac{3\sqrt{5}}{10}$

> • 근호 안의 수가 $\sqrt{a^2b}$ 꼴이면 $a\sqrt{b}$ 꼴로 고친 후 분모를 유리화한다.

4 제곱근표에 없는 수의 제곱근의 값

근호 안의 수가 제곱근표에 없는 수일 때

(1) 근호 안의 수가 **100 이상의 수**인 경우

　　근호 안의 수를 10^2, 10^4, $\cdots$과의 곱으로 나타낸 후 $\sqrt{k^2 a}=k\sqrt{a}$임을 이용한다.

　　➡ $\sqrt{100a}=10\sqrt{a}$, $\sqrt{10000a}=100\sqrt{a}$, $\cdots$

(2) 근호 안의 수가 **0과 1 사이의 수**인 경우

　　근호 안의 수를 $\dfrac{1}{10^2}$, $\dfrac{1}{10^4}$, $\cdots$과의 곱으로 나타낸 후 $\sqrt{\dfrac{a}{k^2}}=\dfrac{\sqrt{a}}{k}$임을 이용한다.

　　➡ $\sqrt{\dfrac{a}{100}}=\dfrac{\sqrt{a}}{10}$, $\sqrt{\dfrac{a}{10000}}=\dfrac{\sqrt{a}}{100}$, $\cdots$

5 제곱근의 덧셈과 뺄셈

$a>0$이고 l, m, n이 유리수일 때

(1) 제곱근의 덧셈 : $m\sqrt{a}+n\sqrt{a}=(m+n)\sqrt{a}$

(2) 제곱근의 뺄셈 : $m\sqrt{a}-n\sqrt{a}=(m-n)\sqrt{a}$

(3) $m\sqrt{a}+n\sqrt{a}-l\sqrt{a}=(m+n-l)\sqrt{a}$

> **참고** 근호 안의 수가 제곱인 인수를 갖는 경우에는 소인수분해하여 제곱인 인수를 근호 밖으로 빼낸다.
> **예** $\sqrt{18}-\sqrt{2}=\sqrt{3^2\times2}-\sqrt{2}=3\sqrt{2}-\sqrt{2}=(3-1)\sqrt{2}=2\sqrt{2}$

● $a>0$, $b>0$, $a\neq b$일 때
　① $\sqrt{a}+\sqrt{b}\neq\sqrt{a+b}$
　② $\sqrt{a}-\sqrt{b}\neq\sqrt{a-b}$

6 근호를 포함한 복잡한 식의 계산

(1) 분배법칙을 이용한 식의 계산 : $a>0$, $b>0$, $c>0$일 때

　　① $\sqrt{a}(\sqrt{b}\pm\sqrt{c})=\sqrt{a}\sqrt{b}\pm\sqrt{a}\sqrt{c}=\sqrt{ab}\pm\sqrt{ac}$ (복부호동순)

　　② $(\sqrt{a}\pm\sqrt{b})\sqrt{c}=\sqrt{a}\sqrt{c}\pm\sqrt{b}\sqrt{c}=\sqrt{ac}\pm\sqrt{bc}$ (복부호동순)

(2) 분배법칙을 이용한 분모의 유리화 : $a>0$, $b>0$, $c>0$일 때

　　$\dfrac{\sqrt{a}\pm\sqrt{b}}{\sqrt{c}}=\dfrac{(\sqrt{a}\pm\sqrt{b})\times\sqrt{c}}{\sqrt{c}\times\sqrt{c}}=\dfrac{\sqrt{ac}\pm\sqrt{bc}}{c}$ (복부호동순)

(3) 근호를 포함한 복잡한 식의 계산

　　① 괄호가 있는 경우 분배법칙을 이용하여 괄호를 푼다.

　　② 근호 안에 제곱인 인수가 있으면 근호 밖으로 꺼낸다.

　　③ 분모에 무리수가 있으면 분모를 유리화한다.

　　④ 덧셈, 뺄셈, 곱셈, 나눗셈이 섞여 있으면 곱셈과 나눗셈을 먼저 한다.

● 분모, 분자가 약분이 되는 경우 약분을 한 다음 분모를 유리화하면 편리하다.
　$\dfrac{\sqrt{21}}{\sqrt{3}\sqrt{5}}=\dfrac{\sqrt{7}}{\sqrt{5}}=\dfrac{\sqrt{35}}{5}$
　　　약분　　유리화

7 무리수의 정수 부분과 소수 부분

(1) 무리수는 순환소수가 아닌 무한소수이므로

　　(무리수)=(정수 부분)+(소수 부분)으로 나타낼 수 있다. (단, $0<$(소수 부분)<1)

(2) 무리수의 소수 부분은 무리수에서 정수 부분을 빼서 구한다.

　　➡ (소수 부분)=(무리수)−(정수 부분)

　　예 $1<\sqrt{3}<2$이므로 $\sqrt{3}$의 정수 부분은 1, $\sqrt{3}$의 소수 부분은 $\sqrt{3}-1$이다.

Theme 01 제곱근의 곱셈과 나눗셈

(1) 제곱근의 곱셈과 나눗셈

$a>0$, $b>0$일 때, $\sqrt{a}\sqrt{b}=\sqrt{ab}$, $\dfrac{\sqrt{a}}{\sqrt{b}}=\sqrt{\dfrac{a}{b}}$

(2) 근호가 있는 식의 변형

$a>0$, $b>0$일 때, $\sqrt{a^2 b}=a\sqrt{b}$, $\sqrt{\dfrac{b}{a^2}}=\dfrac{\sqrt{b}}{a}$

참고 근호 밖의 수를 근호 안으로 넣을 때에는 양수만 넣을 수 있다.

예 $-3\sqrt{3}=-\sqrt{3^2 \times 3}=-\sqrt{27}$ ($\bigcirc$),

$-3\sqrt{3}=\sqrt{(-3)^2 \times 3}=\sqrt{27}$ ($\times$)

01

$\sqrt{\dfrac{5}{11}}\times\sqrt{\dfrac{22}{5}}=\sqrt{a}$, $2\sqrt{\dfrac{2}{3}}\times\sqrt{\dfrac{5}{6}}=b\sqrt{5}$ 를 만족하는 양의 유리수 a, b에 대하여 $\dfrac{a}{b}$의 값을 구하여라.

02

유리수 a, b에 대하여 $\sqrt{162}=a\sqrt{2}$, $\dfrac{4}{3\sqrt{2}}=\sqrt{b}$ 일 때, ab의 값을 구하여라.

03

$\dfrac{\sqrt{27}}{\sqrt{5}}\div\dfrac{\sqrt{21}}{2\sqrt{3}}\div\dfrac{\sqrt{2}}{\sqrt{70}}$ 를 간단히 하여라.

Theme 02 분모의 유리화

$a>0$이고 a, b, c가 유리수일 때

(1) $\dfrac{1}{\sqrt{a}}=\dfrac{\sqrt{a}}{\sqrt{a}\times\sqrt{a}}=\dfrac{\sqrt{a}}{a}$

(2) $\dfrac{b}{\sqrt{a}}=\dfrac{b\times\sqrt{a}}{\sqrt{a}\times\sqrt{a}}=\dfrac{b\sqrt{a}}{a}$

(3) $\dfrac{\sqrt{b}}{\sqrt{a}}=\dfrac{\sqrt{b}\times\sqrt{a}}{\sqrt{a}\times\sqrt{a}}=\dfrac{\sqrt{ab}}{a}$ (단, $b>0$)

(4) $\dfrac{c}{b\sqrt{a}}=\dfrac{c\times\sqrt{a}}{b\sqrt{a}\times\sqrt{a}}=\dfrac{c\sqrt{a}}{ab}$ (단, $b\neq0$)

04

$\dfrac{5}{\sqrt{12}}=a\sqrt{3}$, $\dfrac{9}{\sqrt{75}}=b\sqrt{3}$ 일 때, 유리수 a, b에 대하여 ab의 값을 구하여라.

05

다음 중 분모를 유리화한 것으로 옳지 <u>않은</u> 것은?

① $\dfrac{5}{\sqrt{2}}=\dfrac{5\sqrt{2}}{2}$ ② $\dfrac{8}{3\sqrt{5}}=\dfrac{8\sqrt{5}}{15}$

③ $\dfrac{\sqrt{4}}{\sqrt{5}}=\dfrac{4\sqrt{5}}{5}$ ④ $\dfrac{4}{3\sqrt{2}}=\dfrac{2\sqrt{2}}{3}$

⑤ $-\dfrac{3\sqrt{7}}{\sqrt{3}}=-\sqrt{21}$

06

$\dfrac{\sqrt{300}}{2\sqrt{k}}=\dfrac{5\sqrt{42}}{14}$ 를 만족하는 자연수 k의 값을 구하여라.

Theme 03 제곱근의 곱셈과 나눗셈의 혼합 계산

(1) 나눗셈은 역수의 곱셈으로 고친다.

(2) 앞에서부터 차례로 계산한다.

(3) 제곱근의 성질과 분모의 유리화를 이용한다.

07

다음 식을 간단히 하여라.

$$3\sqrt{\frac{5}{14}} \times 2\sqrt{\frac{11}{6}} \div 6\sqrt{\frac{22}{21}}$$

08

유리수 a, b에 대하여

$\dfrac{4}{\sqrt{3}} \times \sqrt{\dfrac{5}{7}} \times (-\sqrt{3})^2 \div \dfrac{\sqrt{21}}{5} = a\sqrt{b}$ 일 때, $\dfrac{a}{b}$의 값을 구하여라. (단, b는 $1 < b < 10$인 자연수)

09

$a = \sqrt{\dfrac{5}{18}} \div \sqrt{12} \times \dfrac{2}{\sqrt{3}}$, $b = \dfrac{4\sqrt{3}}{\sqrt{5}} \times \dfrac{\sqrt{15}}{3} \div \sqrt{\dfrac{8}{3}}$ 일 때, ab의 값을 구하여라.

Theme 04 제곱근표에 없는 제곱근의 값 구하기

(1) 근호 안의 수가 100 이상인 수의 제곱근의 값

근호 안의 수를 10^2, 100^2, …과의 곱으로 나타낸 후 $\sqrt{100a} = 10\sqrt{a}$, $\sqrt{10000a} = 100\sqrt{a}$, …로 고친다.

(2) 근호 안의 수가 0 이상 1 미만인 수의 제곱근의 값

근호 안의 수를 $\dfrac{1}{10^2}$, $\dfrac{1}{100^2}$, …과의 곱으로 나타낸 후 $\sqrt{\dfrac{a}{100}} = \dfrac{\sqrt{a}}{10}$, $\sqrt{\dfrac{a}{10000}} = \dfrac{\sqrt{a}}{100}$, …로 고친다.

10

$\sqrt{6.23} = 2.496$, $\sqrt{62.3} = 7.893$일 때, 다음 중 옳지 <u>않</u>은 것은?

① $\sqrt{623} = 24.96$ ② $\sqrt{6230} = 78.93$

③ $\sqrt{0.00623} = 0.02496$ ④ $\sqrt{0.0623} = 0.2496$

⑤ $\sqrt{0.623} = 0.7893$

11

$\sqrt{a} = 16.82$일 때, 다음 제곱근표를 이용하여 a의 값을 구하여라.

수	0	1	2	3	4	5
2.5	1.581	1.584	1.587	1.591	1.594	1.597
2.6	1.612	1.616	1.619	1.622	1.625	1.628
2.7	1.643	1.646	1.649	1.652	1.655	1.658
2.8	1.673	1.676	1.679	1.682	1.685	1.688
2.9	1.703	1.706	1.709	1.712	1.715	1.718

12

다음 수 중 $\sqrt{5} = 2.236$임을 이용하여 제곱근의 값을 구할 수 <u>없는</u> 것을 모두 골라라.

$$\sqrt{0.2},\ \sqrt{50},\ \sqrt{20},\ \sqrt{45},\ \sqrt{0.05},\ \sqrt{200}$$

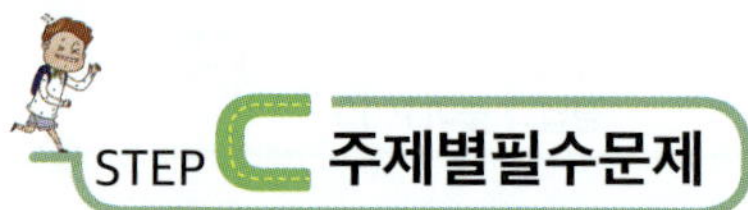

Theme 05 제곱근의 덧셈과 뺄셈

근호 안의 수가 같은 것끼리 모아서 계산한다.
즉, a, b, c, d는 유리수, $\sqrt{x}, \sqrt{y}$ 는 무리수일 때
$$a\sqrt{x}+b\sqrt{y}+c\sqrt{x}-d\sqrt{y}$$
$$=a\sqrt{x}+c\sqrt{x}+b\sqrt{y}-d\sqrt{y}$$
$$=(a+c)\sqrt{x}+(b-d)\sqrt{y}$$

13

$\sqrt{45}+\sqrt{12}-\sqrt{80}+\sqrt{27}$ 을 계산하면?

① $\sqrt{3}-\sqrt{5}$ ② $3\sqrt{3}-\sqrt{5}$ ③ $5\sqrt{3}-\sqrt{5}$
④ $5\sqrt{3}+\sqrt{5}$ ⑤ $\sqrt{3}+3\sqrt{5}$

14

$\sqrt{180}-\sqrt{63}+\sqrt{28}-\sqrt{45}=a\sqrt{5}+b\sqrt{7}$ 일 때, 유리수 a, b에 대하여 $a+b$의 값을 구하여라.

15

다음 식을 간단히 하여라.

$$\frac{\sqrt{27}}{3}-\frac{4\sqrt{3}}{5}+2\sqrt{12}+\frac{3}{\sqrt{48}}$$

Theme 06 분배법칙을 이용한 무리수의 계산

괄호가 있으면 분배법칙을 이용하여 괄호를 푼다.
$a>0, b>0, c>0$일 때,

(1) $\sqrt{a}(\sqrt{b}+\sqrt{c})=\sqrt{ab}+\sqrt{ac}$,
$\sqrt{a}(\sqrt{b}-\sqrt{c})=\sqrt{ab}-\sqrt{ac}$

(2) $(\sqrt{a}+\sqrt{b})\sqrt{c}=\sqrt{ac}+\sqrt{bc}$,
$(\sqrt{a}-\sqrt{b})\sqrt{c}=\sqrt{ac}-\sqrt{bc}$

(3) $\dfrac{\sqrt{a}+\sqrt{b}}{\sqrt{c}}=\dfrac{(\sqrt{a}+\sqrt{b})\times\sqrt{c}}{\sqrt{c}\times\sqrt{c}}=\dfrac{\sqrt{ac}+\sqrt{bc}}{c}$

16

$-\sqrt{24}+3\sqrt{3}(\sqrt{50}-3\sqrt{2})+\sqrt{54}$ 를 간단히 하여라.

17

다음 식을 간단히 하여라.

$$\sqrt{5}(\sqrt{32}-3\sqrt{10})-\left(4\sqrt{2}-\frac{\sqrt{90}}{5}\right)\sqrt{5}$$

18

$(-4\sqrt{2}+5)\sqrt{5}-\dfrac{3\sqrt{2}}{\sqrt{5}}+\sqrt{125}=a\sqrt{5}+b\sqrt{10}$ 일 때, 유리수 a, b에 대하여 ab의 값을 구하여라.

Theme **07** 근호를 포함한 복잡한 식의 계산

(1) 괄호가 있으면 분배법칙을 이용하여 괄호를 푼다.
(2) $\sqrt{a^2 b}$의 꼴은 $a\sqrt{b}$의 꼴로 고친다.
(3) 분모에 무리수가 있으면 분모를 유리화한다.
(4) 곱셈, 나눗셈을 먼저 계산한 후 근호 안의 수가 같은 것끼리 덧셈, 뺄셈을 계산한다.

19

$$4\sqrt{10} \times \frac{9}{\sqrt{6}} - \sqrt{\frac{25}{3}} \div \frac{\sqrt{10}}{\sqrt{18}} + \sqrt{(-2)^2} \times (-\sqrt{5})^2$$
$$= a + b\sqrt{15}$$ 일 때, 유리수 a, b에 대하여 $a-b$의 값을 구하여라.

20

$A = \sqrt{5} + \dfrac{2}{\sqrt{3}}$, $B = \dfrac{4}{\sqrt{5}} - 3\sqrt{3}$ 일 때, $2\sqrt{3}A - 3\sqrt{5}B$ 의 값을 구하여라.

21

다음 식을 간단히 하여라.

$$-4\sqrt{3}\left(\frac{3}{\sqrt{2}} - \frac{4}{\sqrt{18}}\right) - 2\sqrt{3}\left(\sqrt{2} - \frac{5}{\sqrt{2}}\right)$$

Theme **08** 무리수의 정수 부분과 소수 부분

(1) (무리수)＝(정수 부분)＋(소수 부분)으로 나타낼 수 있다. ($0 <$ (소수 부분) < 1)
(2) 무리수의 소수 부분은 그 수에서 정수 부분을 뺀 것과 같다.
  즉, 무리수 $\sqrt{a}$ 의 소수 부분은 $\Rightarrow \sqrt{a} - (\sqrt{a}$ 의 정수 부분)

22

$2\sqrt{5}$ 의 정수 부분을 a, 소수 부분을 b라 할 때, $\dfrac{2a+b}{2}$ 의 값을 구하여라.

23

$4 - \sqrt{7}$의 정수 부분을 a, 소수 부분을 b라 할 때, $a-b$ 의 값을 구하여라.

24 서술형

$4 - \sqrt{3}$의 소수 부분을 x, $\sqrt{12} - 2$의 소수 부분을 y라 할 때, $x+y$의 값을 구하여라.

Theme 09 실수의 대소 관계

두 실수 A, B의 대소 관계는 $A-B$의 부호에 따라 정해진다.

(1) $A-B>0$이면 $A>B$

(2) $A-B=0$이면 $A=B$

(3) $A-B<0$이면 $A<B$

25

다음 중 □ 안에 알맞은 부등호의 방향이 나머지 넷과 <u>다른</u> 것은?

① $3 \square \sqrt{7}+1$

② $3-\sqrt{12} \square -2$

③ $3-2\sqrt{3} \square 2\sqrt{3}-1$

④ $3+\sqrt{2} \square \sqrt{9}+2$

⑤ $\sqrt{3}-\sqrt{2} \square \sqrt{12}-\sqrt{8}$

26

다음 중 두 실수의 대소 관계가 옳은 것은?

① $\sqrt{20}<4-\sqrt{5}$

② $3\sqrt{7}-2>\sqrt{28}-1$

③ $\sqrt{3}+\sqrt{2}<4\sqrt{2}-3\sqrt{3}$

④ $3+\sqrt{2}>\sqrt{18}+1$

⑤ $\sqrt{3}+\sqrt{6}<2\sqrt{3}-\sqrt{6}$

27

$a=2+\sqrt{3}$, $b=5$, $c=\sqrt{7}+3$일 때, a, b, c의 대소 관계는?

① $a<b<c$ ② $a<c<b$ ③ $b<a<c$

④ $b<c<a$ ⑤ $c<a<b$

Theme 10 제곱근의 도형에서의 활용

(1) 도형의 길이, 넓이, 부피를 구하는 공식을 이용하여 식을 세운다.

(2) 제곱근의 성질과 분모의 유리화를 이용하여 계산한다.

28

오른쪽 그림과 같은 사다리꼴 ABCD의 넓이를 구하여라.

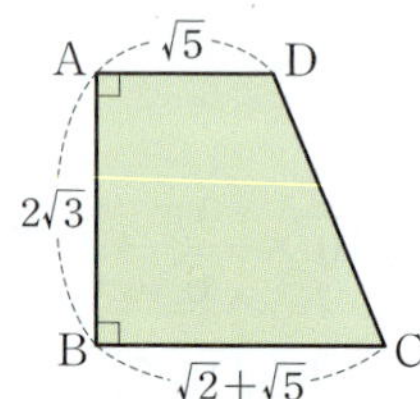

29

넓이가 210인 직사각형이 있다. 이 직사각형의 가로의 길이가 $5\sqrt{3}$일 때, 이 직사각형의 둘레의 길이를 구하여라.

30

가로와 세로의 길이의 비가 3 : 4인 직사각형의 가로의 길이를 한 변으로 하는 정사각형의 넓이가 72일 때, 직사각형의 둘레의 길이를 구하여라.

2단계 STEP B 실력완성문제

01

$\dfrac{6\sqrt{x}}{\sqrt{80}}$ 의 분모를 유리화하면 $\dfrac{3\sqrt{35}}{10}$ 가 된다. 이때 자연수 x의 값을 구하여라.

02

$x=\sqrt{3}$일 때, 다음 **보기** 중 옳은 것을 모두 고른 것은?

┤ 보기 ├

㉠ $\sqrt{\dfrac{27}{49}}=\dfrac{\sqrt{3}}{7}x$ ㉡ $\sqrt{3.63}=\dfrac{11}{10}x$

㉢ $\sqrt{108}-\dfrac{9}{\sqrt{3}}=3x$ ㉣ $x\sqrt{\dfrac{24}{100}}=\dfrac{6}{5}$

① ㉠, ㉢ ② ㉠, ㉣ ③ ㉡, ㉢
④ ㉡, ㉣ ⑤ ㉢, ㉣

03

오른쪽 그림과 같이 밑면의 가로, 세로의 길이가 각각 $5\sqrt{3}$ cm, $3\sqrt{5}$ cm인 직육면체에서 $\overline{BH}=2\sqrt{37}$ cm일 때, $\overline{BF}$의 길이를 구하여라.

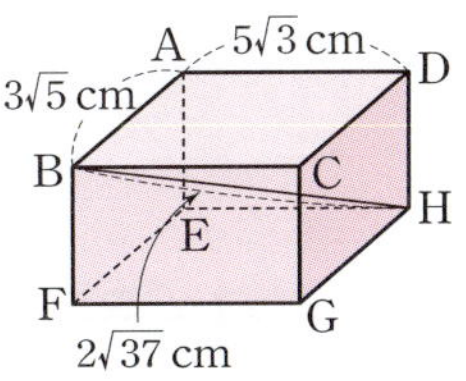

04

높이가 $2\sqrt{5}$ cm이고 부피가 $12\sqrt{5}\,\pi$ cm³인 원기둥이 있다. 이 원기둥의 겉넓이를 구하여라.

05

$\sqrt{581}-\sqrt{a}=21.706$일 때, 다음 제곱근표를 이용하여 a의 값을 구하여라.

수	0	1	2	3	4
5.5	2.345	2.347	2.349	2.352	2.354
5.6	2.366	2.369	2.371	2.373	2.375
5.7	2.387	2.390	2.392	2.394	2.396
5.8	2.408	2.410	2.412	2.415	2.417
5.9	2.429	2.431	2.433	2.435	2.437

06

오른쪽 그림에서 $\overline{AD}$는 한 변의 길이가 $10\sqrt{3}$ cm인 정삼각형 ABC의 중선이다. 점 G는 △ABC의 무게중심일 때, $\overline{AG}$의 길이를 구하여라.

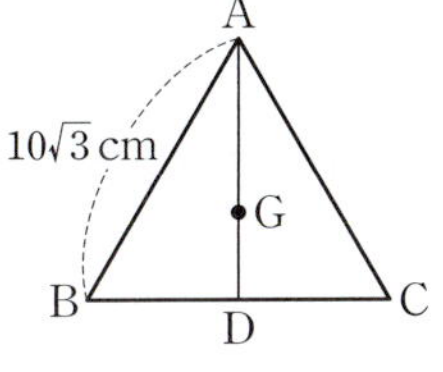

07

겉넓이가 $168\ \text{cm}^2$인 정육면체의 대각선의 길이를 구하여라.

08

$x=\dfrac{\sqrt{5}-\sqrt{2}}{2\sqrt{3}}$, $y=\dfrac{\sqrt{5}+\sqrt{2}}{2\sqrt{3}}$일 때, $\dfrac{x+y}{x-y}$의 값을 구하여라.

09

$\dfrac{\sqrt{12}+\sqrt{60}}{\sqrt{3}}-a\left(\dfrac{\sqrt{8}-\sqrt{10}}{\sqrt{2}}\right)$이 유리수가 되도록 하는 유리수 a의 값을 구하여라.

10

오른쪽 그림과 같이 $\angle C=90°$인 직각삼각형 ABC의 점 C에서 $\overline{AB}$에 내린 수선의 발을 D라고 하자. $\overline{AB}=\sqrt{13}$, $\overline{AC}=3$일 때, $\overline{AD}$의 길이를 구하여라.

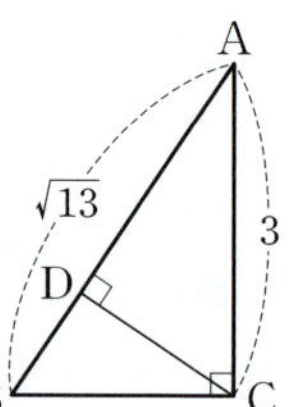

11

오른쪽 그림과 같은 직사각형 ABCD의 넓이를 구하여라.

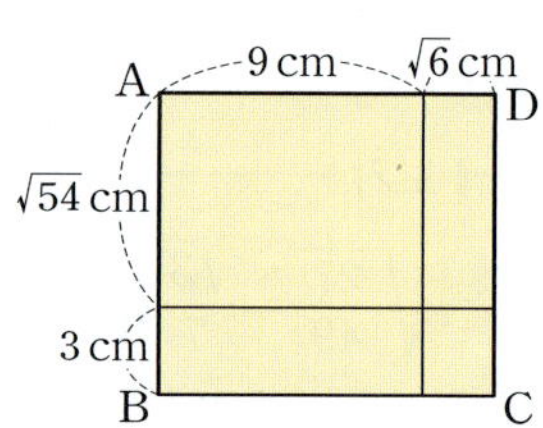

12

다음 그림과 같이 한 변의 길이가 2인 정사각형 ABCD가 있다. $\overline{BD}=\overline{BP}$, $\overline{CA}=\overline{CQ}$일 때, $\overline{PQ}$의 길이를 구하여라.

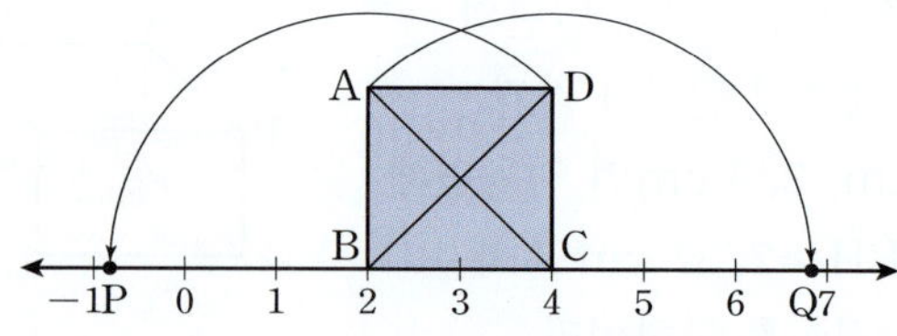

13

두 실수 x, y에 대하여 $x \star y = xy - y$일 때,
$\{(4\sqrt{3}-2) \star \sqrt{3}\} - \{2 \star (5-\sqrt{3})\}$의 값을 구하여라.

14

$a = 2\sqrt{2}+1$, $b = 6-3\sqrt{5}$, $c = 3\sqrt{2}-2$일 때, a, b, c의 대소 관계를 옳게 나타낸 것은?

① $a < b < c$ ② $b < a < c$ ③ $b < c < a$
④ $c < a < b$ ⑤ $c < b < a$

15 서술형

$2\sqrt{13}$의 소수 부분을 a, $12-3\sqrt{13}$의 소수 부분을 b라 할 때, $3a+2b$의 값을 구하여라.

16

$\sqrt{\dfrac{3^{20}+9^{11}+27^8+81^4}{3^{12}+9^8+27^6+81^5}}$ 의 값을 구하여라.

17

$\sqrt{11}$의 소수 부분을 k라 할 때, $\sqrt{539}$의 소수 부분을 k를 사용한 식으로 나타내어라.

18

오른쪽 그림과 같이 한 모서리의 길이가 18 cm인 정육면체에서 모서리 BF, DH의 중점을 각각 I, J라 할 때, $\square$AIGJ의 넓이를 구하여라.

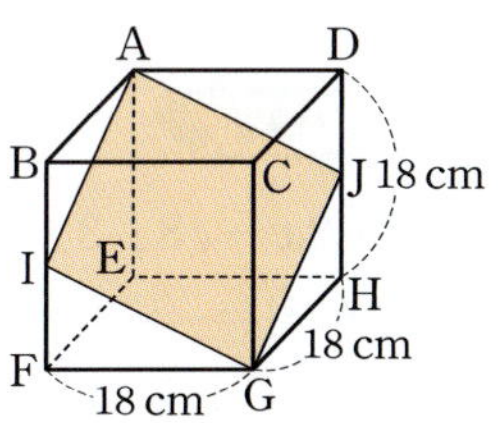

19

$\sqrt{6\sqrt{2} \div (-\sqrt{35}) \times \left(-\dfrac{\sqrt{28}}{16}\right) \div \dfrac{1}{3\sqrt{40}}}$ 을 간단히 하여라.

20

$\dfrac{7}{\sqrt{5}+\dfrac{1}{\sqrt{5}+\dfrac{1}{\sqrt{5}}}}$ 을 간단히 하여라.

21 서술형

두 수 $2x-\sqrt{8}$, $3+y\sqrt{2}$ 의 합과 곱이 모두 유리수가 되도록 하는 유리수 x, y에 대하여 xy의 값을 구하여라.

22

$2\sqrt{48}+\sqrt{3}\left(\dfrac{\sqrt{49}}{3}-\sqrt{50}\right)-\dfrac{8-4\sqrt{2}}{\sqrt{3}}-\sqrt{\dfrac{21}{4}} \div \dfrac{\sqrt{63}}{3}$
$=m\sqrt{3}+n\sqrt{6}$ 이다. 두 유리수 m, n에 대하여 $m+n$의 값을 구하여라.

23

$\dfrac{\sqrt{180}}{2\sqrt{x}}=\dfrac{3\sqrt{5}}{2}$ 를 만족시키는 자연수 x의 값을 구하여라.

24

다음 제곱근표를 이용하면 $\sqrt{48400}=x$, $\sqrt{y}=0.2154$ 일 때, $\sqrt{x+10000y}$ 의 값을 구하여라.

수	0	1	2	3	4
4.5	2.121	2.124	2.126	2.128	2.131
4.6	2.145	2.147	2.149	2.152	2.154
4.7	2.168	2.170	2.173	2.175	2.177
4.8	2.191	2.193	2.195	2.198	2.200
4.9	2.214	2.216	2.218	2.220	2.223

25

$a=\sqrt{0.22}+\sqrt{2330}$, $\sqrt{b}=0.4837$일 때, 다음 제곱근 표를 이용하여 $a-100b$의 값을 구하여라.

수	0	1	2	3	4
20	4.472	4.483	4.494	4.506	4.517
21	4.583	4.593	4.604	4.615	4.626
22	4.690	4.701	4.712	4.722	4.733
23	4.796	4.806	4.817	4.827	4.837

26

$\sqrt{3.8}=1.949$, $\sqrt{38}=6.164$일 때, $\sqrt{3420}+50\sqrt{1.52}$의 값을 구하여라.

27

다음 식을 간단히 하여라.

$$2\sqrt{5}\left(\sqrt{27}-\frac{2\sqrt{15}}{3}\right)-\sqrt{3}\left(\sqrt{20}-\frac{4\sqrt{225}}{9}\right)$$

28 서술형

$A=\sqrt{180}-4$, $B=A\sqrt{5}-20$, $C=B\sqrt{5}+20$일 때, $2A+4B+3C$의 값을 구하여라.

29

다음 중 $\sqrt{32}$와 $\sqrt{125}$의 소수 부분을 각각 a, b라 할 때, $\sqrt{10}$을 a, b를 사용하여 나타낸 것은?

① $\dfrac{(a+5)b}{10}$
② $\dfrac{a(b+2)}{10}$
③ $\dfrac{ab+10}{10}$
④ $\dfrac{(a+5)(b+11)}{10}$
⑤ $\dfrac{(a+5)(b+11)}{20}$

30

$$12\left(\sqrt{25}-\frac{\sqrt{30}}{\sqrt{45}}\right)-\left(3\sqrt{6}+\frac{\sqrt{18}}{\sqrt{12}}-\frac{3}{\sqrt{6}}\right)^2=2(a+b\sqrt{6})$$

일 때, 유리수 a, b에 대하여 $a+b$의 값을 구하여라.

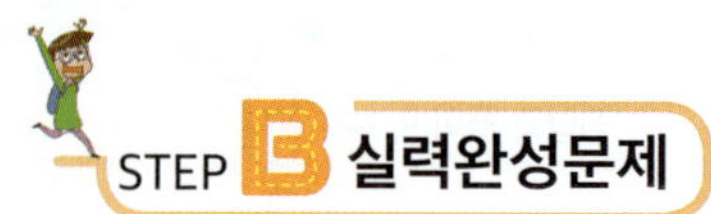

31

다음 수를 크기가 작은 것부터 차례대로 나열할 때, 두 번째에 오는 수를 구하여라.

$$-\sqrt{36},\ \sqrt{19}-3,\ \sqrt{27}-2,\ 3,\ 2\sqrt{6}-\sqrt{4}$$

32

$xy=147$일 때, $x\sqrt{\dfrac{12y}{x}}-y\sqrt{\dfrac{3x}{y}}$ 의 값을 구하여라.

(단, $x>0$, $y>0$)

33

연립방정식 $\begin{cases} \sqrt{2}\,x+\sqrt{3}\,y=2 \\ \sqrt{3}\,x-\sqrt{2}\,y=1 \end{cases}$ 의 해가 $x=p$, $y=q$일 때, $\dfrac{1}{p+q}$ 의 값을 구하여라.

34

$\sqrt{a}$ 의 정수 부분이 5일 때, 이를 만족하는 자연수 a의 개수를 구하여라.

35 서술형

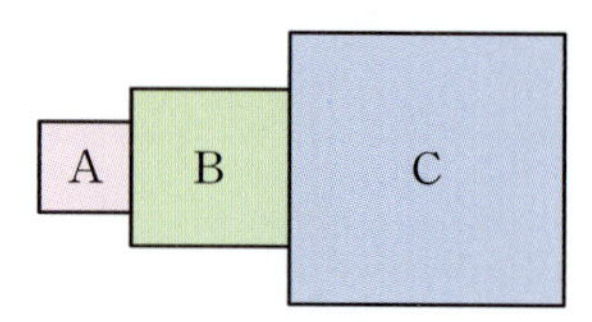

오른쪽 그림과 같이 세 정사각형 A, B, C를 이어붙여 새로운 도형을 만들었다. 정사각형 B의 넓이는 정사각형 A의 넓이의 3배이고, 정사각형 C의 넓이는 정사각형 B의 넓이의 3배이다. 정사각형 A의 넓이가 $8\ \mathrm{cm}^2$일 때, 새로 만든 도형의 둘레의 길이를 구하여라.

36

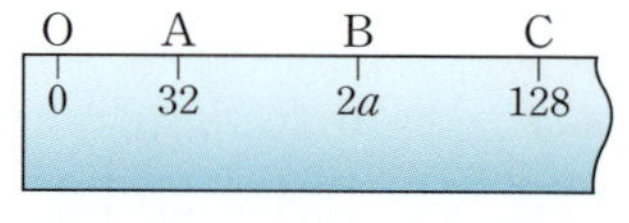

오른쪽 그림과 같이 원점 O로부터의 거리가 $\sqrt{x}$ 인 점의 위치에 있는 눈금을 x로 표시한 자가 있다. 예를 들어 이 자의 눈금 3은 원점 O로부터 거리가 $\sqrt{3}$임을 나타낸다. 이 자에서 세 눈금 32, $2a$, 128에 대응하는 점을 각각 A, B, C라 하자. $\overline{\mathrm{AB}}=\overline{\mathrm{BC}}$ 일 때, a의 값을 구하여라.

STEP A 최고난도문제

01 $\dfrac{5a-8b}{3a+6b}=1$일 때, $\sqrt{\dfrac{13a-b}{2a-9b}}$ 에 가장 가까운 정수를 구하여라.

02 세 실수 x, y, z에 대하여 $x+y+z=12$이고 $x:y:z=(\sqrt{6}+\sqrt{5}):(\sqrt{3}-\sqrt{5}):(\sqrt{6}-\sqrt{3})$일 때, $x-y-z$의 값을 구하여라.

03 $\sqrt{2a}-\sqrt{3b}=\sqrt{7}$ 을 만족시키는 자연수 a, b에 대하여 $a-b$의 값 중 가장 작은 값을 구하여라.

04 오른쪽 그림과 같이 밑면이 정사각형인 직육면체 P와 정육면체 Q가 있다. 정육면체 Q의 밑면의 넓이는 직육면체 P의 밑면의 넓이의 5배이고, 정육면체 Q의 부피는 직육면체 P의 부피의 10배라고 한다. 이때 정육면체 Q의 겉넓이는 직육면체 P의 겉넓이의 몇 배인지 구하여라.

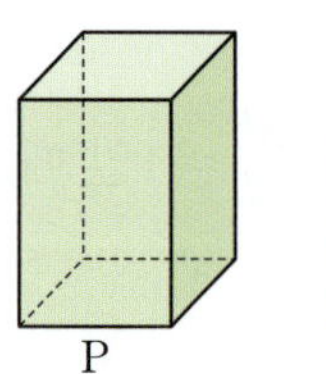
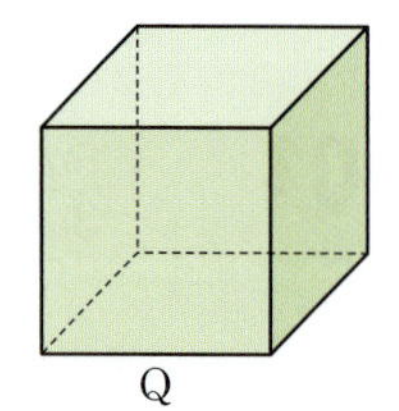

05 다음 식의 값을 구하여라.

$$\frac{\sqrt{1\times2\times4+2\times4\times8+3\times6\times12+\cdots+k\times2k\times4k}}{\sqrt{2\times4\times6+4\times8\times12+6\times12\times18+\cdots+2k\times4k\times6k}}$$

06 양의 정수 n에 대하여 $f(n)=(\sqrt{n}+2$의 정수 부분$)$이라 할 때, 다음 식의 값을 구하여라.

$$f(20)+f(21)+f(22)+\cdots+f(55)$$

Ⅱ 다항식의 곱셈과 인수분해

01. 다항식의 곱셈

1 다항식의 곱셈

분배법칙을 이용하여 전개하고 전개식에 동류항이 있으면 동류항끼리 모아서 계산한다.

$$(a+b)(c+d)=\underset{①}{ac}+\underset{②}{ad}+\underset{③}{bc}+\underset{④}{bd}$$

참고 특정한 항의 계수 구하기

전개가 복잡할 때에는 모든 항을 전개하지 않고 필요한 문자가 들어 있는 항만 부분적으로 곱하여 구한다.

2 곱셈 공식

(1) $(a+b)^2=a^2+2ab+b^2$

(2) $(a-b)^2=a^2-2ab+b^2$

(3) $(a+b)(a-b)=a^2-b^2$

(4) $(x+a)(x+b)=x^2+(a+b)x+ab$

(5) $(ax+b)(cx+d)=acx^2+(ad+bc)x+bd$

- 전개식이 같은 다항식
$(a+b)^2=(-a-b)^2$
$(a-b)^2=(-a+b)^2$
$(a+b)(a-b)$
$=(-a-b)(-a+b)$

3 복잡한 식의 전개

(1) 공통부분이 있는 식의 전개 : 공통부분을 한 문자로 치환한 후 곱셈 공식을 이용하여 전개한다.

예 $(x+y+2)(x+y-2)$
$=(A+2)(A-2)$ $x+y=A$로 치환한다.
$=A^2-4$ 전개한다.
$=(x+y)^2-4$ $A=x+y$를 대입한다.
$=x^2+2xy+y^2-4$ 전개하여 정리한다.

(2) ( )( )( )( )의 꼴의 전개

① 일차식의 상수항의 합이 같아지도록 2개씩 짝을 지어 전개한다.

② 공통부분을 한 문자로 치환한 후 곱셈 공식을 이용하여 전개한다.

예 $(x+1)(x+2)(x+5)(x+4)$
$=\{(x+1)(x+5)\}\{(x+2)(x+4)\}$ 일차식의 상수항의 합이 같아지도록 2개씩 짝을 짓는다.
$=(x^2+6x+5)(x^2+6x+8)$ 전개한다.
$=(A+5)(A+8)$ $x^2+6x=A$로 치환한다.
$=A^2+13A+40$ 전개한다.
$=(x^2+6x)^2+13(x^2+6x)+40$ $A=x^2+6x$를 대입한다.
$=x^4+12x^3+49x^2+78x+40$ 전개하여 정리한다.

4 **곱셈 공식을 이용한 수의 계산**

(1) 수의 제곱의 계산

$(a+b)^2=a^2+2ab+b^2$ 또는 $(a-b)^2=a^2-2ab+b^2$을 이용한다.

(2) 두 수의 곱의 계산

$(a+b)(a-b)=a^2-b^2$ 또는 $(x+a)(x+b)=x^2+(a+b)x+ab$를 이용한다.

(3) 제곱근의 계산

제곱근을 문자로 생각하고 곱셈 공식을 이용한다.

5 **곱셈 공식을 이용한 분모의 유리화**

분모가 $\sqrt{a}+\sqrt{b}$ 또는 $\sqrt{a}-\sqrt{b}$ 꼴인 분수는 곱셈 공식 $(a+b)(a-b)=a^2-b^2$을 이용하여 분모를 유리화한다.

$b>0$이고 a, b는 유리수, c는 실수일 때,

(1) $\dfrac{c}{a+\sqrt{b}}=\dfrac{c(a-\sqrt{b})}{(a+\sqrt{b})(a-\sqrt{b})}=\dfrac{c(a-\sqrt{b})}{a^2-b}$

(2) $\dfrac{c}{\sqrt{a}+\sqrt{b}}=\dfrac{c(\sqrt{a}-\sqrt{b})}{(\sqrt{a}+\sqrt{b})(\sqrt{a}-\sqrt{b})}=\dfrac{c(\sqrt{a}-\sqrt{b})}{a-b}$ (단, $a>0$, $a\neq b$)

예 $\dfrac{3}{\sqrt{6}+\sqrt{3}}=\dfrac{3(\sqrt{6}-\sqrt{3})}{(\sqrt{6}+\sqrt{3})(\sqrt{6}-\sqrt{3})}=\dfrac{3(\sqrt{6}-\sqrt{3})}{6-3}=\sqrt{6}-\sqrt{3}$

6 **곱셈 공식의 변형**

두 수의 합과 곱 또는 두 수의 차와 곱을 알 때, 곱셈 공식의 변형을 이용하여 주어진 식의 값을 구한다.

(1) 곱셈 공식의 변형

① $a^2+b^2=(a+b)^2-2ab=(a-b)^2+2ab$

② $(a+b)^2=(a-b)^2+4ab$, $(a-b)^2=(a+b)^2-4ab$

③ $(a+b)^2+(a-b)^2=2(a^2+b^2)$, $(a+b)^2-(a-b)^2=4ab$

(2) 두 수의 곱이 **1**인 식의 변형

① $a^2+\dfrac{1}{a^2}=\left(a+\dfrac{1}{a}\right)^2-2=\left(a-\dfrac{1}{a}\right)^2+2$

② $\left(a+\dfrac{1}{a}\right)^2=\left(a-\dfrac{1}{a}\right)^2+4$, $\left(a-\dfrac{1}{a}\right)^2=\left(a+\dfrac{1}{a}\right)^2-4$

(1) 다항식과 다항식의 곱셈

분배법칙을 이용하여 식을 전개한 후 동류항이 있으면 동류항끼리 모아서 간단히 정리한다.

(2) 특정한 항의 계수 구하기

다항식과 다항식의 곱셈에서 특정한 항의 계수를 구할 때는 필요한 항이 나오는 부분만 전개한다.

01

$(2x-7)(x+5y+1)$을 전개하여라.

02

$(a-3b+4)(2a+b-5)$의 전개식에서 ab의 계수를 m, a의 계수를 n이라 할 때, $m+n$의 값을 구하여라.

03 서술형

$(ax+5y)(-x-by+6)$의 전개식에서 xy의 계수가 -3이고, x의 계수가 12일 때, 상수 a, b에 대하여 $a+b$의 값을 구하여라.

(1) $(a+b)^2=a^2+2ab+b^2$

(2) $(a-b)^2=a^2-2ab+b^2$

(3) $(a+b)(a-b)=a^2-b^2$

(4) $(x+a)(x+b)=x^2+(a+b)x+ab$

(5) $(ax+b)(cx+d)=acx^2+(ad+bc)x+bd$

04

다음 중 옳지 <u>않은</u> 것은?

① $(3x+2)^2=9x^2+12x+4$

② $(-x+4y)^2=x^2-8xy+16y^2$

③ $(5-x)(5+x)=-x^2+25$

④ $(2x-1)(2x-9)=4x^2-11x+9$

⑤ $(4x+3)(x-2)=4x^2-5x-6$

05

다음 중 $\left(-\dfrac{1}{2}x-3y\right)^2$과 전개식이 같은 것은?

① $\dfrac{1}{4}(x+6y)^2$ ② $\dfrac{1}{4}(x-6y)^2$

③ $\dfrac{1}{2}(x-6y)^2$ ④ $\dfrac{1}{2}(x+6y)^2$

⑤ $-\dfrac{1}{2}(x+6y)^2$

06

$(Ax+3)(5x+B)=10x^2+Cx-21$에서 $A+B+C$의 값을 구하여라. (단, A, B, C는 상수)

07

다음 중 □ 안에 들어갈 수가 가장 큰 것은?

① $(4a+1)(3-a)=-4a^2+\Box a+3$

② $(x-2y)(x-4y)=x^2-\Box xy+8y^2$

③ $(x+3)(5x+1)=\Box x^2+16x+3$

④ $(a-3b)^2=a^2-6ab+\Box b^2$

⑤ $(3x+5y)(2x-y)=6x^2+\Box xy-5y^2$

08 서술형

$5x+a$에 $2x-4$를 곱해야 할 것을 잘못하여 $4x-2$를 곱했더니 $20x^2+2x-6$이 되었다. 바르게 계산한 답을 구하여라. (단, a는 상수)

09

$(x+2)(x-2)+(2x-3)(x+6)=ax^2+bx+c$일 때, 상수 a, b, c에 대하여 $a-3b-c$의 값을 구하여라.

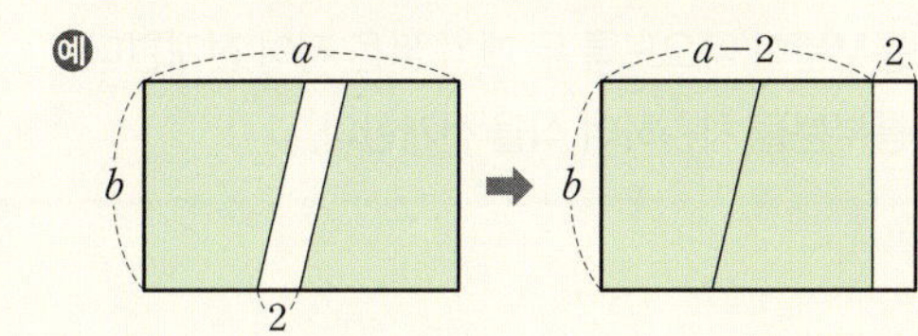

Theme 03 곱셈 공식과 도형의 넓이

(1) 곱셈 공식을 이용하여 직사각형의 넓이 구하기

  ① 가로, 세로의 길이를 문자를 사용하여 나타낸다.

  ② 직사각형의 넓이를 구하는 식을 세운 후 전개한다.

(2) 일정한 간격만큼 떨어져 있는 도형의 넓이 구하기

  ⇨ 떨어져 있는 도형을 이동하여 생각한다.

10

오른쪽 그림과 같이 가로의 길이, 세로의 길이가 각각 $6x$, $5x$인 직사각형에서 가로의 길이는 4만큼 늘이고 세로의 길이는 1만큼 줄였다. 이때 색칠한 직사각형의 넓이는?

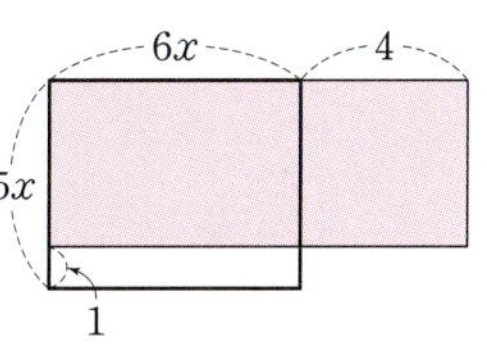

① $30x^2+26x-4$ ② $30x^2+14x-4$

③ $30x^2-26x-4$ ④ $36x^2+14x-4$

⑤ $36x^2-26x+4$

11

오른쪽 그림과 같이 가로의 길이와 세로의 길이가 각각 $9a$, $6a$인 직사각형 모양의 땅에 폭이 1인 길을 만들었다. 이때 길을 제외한 땅의 넓이를 구하여라.

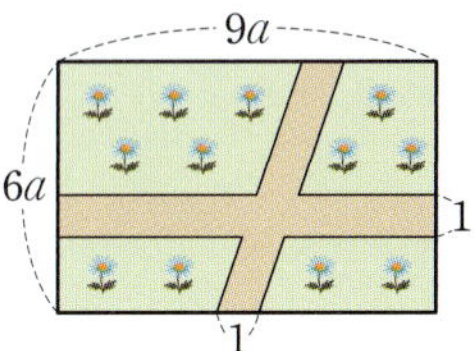

12

오른쪽 그림과 같이 세 원의 중심이 한 직선 위에 있을 때, 색칠한 부분의 넓이를 구하여라.

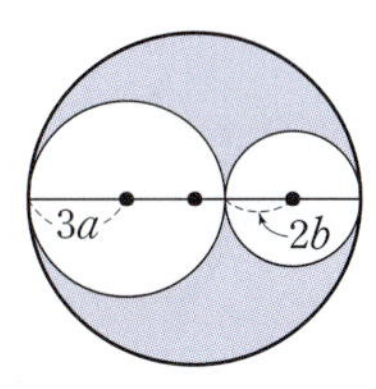

Theme 04 복잡한 식의 전개

(1) 공통부분이 있는 식의 전개
　① 공통부분을 한 문자로 치환하여 곱셈 공식을 이용하여 전개한다.
　② ①의 식에 원래의 식을 대입하여 정리한다.
(2) $(\ \ )(\ \ )(\ \ )(\ \ )$ 꼴의 전개
　① 공통부분이 나오도록 두 개씩 짝을 지어 전개한다.
　② 공통부분을 치환하여 식을 전개한다.

13

$(x+y-2z)^2$을 전개하여라.

14

$(2x-3y+1)(2x+y+1)$의 전개식에서 상수항을 포함한 모든 항의 계수의 합을 구하여라.

15

$(x-2)(x-1)(x+3)(x+4)$를 전개하여라.

Theme 05 곱셈 공식을 이용한 수의 계산

(1) 수의 제곱의 계산
　$(a+b)^2=a^2+2ab+b^2$ 또는
　$(a-b)^2=a^2-2ab+b^2$을 이용한다.
(2) 두 수의 곱의 계산
　$(a+b)(a-b)=a^2-b^2$ 또는
　$(x+a)(x+b)=x^2+(a+b)x+ab$를 이용한다.
(3) 제곱근을 포함한 수의 계산
　제곱근을 문자로 생각하고 곱셈 공식을 이용한다.

16

다음 중 주어진 수의 계산을 편리하게 하기 위하여 이용되는 곱셈 공식을 나타낸 것으로 옳지 <u>않은</u> 것은?

① 201^2 ➡ $(a+b)^2=a^2+2ab+b^2$
② 301×303 ➡ $(a+b)(a-b)=a^2-b^2$
③ 98^2 ➡ $(a-b)^2=a^2-2ab+b^2$
④ 151×149 ➡ $(a+b)(a-b)=a^2-b^2$
⑤ 205×207 ➡ $(x+a)(x+b)=x^2+(a+b)x+ab$

17

곱셈 공식을 이용하여 $\dfrac{2021\times2029+16}{2025}$ 을 계산하여라.

18

$(\sqrt{5}+2)(\sqrt{5}-1)-(\sqrt{5}-3)^2$을 계산하여라.

Theme **06** 곱셈 공식을 이용한 분모의 유리화

분모가 두 수의 합 또는 차로 되어 있는 무리수일 때, $(a+b)(a-b)=a^2-b^2$임을 이용하여 분모를 유리화한다.

19

$\dfrac{2\sqrt{2}+\sqrt{7}}{2\sqrt{2}-\sqrt{7}}$ 의 분모를 유리화하여라.

20 서술형

$\dfrac{3}{\sqrt{5}+2}-\dfrac{4}{\sqrt{5}-2}=a+b\sqrt{5}$ 일 때, 유리수 a, b에 대하여 $a-b$의 값을 구하여라.

21

$x=\dfrac{\sqrt{2}+1}{\sqrt{2}-1}$, $y=\dfrac{\sqrt{2}-1}{\sqrt{2}+1}$ 일 때, $x+y$의 값을 구하여라.

Theme **07** 식의 값 구하기

(1) 식을 먼저 간단히 하는 경우
곱셈 공식을 이용하여 주어진 식을 간단히 한 후 그 식에 주어진 수를 대입한다.
(2) $x=a\pm\sqrt{b}$ 꼴인 경우
$x=a\pm\sqrt{b}$ 를 $x-a=\pm\sqrt{b}$ 로 변형한 후 양변을 제곱하여 값을 구한다.

22

$x=\sqrt{6}-2$, $y=\sqrt{3}+\sqrt{2}$ 일 때, $(x+y)(x-y)$의 값을 구하여라.

23

$x=5-2\sqrt{3}$ 일 때, $x^2-10x+17$의 값을 구하여라.

24

$3\sqrt{5}-2$의 소수 부분을 x라 할 때, $x^2+12x-10$의 값을 구하여라.

Theme 08 곱셈 공식의 변형

(1) 두 수의 합 또는 차, 곱이 주어질 때, 다음과 같이 곱셈 공식을 변형한 식을 이용한다.

① $x^2+y^2=(x+y)^2-2xy,$
  $x^2+y^2=(x-y)^2+2xy$

② $(x+y)^2=(x-y)^2+4xy,$
  $(x-y)^2=(x+y)^2-4xy$

(2) 두 수의 곱이 1일 때, 다음과 같이 곱셈 공식을 변형한 식을 이용한다.

① $x^2+\dfrac{1}{x^2}=\left(x+\dfrac{1}{x}\right)^2-2,$
  $x^2+\dfrac{1}{x^2}=\left(x-\dfrac{1}{x}\right)^2+2$

② $\left(x+\dfrac{1}{x}\right)^2=\left(x-\dfrac{1}{x}\right)^2+4,$
  $\left(x-\dfrac{1}{x}\right)^2=\left(x+\dfrac{1}{x}\right)^2-4$

25

$x+y=3$, $xy=-4$일 때, 다음 식의 값을 구하여라.

(1) $(x-y)^2$

(2) $x^2-5xy+y^2$

(3) $\dfrac{y}{x}+\dfrac{x}{y}$

26

$x-y=2$, $x^2+y^2=12$일 때, xy의 값을 구하여라.

27

$x+\dfrac{1}{x}=5$일 때, $x^2+\dfrac{1}{x^2}=a$이고 $\left(x-\dfrac{1}{x}\right)^2=b$이다. 이때 a, b에 대하여 $a-b$의 값을 구하여라.

28

$(x-3)(y+3)=15$, $xy=6$일 때, x^2+xy+y^2의 값은?

① 30   ② 36   ③ 42

④ 48   ⑤ 54

29

$x^2-5x-1=0$일 때, $x^2-3+\dfrac{1}{x^2}$의 값은?

① 24   ② 25   ③ 26

④ 27   ⑤ 28

30 서술형

$x^2-3x+1=0$일 때, $x^2+x+\dfrac{1}{x}+\dfrac{1}{x^2}$의 값을 구하여라.

2단계 STEP B 실력완성문제

01

$(2x-Ay+B)(x+2Ay-3B)$의 전개식에서 xy의 계수가 6이고, y의 계수가 -50일 때, x의 계수를 구하여라. (단, A, B는 상수)

02

두 다항식의 곱 $(3x-a)\left(x+\dfrac{1}{4}\right)$을 전개하였더니 x의 계수가 상수항보다 2만큼 클 때, 상수 a의 값을 구하여라.

03

$(2x^2+3x+a)^2$의 전개식에서 상수항을 제외한 모든 항의 계수의 총합이 55일 때, 상수 a의 값을 구하여라.

04

$(x+a)(x+b)=x^2+Ax+45$일 때, 다음 중 A의 값이 될 수 <u>없는</u> 것은? (단, a, b, A는 정수)

① -18 ② -14 ③ 15
④ 18   ⑤ 46

05

$(4x-y)(-x+3y)-3(x-2y)^2+(2x-y)$
$\times(2x+y)$를 간단히 하였을 때, xy의 계수와 y^2의 계수의 합을 구하여라.

06

다음 그림은 한 칸의 가로와 세로의 길이가 각각 1인 모눈종이 위에 수직선을 그린 것이다. $\overline{PQ}=\overline{PA}$, $\overline{PS}=\overline{PB}$이고, 점 A에 대응하는 수를 a, 점 B에 대응하는 수를 b라고 할 때, ab의 값을 구하여라.

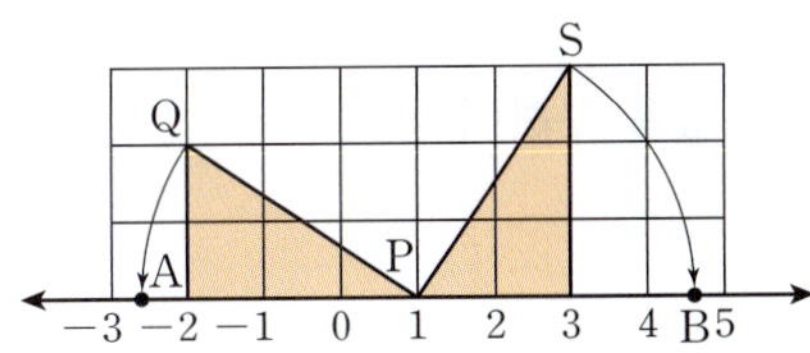

07

건우는 $(2x+3)(5x-1)$을 전개하는데 x의 계수 5를 a로 잘못 보아 $8x^2+bx-3$으로 전개하였고, 효주는 $(x-7)(x+2)$를 전개하는데 -7을 c로 잘못 보아 x^2-3x+d로 전개하였다. 상수 a, b, c, d에 대하여 $a+b+c+d$의 값을 구하여라.

08

$(3\sqrt{2}-\sqrt{3})^2-(\sqrt{6}+5)(a-2\sqrt{6})$이 유리수가 될 때, 유리수 a의 값을 구하여라.

09

$(\sqrt{5}-2)^9(\sqrt{5}+2)^{11}=a+b\sqrt{5}$ 일 때, 유리수 a, b에 대하여 ab의 값을 구하여라.

10

오른쪽 그림과 같이 가로의 길이가 $x+2y$, 세로의 길이가 $x-2y$인 직사각형 모양의 종이의 네 모퉁이에서 한 변의 길이가 2인 정사각형을 잘라 내고 남은 부분으로 뚜껑이 없는 직육면체 모양의 상자를 만들었다. 이 상자의 부피를 구하여라.

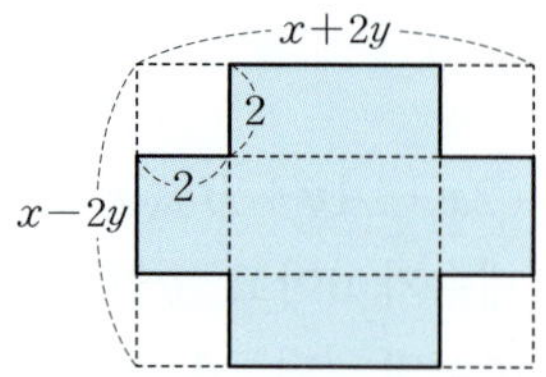

11

$(5+1)(5^2+1)(5^4+1)(5^8+1)=\square$일 때, $\square$ 안에 알맞은 수는?

① $\dfrac{1}{8}(5^{16}-1)$ ② $\dfrac{1}{4}(5^{16}-1)$ ③ $\dfrac{1}{4}(5^{16}+1)$

④ $4(5^{16}-1)$ ⑤ $4(5^{16}+1)$

12

양의 유리수 a, b에 대하여 $(\sqrt{a}+3)(\sqrt{a}-2)=\sqrt{a}+5$, $(\sqrt{b}-2)^2=9-4\sqrt{b}$ 일 때, $\dfrac{\sqrt{a}+\sqrt{b}}{\sqrt{a}-\sqrt{b}}$ 의 값을 구하여라.

13

$(\sqrt{10}-3)^7(\sqrt{10}+3)^6-(\sqrt{5}-\sqrt{2})^2(\sqrt{5}+\sqrt{2})^4$을 계산하여라.

14 서술형

$x=\dfrac{2-\sqrt{3}}{2+\sqrt{3}}$, $y=\dfrac{2+\sqrt{3}}{2-\sqrt{3}}$일 때, x^2+xy+y^2의 값을 구하여라.

15

$x=\dfrac{3}{2-\sqrt{5}}$일 때, $x^2+12x-15$의 값을 구하여라.

16

$10002\times9998\times(10^8+4)=10^x-y$일 때, 자연수 x, y에 대하여 xy의 값을 구하여라.

17

다음 식의 값을 구하여라.

$$\frac{(2\times5^2+7^5)(5^2+2\times7^5)+(5^2-2\times7^5)(3\times5^2+7^5)-5}{5^4-1}$$

18

$x-\dfrac{1}{x}=2$일 때, $x^8+\dfrac{1}{x^8}$의 값을 구하여라.

19

$x-\dfrac{5}{x}=3$일 때, $(x-7)(x-2)(x-1)(x+4)$의 값을 구하여라.

22

$x>y>0$일 때, $x^2+y^2=28$, $xy=4$일 때, $\dfrac{\sqrt{x}+\sqrt{y}}{\sqrt{x}-\sqrt{y}}$ 의 값을 구하여라.

20

$(x-6)(x-3)(x+2)(x+4)-120$을 전개하여라.

23

$\sqrt{x}-\dfrac{1}{\sqrt{x}}=\sqrt{2}$ 일 때, $\dfrac{x^4}{2}+\dfrac{1}{2x^4}-3x^2-\dfrac{3}{x^2}$ 의 값을 구하여라. (단, $x>0$)

21 서술형

길이가 68 cm인 끈을 적당히 두 개로 잘라 한 변의 길이가 각각 x cm, y cm인 두 정사각형을 만들었다. 두 정사각형의 넓이의 합이 157 cm²일 때, $(x-y)^2$의 값을 구하여라. (단, 끈은 남김없이 모두 사용하였다.)

24

$f(x)=\sqrt{x}+\sqrt{x+1}$일 때, $\dfrac{1}{f(1)}+\dfrac{1}{f(2)}+\dfrac{1}{f(3)}+\cdots+\dfrac{1}{f(27)}$의 값보다 크지 않은 최대의 정수를 구하여라.

STEP A 3단계 최고난도문제

01 $x^2+4x-1=0$, $y^2-5y+2=0$일 때, $\left(x+\dfrac{1}{x}\right)^2-\left(y-\dfrac{2}{y}\right)^2$의 값을 구하여라.

02 자연수 A를 4로 나누었을 때의 나머지는 3이고, 자연수 B를 8로 나누었을 때의 나머지는 5이다. AB를 4로 나누었을 때의 나머지를 구하여라.

03 다음 식을 전개하여라.

$$(x^2+3x+1)(x^2-3x+1)(x^4-7x^2-1)$$

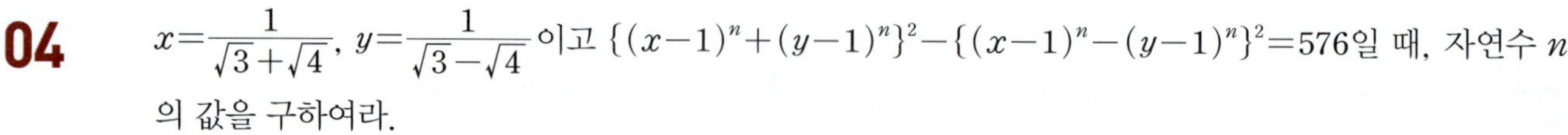

04 $x=\dfrac{1}{\sqrt{3}+\sqrt{4}}$, $y=\dfrac{1}{\sqrt{3}-\sqrt{4}}$ 이고 $\{(x-1)^n+(y-1)^n\}^2-\{(x-1)^n-(y-1)^n\}^2=576$일 때, 자연수 n 의 값을 구하여라.

05 $y=x-2$일 때, 다음 등식을 만족하는 상수 a, b의 값을 각각 구하여라.

$$(x+y)(x^2+y^2)(x^4+y^4)(x^8+y^8)=a(x^b-y^b)$$

06 $x^4+\dfrac{1}{x^4}=34$이고 $x^2-\dfrac{1}{x^2}=a$, $x+\dfrac{1}{x}=b$, $x-\dfrac{1}{x}=c$일 때, $\dfrac{a}{b-c}$의 값을 구하여라. (단, $x>1$)

02. 인수분해

1 인수분해

(1) **인수** : 하나의 다항식을 두 개 이상의 다항식의 곱으로 나타낼 때, 곱해진 각각의 식을 처음 다항식의 인수라고 한다.

(2) **인수분해** : 하나의 다항식을 두 개 이상의 인수의 곱으로 나타내는 것을 그 다항식을 인수분해한다고 한다.

$$x^2+5x+4 \xrightleftharpoons[\text{전개}]{\text{인수분해}} \underset{\text{인수}}{(x+1)}\underset{\text{인수}}{(x+4)}$$

(3) **공통인수를 이용한 인수분해** : 다항식의 각 항에 공통으로 들어 있는 인수가 있을 때에는 분배법칙을 이용하여 그 인수를 묶어 내어 인수분해한다.

$$\Rightarrow ma+mb+mc=m(a+b+c)$$

- 모든 다항식에서 1과 자기 자신은 그 다항식의 인수이다.

- 인수분해는 전개를 거꾸로 한 과정이다.

2 인수분해 공식

(1) **완전제곱식** : 다항식의 제곱으로 된 식 또는 이 식에 상수를 곱한 식

(2) **인수분해 공식 ①**

① $a^2+2ab+b^2=(a+b)^2$

② $a^2-2ab+b^2=(a-b)^2$

(3) **완전제곱식이 될 조건**

① x^2+ax+b가 완전제곱식이 되기 위한 b의 조건 $\Rightarrow b=\left(\dfrac{a}{2}\right)^2$

② $x^2+ax+b\ (b>0)$가 완전제곱식이 되기 위한 a의 조건 $\Rightarrow a=\pm2\sqrt{b}$

참고 ① $x^2+ax+b=x^2+2\times\dfrac{a}{2}\times x+\left(\dfrac{a}{2}\right)^2=\left(x+\dfrac{a}{2}\right)^2$에서 $b=\left(\dfrac{a}{2}\right)^2$

② $x^2+ax+b=x^2\pm2\sqrt{b}x+(\pm\sqrt{b})^2=(x\pm\sqrt{b})^2$ (복호동순)에서 $a=\pm2\sqrt{b}$

(4) **인수분해 공식 ②**

$$\underset{\text{제곱의 차}}{a^2-b^2}=\underset{\text{합}}{(a+b)}\underset{\text{차}}{(a-b)}$$

(5) **인수분해 공식 ③**

$$x^2+\underset{\text{합}}{(a+b)}x+\underset{\text{곱}}{ab}=(x+a)(x+b)$$

(6) **인수분해 공식 ④**

$$acx^2+(ad+bc)x+bd=(ax+b)(cx+d)$$

참고 $acx^2+(ad+bc)x+bd=(ax+b)(cx+d)$

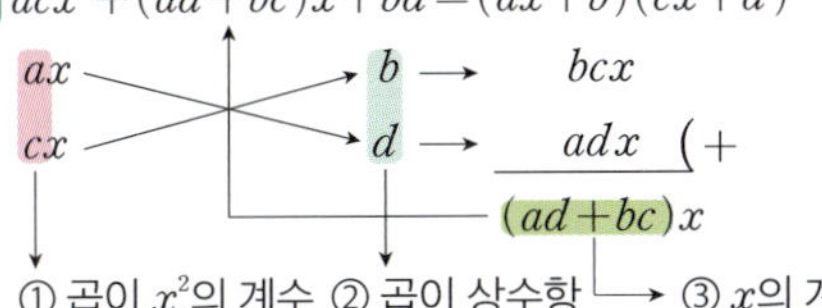

- $(a+b)^2$, $2(a-b)^2$과 같이 다항식의 제곱으로 이루어진 식 또는 그 식에 수를 곱한 식은 모두 완전제곱식이다.

3 복잡한 식의 인수분해

(1) **공통부분이 있는 식의 인수분해** : 공통부분을 한 문자로 치환한 후 인수분해한다.

> 예 $(\underline{x+2y})^2+6(\underline{x+2y})+5=A^2+6A+5$
> 공통부분을 A로 치환한다.
> $\qquad\qquad\qquad\quad =(A+1)(A+5)$
> A를 $x+2y$로 바꾼다.
> $\qquad\qquad\qquad\quad =(x+2y+1)(x+2y+5)$

• 치환하여 인수분해한 후 다시 원래의 식을 대입하여 정리한다.

(2) **항이 4개인 식의 인수분해**

① 공통인 인수가 생기도록 두 항씩 묶어 인수분해한다.

> 예 $xy-x+y-1=x(y-1)+(y-1)=(x+1)(y-1)$

② 완전제곱식으로 인수분해되는 3개의 항과 나머지 1개의 항으로 나누어 A^2-B^2의 꼴로 변형하여 인수분해한다.

> 예 $x^2+2x+1-y^2=(x^2+2x+1)-y^2=(x+1)^2-y^2$
> $\qquad\qquad\qquad\quad =(x+y+1)(x-y+1)$

(3) **항이 5개 이상인 식의 인수분해** : 차수가 가장 낮은 문자에 대하여 내림차순으로 정리한 후 인수분해한다.

> 예 $x^2+3xy+4x-3y-5=3(x-1)y+(x^2+4x-5)$
> $\qquad\qquad\qquad\qquad =3(x-1)y+(x+5)(x-1)$
> $\qquad\qquad\qquad\qquad =(x-1)(x+3y+5)$

> 참고 내림차순으로 정리하는 것은 한 개의 문자에 대하여 차수가 높은 항부터 낮은 항의 순서로 정리하는 것이다. 문자가 여러 개인 경우에는 차수가 낮은 문자에 대하여 내림차순으로 정리하는 것이 편리하다.

4 인수분해 공식의 활용

(1) **인수분해 공식을 이용한 수의 계산**

인수분해 공식을 이용할 수 있도록 수의 모양을 바꾸어 계산한다.

① 공통인수로 묶어 계산하기

> 예 $15\times64-15\times54=15(64-54)=15\times10=150$

② 인수분해 공식 $a^2\pm2ab+b^2=(a\pm b)^2$을 이용하여 계산하기

> 예 $21^2-2\times21+1=21^2-2\times21\times1+1^2=(21-1)^2=20^2=400$

③ 인수분해 공식 $a^2-b^2=(a+b)(a-b)$를 이용하여 계산하기

> 예 $35^2-15^2=(35+15)(35-15)=50\times20=1000$

(2) **인수분해 공식을 이용한 식의 값**

주어진 식을 인수분해한 후 문자의 값을 대입하여 구한다.

> 예 $x=\sqrt{3}-1$일 때, x^2+2x+1의 값을 구하면
> $x^2+2x+1=(x+1)^2=\{(\sqrt{3}-1)+1\}^2=(\sqrt{3})^2=3$

• 식에 주어진 값을 직접 대입하여 구할 수도 있지만 식을 인수분해한 후 대입하여 계산하는 것이 더 편리하다.

II 다항식의 곱셈과 인수분해

Theme 01 인수분해

(1) 인수 : 하나의 다항식을 두 개 이상의 다항식의 곱으로 나타낼 때, 곱해진 각각의 식을 처음 다항식의 인수라고 한다.

(2) 인수분해 : 하나의 다항식을 두 개 이상의 인수의 곱으로 나타내는 것을 그 다항식을 인수분해한다고 한다.

(3) 공통인수를 이용한 인수분해 : 다항식의 각 항에 공통으로 들어 있는 인수가 있을 때에는 분배법칙을 이용하여 그 인수를 묶어 내어 인수분해한다.

01

다음 중 $12x^2y-4xy^2$의 인수가 <u>아닌</u> 것은?

① $4x$ ② $4x^2y$ ③ $3x-y$
④ $y(3x-y)$ ⑤ $6x^2-2xy$

02

$ab(x-y)+2ab(2x+y)$를 인수분해하여라.

03

$x(a-b)+y(b-a)$와 $a(x+y)-b(x+y)$의 공통인 인수는?

① $a+b$ ② $a-b$ ③ $a-1$
④ $x+y$ ⑤ $x-y$

Theme 02 인수분해 공식 (1)

(1) $a^2+2ab+b^2=(a+b)^2$, $a^2-2ab+b^2=(a-b)^2$

(2) ① x^2+ax+b $(b>0)$가 완전제곱식이 될 조건

$$\Rightarrow b=\left(\frac{a}{2}\right)^2,\ a=\pm2\sqrt{b}$$

② Ax^2+Bx+C $(A>0,\ C>0)$가 완전제곱식이 될 조건

$$\Rightarrow Ax^2+Bx+C=(\sqrt{A}\,x)^2+Bx+(\sqrt{C})^2$$에서
$$B=\pm2\sqrt{AC}$$

04

다음 식이 모두 완전제곱식으로 인수분해될 때, □ 안에 들어갈 양수가 가장 큰 것은?

① $x^2-6x+\square$ ② $x^2+\square x+1$
③ $\frac{1}{4}x^2-\square x+36$ ④ $49x^2-28x+\square$
⑤ $9x^2+\square x+25$

05

$9x^2+(3k-1)x+49$가 완전제곱식이 되도록 하는 모든 상수 k의 값의 합을 구하여라.

06

$ax^2+36x+b=(2x+c)^2$일 때, 상수 a, b, c에 대하여 $a+b+c$의 값을 구하여라.

07 서술형

$-2<a<5$일 때, 다음 식을 간단히 하여라.

$$\sqrt{a^2+4a+4}-\sqrt{a^2-10a+25}$$

Theme 03 인수분해 공식 (2)

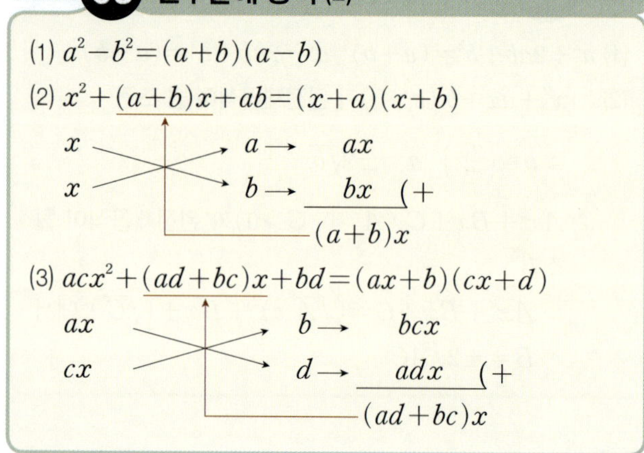

(1) $a^2-b^2=(a+b)(a-b)$

(2) $x^2+(a+b)x+ab=(x+a)(x+b)$

(3) $acx^2+(ad+bc)x+bd=(ax+b)(cx+d)$

08

$\dfrac{4}{25}x^2-\dfrac{1}{9}y^2$이 x의 계수가 $\dfrac{2}{5}$인 두 일차식의 곱으로 인수분해될 때, 두 일차식의 합을 구하여라.

09

$-12x^2+27y^2=a(2x+by)(cx-3y)$일 때, 정수 a, b, c에 대하여 $a-b+c$의 값을 구하여라.

(단, $b>0$, $c>0$)

10

다음 중 $x^{16}-1$의 인수가 <u>아닌</u> 것은?

① $x+1$ ② x^2-1 ③ x^5-1
④ x^4+1 ⑤ x^8-1

11

다음 중 인수분해한 것이 옳지 <u>않은</u> 것은?

① $ax^2-ay^2=a(x+y)(x-y)$
② $x^2+xy-12y^2=(x-3y)(x+4y)$
③ $3x^2-x-10=(x+2)(3x-5)$
④ $(12+9x)-(5x+x^2)=-(x-6)(x+2)$
⑤ $(x+3)(2x+1)-7=(x+4)(2x-1)$

12

$3x^2+(3a+2)x-8$을 인수분해하면 $(3x+2)(x-b)$일 때, 상수 a, b에 대하여 ab의 값을 구하여라.

13

세 다항식 x^2-4, $x^2+ax-10$, $5x^2-12x+4$에 공통으로 들어 있는 인수가 x의 계수가 1인 일차식일 때, 상수 a의 값을 구하여라.

14

$4x^2+ax-3$이 $2x-3$을 인수로 가질 때, 상수 a의 값을 구하여라.

Theme 04 복잡한 식의 인수분해 : 공통부분이 있는 경우

(1) 공통인 인수가 있는 경우

　공통인 인수로 묶어 낸 후 인수분해 공식을 이용한다.

(2) 공통부분이 있는 경우

　공통부분을 한 문자로 치환한 후 인수분해 공식을 이용한다.

(3) $(\quad)(\quad)(\quad)(\quad)+k$의 꼴인 경우

　공통부분이 생기도록 괄호 안의 일차식을 2개씩 묶어 전개한 후 공통부분을 치환하여 인수분해한다.

15

$x^2(x-4)-9x+36$을 인수분해하여라.

16

$(2x-1)^2-5(2x-1)-14=2(x+a)(bx+c)$일 때, 정수 a, b, c에 대하여 $a+b+c$의 값을 구하여라.

17

$4(x^2+2x)^2-(x^2+2x)-3$의 인수인 것을 **보기**에서 모두 골라라.

┤ 보기 ├

㉠ $2x-1$　　㉡ $2x+1$　　㉢ $x+2$

㉣ $2x+3$　　㉤ x^2+2x-1　　㉥ $4x^2+8x+3$

18 서술형

$4(x+3)^2+11(x+3)(y-2)-3(y-2)^2$이 $(x+ay+b)(cx+dy+14)$로 인수분해될 때, $a+b+c+d$의 값을 구하여라.

(단, a, b, c, d는 상수)

19

$(x-2)(x-1)(x+5)(x+6)-120$을 인수분해하면?

① $(x^2-2)(x^2-30)$

② $(x^2+4x-3)(x^2+4x+20)$

③ $(x+1)(x+3)(x^2+4x-20)$

④ $(x+1)(x-3)(x^2+4x+20)$

⑤ $(x-1)(x-3)(x-2)(x+10)$

20

$(a+2)(a+3)(a+4)(a+5)+1=(a^2+ma+n)^2$일 때, 상수 m, n에 대하여 $m+n$의 값은?

① 16　　　② 17　　　③ 18

④ 19　　　⑤ 20

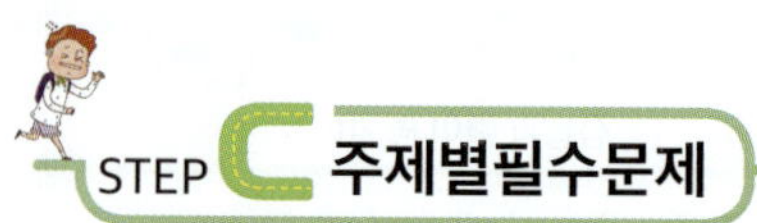

Theme 05 복잡한 식의 인수분해 : 항이 4개인 경우

(1) 공통부분이 생기도록 두 항씩 묶어 낸 후 인수분해한다.
(2) 완전제곱식이 되는 3개의 항과 나머지 1개의 항으로 나누어 A^2-B^2의 꼴로 만든 후 인수분해한다.

21

다음 두 다항식에 공통으로 들어 있는 인수는?

$$a^2-b^2-a+b,\ a^3-a^2b-a+b$$

① $a+b$ ② $a-b$ ③ $a+b-1$
④ $a-b-1$ ⑤ $a-b+1$

22

$x^2-y^2+z^2+2xz$의 인수인 것을 모두 고르면?

(정답 2개)

① $x-2z$ ② $x+y+z$ ③ $x-y+z$
④ $x-y-2z$ ⑤ $x+y+2z$

23

$9x^2+12xy+4y^2-25z^2$을 인수분해하였더니 $(ax+2y+bz)(cx+2y+dz)$일 때, 상수 $a,\ b,\ c,\ d$에 대하여 $a+b+c+d$의 값을 구하여라.

Theme 06 복잡한 식의 인수분해 : 항이 5개 이상인 경우

(1) 문자의 차수가 다른 경우
　차수가 가장 낮은 한 문자에 대하여 내림차순으로 정리한 후 인수분해한다.
(2) 문자의 차수가 같은 경우
　어느 한 문자에 대하여 내림차순으로 정리한 후 인수분해한다.

24

$a^2+ab-a+b-2$를 인수분해하여라.

25

$x^2-3xy+2y^2+4x-11y-21$의 인수를 모두 고르면? (정답 2개)

① $x+y+7$ ② $x-y+3$ ③ $x-y+7$
④ $x+2y-3$ ⑤ $x-2y-3$

26

$x^2-2y^2+xy-x+y$가 x의 계수가 1인 두 일차식의 곱으로 인수분해될 때, 두 일차식의 합을 구하여라.

Theme 07 인수분해 공식을 이용한 수의 계산

복잡한 수의 계산을 할 때, 인수분해 공식을 이용하면 편리하다.

(1) 공통인 인수로 묶어내기 $\Rightarrow ma+mb=m(a+b)$

(2) 완전제곱식 이용하기 $\Rightarrow a^2\pm2ab+b^2=(a\pm b)^2$

(3) 제곱의 차 이용하기 $\Rightarrow a^2-b^2=(a+b)(a-b)$

27

$24^2-4\times24\times76-5\times76^2$을 계산하여라.

28

$\dfrac{216^2-3\times216-4}{217}$ 를 계산하여라.

29

인수분해 공식을 이용하여 다음 두 수 A, B의 합을 구하여라.

$$A=24.5^2-9\times24.5+4.5^2$$
$$B=\sqrt{149^2-51^2}$$

Theme 08 인수분해 공식을 이용한 식의 값

(1) 주어진 식을 인수분해한다.

(2) (1)의 결과에 문자의 값을 직접 대입하거나 변형하여 대입한다.

30

$x=\dfrac{1}{\sqrt{3}-2}$, $y=\dfrac{1}{\sqrt{3}+2}$일 때, xy^3-x^3y의 값을 구하여라.

31

$\sqrt{5}$ 의 소수 부분을 x라 할 때, $(x-1)^2+6(x-1)+9$의 값을 구하여라.

32

$a+b=8$, $a-b=3$일 때, $a^2-b^2-5a-5b$의 값을 구하여라.

01

두 다항식 $x^2-ax+49$와 $9x^2+12x+b$가 모두 완전제곱식으로 인수분해될 때, $a+b$의 값을 모두 구하여라. (단, a, b는 상수)

02

$(x+2)^2+(8-Ax)$가 $x-1$을 인수로 가질 때, 상수 A의 값을 구하여라.

03 서술형

어떤 이차식을 인수분해하는데 선미는 x^2의 계수를 잘못 보고 $(4x-3)(3x+1)$로 인수분해하였고, 희수는 상수항을 잘못 보고 $(2x-1)(x-2)$로 인수분해하였다. 처음 이차식을 바르게 인수분해하여라.

04

다항식 $x^2+2ax+5b$에 다항식 $2ax+b$를 더하면 완전제곱식이 된다고 한다. a, b가 모두 10보다 작은 자연수일 때, $a+b$의 값은?

① 5　　　② 6　　　③ 7
④ 8　　　⑤ 9

05

두 자리 자연수 a, b에 대하여 $\sqrt{a^2-51}=b$가 성립할 때, ab의 값은?

① 600　　② 650　　③ 700
④ 750　　⑤ 800

06

x에 대한 이차식 $x^2+12x+k$가 $(x+a)(x+b)$로 인수분해될 때, 상수 k의 값이 될 수 있는 수 중에서 가장 큰 수를 구하여라. (단, a, b는 자연수)

07

자연수 n에 대하여 $n^2+6n-72$가 소수가 되도록 하는 n의 값과 그때의 소수를 차례로 구하여라.

08

다음 그림의 모든 직사각형을 빈틈없이 겹치지 않게 이어 붙여서 하나의 큰 직사각형을 만들 때, 새로 만든 직사각형의 둘레의 길이를 구하여라. (단, 새로 만든 직사각형의 이웃하는 두 변의 길이는 x의 계수가 자연수인 일차식이다.)

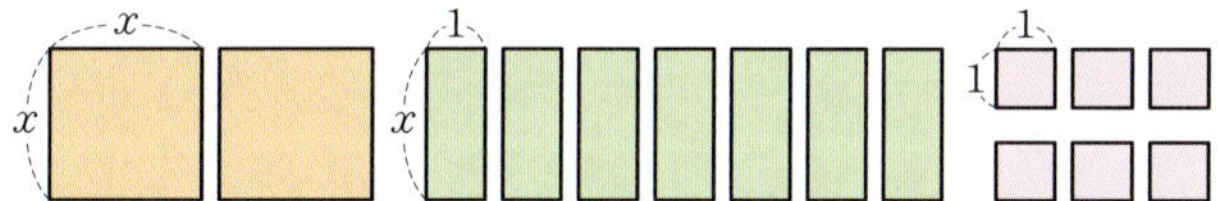

09

두 다항식 $2x^2+ax-15$, $5x^2+10x+b$가 $x+3$을 공통인 인수로 가질 때, 상수 a, b에 대하여 $a+b$의 값을 구하여라.

10

두 다항식 $x^2-(k+3)x+3k$, $x^2-(k-1)x+k+4$가 x의 계수가 1인 일차식을 공통의 인수로 가질 때, 상수 k의 값을 모두 구하여라.

11

$(x^2-2x)(x^2+4x+3)+8$을 인수분해하였더니 $(x+a)(x+b)(x^2+cx+d)$일 때, $a+b+c+d$의 값을 구하여라. (단, a, b, c, d는 상수)

12

$[x,\ y,\ z]=(x-y)(x-z)$라 약속할 때, $[a,\ b,\ -c]-2[a,\ 2b,\ -c]$를 인수분해하여라.

13 서술형

$(x+y)^2-4(x+y)-32$가 소수가 되도록 하는 자연수 x, y의 순서쌍 (x, y)의 개수를 구하여라.

14

오른쪽 그림과 같이 높이가 $x-4$이고 윗변과 아랫변의 길이의 차가 6인 사다리꼴이 있다. 이 사다리꼴의 넓이가 $2x^2+x-36$일 때, 윗변의 길이를 구하여라. (단, 아랫변의 길이가 윗변의 길이보다 길다.)

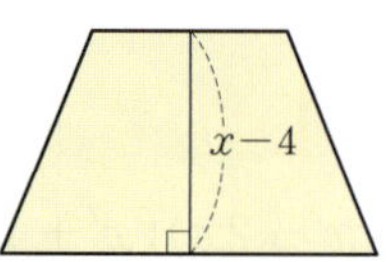

15 서술형

$x^2+y^2-2xy-5x+5y+4$는 x의 계수가 1인 두 일차식의 곱으로 인수분해된다. 이 두 일차식의 합이 $2x+my+n$일 때, $m+n$의 값을 구하여라.
(단, m, n은 상수)

16

x^4-8x^2+16을 인수분해하였을 때, 삼차식인 인수와 사차식인 인수의 합을 A라 하자. 이때 A의 인수가 <u>아닌</u> 것을 모두 고르면? (정답 2개)

① x ② $x-2$ ③ $x+2$
④ x^2+2x-1 ⑤ x^2+2x-4

17

$\sqrt{10\times11\times12\times13+1}-56$의 값을 구하여라.

18 서술형

인수분해 공식을 이용하여 $\sqrt{91+\dfrac{25}{81}}$를 계산하면 $\dfrac{b}{a}$일 때, $a-b$의 값을 구하여라.
(단, a, b는 서로소인 자연수이다.)

19

오른쪽 그림에서 세 원의 중심은 $\overline{AD}$ 위에 있고, 점 B는 $\overline{AC}$의 중점이다. $\overline{AB}=6\ \text{cm}$이고, $\overline{BD}$를 지름으로 하는 원의 둘레의 길이를 $2a\pi\ \text{cm}$라 할 때, 색칠한 부분의 넓이를 a에 대한 식으로 나타내어라.

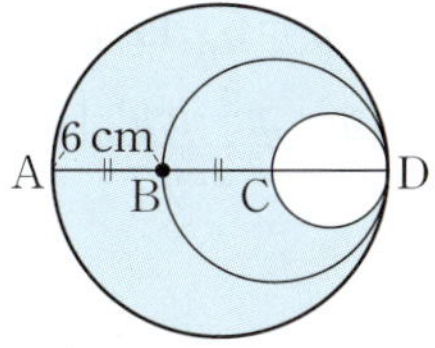

20

$0<a<\dfrac{1}{2}$일 때, $\sqrt{\left(a-\dfrac{1}{a}\right)^2+4}+\sqrt{\left(a+\dfrac{1}{2}\right)^2-2a}$를 간단히 하여라.

21

다음을 계산하여라.

$$60\left(\frac{2^2-1}{2^2}\right)\times\left(\frac{3^2-1}{3^2}\right)\times\left(\frac{4^2-1}{4^2}\right)\times\cdots\times\left(\frac{10^2-1}{10^2}\right)$$

22

$x+\dfrac{1}{x}=4$일 때, $x^2-6x+\dfrac{6}{x}-\dfrac{1}{x^2}$의 값을 구하여라.

(단, $0<x<1$)

23

$3^{12}-1$이 50보다 크고 60보다 작은 자연수 n으로 나누어떨어질 때, n의 값으로 가능한 모든 수의 합을 구하여라.

24

5^8-1의 가장 큰 소인수를 x라 할 때, $x^2-26x+169$의 값을 구하여라.

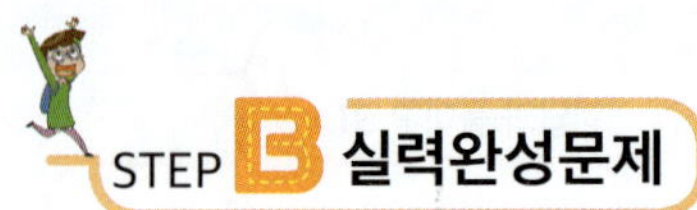

25

$x=\sqrt{7}+3$, $y=\sqrt{7}-3$일 때, $(x^3+y^3)^2-(x^3-y^3)^2$의 값을 구하여라.

26

$2xy-6x+y-3=-5$를 만족시키는 두 정수 x, y의 순서쌍 $(x,\,y)$의 개수를 구하여라.

27

$(x-8)(x-5)(x-2)(x+1)-k$가 완전제곱식이 되기 위한 상수 k의 값을 구하여라.

28

$x+y=5$, $4x^2y+4xy^2-2x-2y=30$일 때,

$\dfrac{x^2y-x-xy^2+y}{x^2-y^2}$ 의 값을 구하여라. (단, $x-y\neq0$)

29

$a+3b=6$, $a-3b=3$일 때, $a^3-3a^2b-9ab^2+27b^3$의 값을 구하여라.

30

다음 세 다항식의 공통인 인수 중 x의 계수가 1인 일차식을 구하여라.

$$x^2+y^2-5x+5y-2xy+6$$
$$(x-y)(x-y+1)-6$$
$$x^2+y^2-2xy-4x+4y+4$$

3단계 STEP A 최고난도문제

01 n이 자연수일 때, $8n^3+12n^2+4n$의 꼴로 나타낼 수 있는 모든 세 자리 자연수의 합을 구하여라.

02 두 다항식 $x^2-3x-10$, $x^2+kx-20$이 x의 계수가 1인 일차식을 공통인 인수로 가질 때, 상수 k의 값으로 가능한 모든 수의 곱을 구하여라.

03 50개의 다항식 x^2-3x-1, x^2-3x-2, x^2-3x-3, $\cdots$, $x^2-3x-50$ 중에서 일차항의 계수가 1이고 상수항이 정수인 두 일차식의 곱으로 인수분해되는 다항식의 개수를 구하여라.

04 서로 다른 두 개의 주사위 A, B를 동시에 던져서 나오는 눈의 수를 각각 x, y라 할 때, $\sqrt{xy-3x-y+3}$이 자연수가 될 확률을 구하여라.

05 소수 m에 대하여 $mx^2+43x+12$가 x의 계수와 상수항이 모두 자연수인 두 일차식의 곱으로 인수분해된다. 이를 만족시키는 모든 m의 값의 합을 구하여라.

06 $\sqrt{x}=a+2$일 때, $\sqrt{x-2a-3}-\sqrt{x-10a+5}$를 간단히 하여라. (단, $1<a<3$)

III 이차방정식

01. 이차방정식의 풀이

스피드 개념정리

1 이차방정식

(1) 이차방정식 : 등식에서 우변의 모든 항을 좌변으로 이항하여 정리한 식이
(x에 대한 이차식)$=0$의 꼴로 나타나는 방정식을 x에 대한 이차방정식이라
한다.

$$ax^2+bx+c=0 \ (단,\ a,\ b,\ c는\ 상수,\ a\neq0)$$

(2) 이차방정식의 해(근) : x에 대한 이차방정식을 참이 되게 하는 x의 값
(3) 이차방정식을 푼다 : 이차방정식의 해를 모두 구하는 것

- $a,\ b,\ c$는 상수이고 $a\neq0$일 때,
ax^2+bx+c ⇨ 이차식
$ax^2+bx+c=0$ ⇨ 이차방정식

2 인수분해를 이용한 이차방정식의 풀이

① 주어진 이차방정식을 $ax^2+bx+c=0$의 꼴로 고친다.
② 좌변을 인수분해한다.
③ $AB=0$이면 $A=0$ 또는 $B=0$임을 이용하여 해를 구한다.

- $AB=0$은 다음 세 가지 중 어느 하나가 성립한다.
① $A=0,\ B\neq0$
② $A\neq0,\ B=0$
③ $A=0,\ B=0$

3 이차방정식의 중근

(1) 이차방정식의 중근 : 이차방정식의 두 해가 중복일 때, 이 해를 이차방정식의
중근이라 한다.
(2) 이차방정식이 중근을 가질 조건
① 이차방정식이 (완전제곱식)$=0$의 꼴로 나타내어지면 중근을 가진다.
② 이차방정식 $x^2+ax+b=0$이 중근을 가질 조건 ➡ $b=\left(\dfrac{a}{2}\right)^2$

- 이차방정식의 x^2의 계수가 1이 아닐 때에는 x^2의 계수를 1로 만든 다음, 중근을 가질 조건을 이용한다.

4 제곱근을 이용한 이차방정식의 풀이

(1) 이차방정식 $x^2=q\ (q\geq0)$의 해 ➡ $x=\pm\sqrt{q}$
(2) 이차방정식 $(x+p)^2=q\ (q\geq0)$의 해 ➡ $x=-p\pm\sqrt{q}$

5 완전제곱식을 이용한 이차방정식의 풀이

이차방정식 $ax^2+bx+c=0$을 $(x+p)^2=q$의 꼴로 바꾸어 제곱근을 이용하여
푼다.

① x^2의 계수로 양변을 나누어 x^2의 계수를 1로 만든다.
② 상수항을 우변으로 이항한다.
③ 양변에 $\left(\dfrac{x의\ 계수}{2}\right)^2$을 더한다.
④ 좌변을 완전제곱식으로 고친다.
⑤ 제곱근을 이용하여 해를 구한다.

예 $2x^2+8x+2=0$
$x^2+4x+1=0$
$x^2+4x=-1$
$x^2+4x+\left(\dfrac{4}{2}\right)^2=-1+\left(\dfrac{4}{2}\right)^2$
$(x+2)^2=3$
$x+2=\pm\sqrt{3}$
$\therefore x=-2\pm\sqrt{3}$

- 이차방정식 $ax^2+bx+c=0$의 좌변을 인수분해하기 어려울 때에는 완전제곱식을 이용하여 이차방정식을 푼다.

STEP C 주제별필수문제

Theme 01 이차방정식과 그 해

(1) 이차방정식 : 등식에서 우변에 있는 모든 항을 좌변으로 이항하여 정리한 식이 (x에 대한 이차식)$=0$의 꼴로 나타나는 방정식

⇨ $ax^2+bx+c=0$ (단, a, b, c는 상수, $a\neq0$)

(2) 이차방정식의 해(근) : x에 대한 이차방정식을 참이 되게 하는 x의 값

(3) 이차방정식을 푼다 : 이차방정식의 해를 모두 구하는 것

01

다음 **보기** 중 이차방정식인 것을 모두 골라라.

┤ 보기 ├

㉠ $-x+5=x+2$ ㉡ $\dfrac{2}{3}x^2=0$

㉢ $\dfrac{1}{x}+x=5$ ㉣ $1-2x+x^2$

㉤ $x^3+2x^2=x(x^2+1)$

㉥ $(x+1)(2x+2)=2x^2-5$

02

다음 중 $(ax+1)(2x-1)=4x^2$이 x에 대한 이차방정식이 되기 위한 상수 a의 값으로 알맞지 <u>않은</u> 것은?

① -3 ② 0 ③ 2

④ 3 ⑤ 5

03

다음 이차방정식 중 $x=-1$을 해로 갖는 것을 모두 고르면? (정답 2개)

① $x^2-x=0$ ② $(x-1)(x+5)=0$

③ $x^2-3x-4=0$ ④ $4x^2+7x+3=0$

⑤ $2x^2-3x+1=0$

Theme 02 인수분해를 이용한 풀이

(1) $AB=0$의 성질

두 수 또는 두 식 A, B에 대하여

$AB=0$이면 $A=0$ 또는 $B=0$

(2) 인수분해를 이용한 이차방정식의 풀이

① 주어진 방정식을 $ax^2+bx+c=0$의 꼴로 고친다.

② 좌변을 인수분해한다.

③ $AB=0$의 성질을 이용하여 해를 구한다.

04

다음 이차방정식 중 해가 $x=-\dfrac{1}{4}$ 또는 $x=3$인 것은?

① $\left(x+\dfrac{1}{4}\right)(x+3)=0$ ② $\dfrac{1}{4}(x+1)(x-3)=0$

③ $4\left(x+\dfrac{1}{4}\right)(x-3)=0$ ④ $(4x-1)(x+3)=0$

⑤ $4(x+3)(x-1)=0$

05

다음 이차방정식 중 두 근의 합이 3인 것을 모두 고르면? (정답 2개)

① $x(x+3)=0$ ② $(x+2)(x-5)=0$

③ $(3x-1)(x-2)=0$ ④ $(4x-1)(4x-11)=0$

⑤ $(x-7)(x-10)=0$

06

이차방정식 $3x^2-x+5=8-x^2$의 해가 $x=a$ 또는 $x=b$일 때, $4a+b$의 값을 구하여라. (단, $a<b$)

07

$x : (4x-6) = 2 : x$를 만족시키는 모든 x의 값의 합을 구하여라.

08 서술형

이차방정식 $6x^2 + a(a+1)x - 4a = 0$의 한 근이 $x = -1$일 때, 다른 한 근을 구하여라.

(단, $a > 0$인 상수)

09

$x^2 - 4x = -x^2 + 5x - 10$의 두 근을 a, b라고 할 때, 이차방정식 $x^2 + (a+2)x - 2b = 0$의 해를 구하여라.

(단, $a < b$)

Theme 03 이차방정식의 중근

(1) 이차방정식의 중근 : 이차방정식의 두 해가 중복되어 서로 같을 때, 이 해를 주어진 방정식의 중근이라 한다.

(2) 이차방정식이 중근을 가질 조건

① 이차방정식이 (완전제곱식)$=0$의 꼴로 나타나면 이 이차방정식은 중근을 갖는다.

② 이차방정식 $x^2 + ax + b = 0$이 중근을 가질 조건

$$\Rightarrow b = \left(\frac{a}{2}\right)^2$$

10

다음 이차방정식 중 중근을 갖는 것을 모두 고르면?

(정답 2개)

① $x^2 - 6x = 0$ ② $x^2 + 4x - 12 = 0$

③ $x^2 - x + 4 = x + 3$ ④ $\dfrac{1}{4}x^2 + x + 1 = 0$

⑤ $25x^2 - 25x + 4 = 0$

11

이차방정식 $x^2 + 6x + 1 = -2x + k$가 중근을 가질 때, 상수 k의 값을 구하여라.

12

이차방정식 $x^2 - 2ax = 10a - 24$가 중근을 갖도록 하는 모든 상수 a의 값의 합을 구하여라.

Theme **04** 완전제곱식을 이용한 이차방정식의 풀이

(1) 제곱근을 이용한 이차방정식의 풀이

① 이차방정식 $x^2=q \ (q \geq 0)$의 해 $\Rightarrow x=\pm\sqrt{q}$

② 이차방정식 $(x+p)^2=q \ (q \geq 0)$의 해

$\Rightarrow x=-p\pm\sqrt{q}$

참고	$q>0$	$q=0$	$q<0$
$x^2=q$의 해	$x=\pm\sqrt{q}$	$x=0$	없다.
$(x+p)^2=q$의 해	$x=-p\pm\sqrt{q}$	$x=-p$	없다.

(2) 완전제곱식을 이용한 이차방정식의 풀이

이차방정식 $ax^2+bx+c=0$을 $(x+p)^2=q$의 꼴로 바꾸어 제곱근을 이용하여 해를 구한다.

13

이차방정식 $3(x+a)^2=b$의 해가 $x=-4\pm\sqrt{5}$ 일 때, $b-a$의 값을 구하여라. (단, a, b는 유리수)

14

이차방정식 $2(x+1)^2=5-a$가 서로 다른 두 근을 갖도록 하는 정수 a의 값이 될 수 <u>없는</u> 것은?

① -3 ② -1 ③ 0
④ 3 ⑤ 5

15

이차방정식 $(x-5)^2=2$의 해 중에서 일차부등식 $2x-5<-x+10$을 만족하는 해를 구하여라.

16

이차방정식 $4x^2+8x-3=0$을 $(x-p)^2=q$의 꼴로 나타낼 때, 상수 p, q에 대하여 $p+q$의 값은?

① $\dfrac{1}{3}$ ② $\dfrac{3}{4}$ ③ $\dfrac{3}{2}$
④ $\dfrac{1}{4}$ ⑤ $\dfrac{7}{4}$

17

다음은 완전제곱식을 이용하여 이차방정식 $2x^2+16x-5=0$의 해를 구하는 과정이다. 유리수 A, B, C, D에 대하여 $A-B+C+D$의 값을 구하여라.

$$2x^2+16x-5=0에서 \quad x^2+Ax+\left(\dfrac{A}{2}\right)^2=\dfrac{5}{2}+B$$
$$(x+C)^2=D \qquad \therefore \ x=-C\pm\sqrt{D}$$

18

이차방정식 $x^2+4x+7k=0$을 완전제곱식을 이용하여 풀었더니 해가 $x=-2\pm\sqrt{11}$ 이었다. 이때 상수 k의 값을 구하여라. $\left(단, \ k<\dfrac{4}{7}\right)$

01

x의 값이 $-1 \le x \le 1$인 정수일 때, 이차방정식 $2x^2 - x - 1 = 0$의 해를 구하여라.

02

이차방정식 $x^2 - 2x + a = 0$의 한 근이 $x = -2$이고, 이차방정식 $3x^2 + 2bx - a = 1$의 한 근이 $x = 1$일 때, 상수 a, b에 대하여 $a - b$의 값을 구하여라.

03

$x = 3$이 이차방정식 $2x^2 - 5x - 2a + 3 = 0$의 해이면서 이차방정식 $x^2 - 3bx - (3 - 5b) = 0$의 해일 때, a, b의 값을 각각 구하여라. (단, a, b는 상수)

04

$(9a^2 + 1)x^2 - x = 6a(x + 1)^2$이 x에 대한 이차방정식이 되기 위한 상수 a의 조건을 구하여라.

05 서술형

이차방정식 $3x^2 - 2x - 1 = 0$의 한 근을 $x = a$, 이차방정식 $x^2 - 3x - 5 = 0$의 한 근을 $x = b$라 할 때, $3a^2 - b^2 - 2a + 3b + 1$의 값을 구하여라.

06

이차방정식 $x^2 - x = -x^2 + x + 2$의 한 근을 $x = \alpha$라 할 때, $\alpha^2 - 5\alpha + \dfrac{5}{\alpha} + \dfrac{1}{\alpha^2}$의 값을 구하여라.

07

이차방정식 $(2x+1)^2=x^2-3x-1$의 두 근 중 큰 근을 $x=a$라 할 때, $(3a-1)^2$의 값을 구하여라.

08 서술형

이차방정식 $x^2+2kx-(k-1)=0$의 일차항의 계수와 상수항을 바꾸어 풀었더니 한 근이 $x=1$이었다. 이때 처음 이차방정식을 풀어라. (단, k는 상수)

09

이차방정식 $x^2+a(b-3)x-b-1=0$의 한 근이 $x=1$일 때, 자연수 a, b에 대하여 $a+b$의 값을 구하여라.

10

이차방정식 $x^2-ax+18=0$의 한 근이 $x=-2$이고, 다른 한 근은 이차방정식 $x^2-(a+7)x-3b=0$의 근일 때, $b-a$의 값을 구하여라. (단, a, b는 상수)

11

이차방정식 $(a+3)x^2+(a-4)x-3=0$의 한 근이 $x=3$이고 이차방정식 $5x^2+bx-4b=0$의 한 근이 $x=a$일 때, $5x^2+bx-4b=0$의 다른 한 근을 구하여라. (단, a, b는 상수)

12

두 이차방정식 $5x^2+7x-6=0$, $x^2-2x+k=0$이 공통인 해를 가질 때, 상수 k의 값을 구하여라.
(단, $k<0$)

13

x에 대한 이차방정식 $x^2-(2a-3)x-6a=0$의 두 근 사이에 있는 정수가 4개가 되도록 하는 정수 a의 값을 모두 구하여라.

14

$\langle x \rangle$는 자연수 x의 약수의 개수를 나타낼 때, $2\langle x \rangle^2-5\langle x \rangle-3=0$을 만족하는 30 이하의 자연수 x의 값을 모두 구하여라.

15

두 다항식 $P=x^2-x-12$, $Q=x^2-7x-30$에 대하여 $P+Q=0$이고 $PQ\neq0$을 만족하는 x의 값을 구하여라.

16 서술형

두 이차방정식
$$x^2+(a-4)x-a+3=0, \quad x^2-(a+3)x+3a=0$$
이 공통인 해를 가질 때, 모든 상수 a의 값의 합을 구하여라.

17

일차함수 $y=ax-1$의 그래프가
점 $(-a+1,\ a^2+3a-13)$을 지나고 제1사분면을 지나지 않을 때, 상수 a의 값은?

① -6 ② -3 ③ -1
④ 2 ⑤ 6

18

이차방정식 $16x^2+(k-1)x+25=0$이 중근을 가질 때, 음수 k의 값은?

① -41 ② -40 ③ -39
④ -38 ⑤ -37

19

이차방정식 $3x^2-12ax+2a=0$이 중근 $x=ak$를 가질 때, 상수 a, k에 대하여 $a+k$의 값을 구하여라.

(단, $a\neq0$)

20

한 개의 주사위를 두 번 던져서 첫 번째 나온 눈의 수를 a, 두 번째 나온 눈의 수를 b라고 할 때, 이차방정식 $x^2+ax+b=0$이 중근을 가질 확률을 구하여라.

21 서술형

이차방정식 $(x+6)^2=5k+1$의 해가 유리수가 되도록 하는 가장 작은 두 자리 자연수 k의 값을 구하여라.

22

이차방정식 $3(x+1)^2=5k$의 두 근의 차가 $\dfrac{5}{2}$가 되도록 하는 양수 k의 값을 구하여라.

23

이차방정식 $\dfrac{1}{4}x^2-3x+b=0$을 $\dfrac{1}{4}(x+a)^2=5$로 나타낼 때, 상수 a, b에 대하여 ab의 값을 구하여라.

24 서술형

이차방정식 $2x^2+ax+b=0$을 완전제곱식을 이용하여 풀었더니 해가 $x=-2\pm3\sqrt{2}$이었다. 이때 유리수 a, b에 대하여 $a+b$의 값을 구하여라.

01 모든 실수 x에 대하여 이차식 $f(x)$가 다음을 만족할 때, 이차방정식 $f(x)=-2x-4$를 풀어라.

$$f(x+1)-f(x)=4x+5,\ f(0)=-1$$

02 이차방정식 $7x^2-(k+6)x-7=0$의 한 근을 $x=a$라 할 때, $a-\dfrac{1}{a}=k$이다. 이때 상수 k의 값을 구하여라.

03 $x,\ y$에 대한 연립방정식 $\begin{cases} (a^2+6a+11)x-2y=2a+1 \\ -3x+2y=7 \end{cases}$ 의 해가 없을 때, $2a+5$의 값을 구하여라.

(단, a는 상수)

04 자연수 a, b에 대하여 이차방정식 $x^2+4ax+\dfrac{b}{2}=0$이 중근을 가질 때, a의 값이 최대가 되도록 하는 두 자리 자연수인 b의 값을 정하려고 한다. 이때 a, b의 값을 각각 구하여라.

05 이차방정식 $x^2-3ax+2b=0$을 $(x-c)^2=0$의 꼴로 나타내었다. $b+c=4$일 때, $a+b-c$의 값을 구하여라. (단, $a<0$이고, a, b, c는 상수)

06 실수 x의 값의 범위가 $-1<x<2$이고 $[x]$는 x보다 크지 않은 최대 정수를 나타낼 때, $-8x+11=4x^2-[x]$의 해를 구하여라.

02. 이차방정식의 활용

1 이차방정식의 근의 공식

(1) 근의 공식

이차방정식 $ax^2+bx+c=0\,(a\neq0)$의 근은

$$x=\frac{-b\pm\sqrt{b^2-4ac}}{2a}\quad(단,\ b^2-4ac\geq0)$$

(2) 일차항의 계수가 짝수일 때의 근의 공식

이차방정식 $ax^2+2b'x+c=0\,(a\neq0)$의 근은

$$x=\frac{-b'\pm\sqrt{b'^2-ac}}{a}\quad(단,\ b'^2-ac\geq0)$$

- 이차방정식의 풀이
  (1) 인수분해가 되면 인수분해 이용
  (2) 인수분해가 안 되면 근의 공식 이용

2 복잡한 이차방정식의 풀이

(1) 계수가 분수 또는 소수이면 양변에 적당한 수를 곱하여 계수를 정수로 고친다.

(2) 괄호가 있으면 괄호를 풀어 $ax^2+bx+c=0$의 꼴로 정리한다.

(3) 공통부분이 있으면 공통부분을 한 문자로 놓고 정리한다.

3 이차방정식의 근의 개수

이차방정식 $ax^2+bx+c=0\,(a\neq0)$의 근의 개수는 b^2-4ac의 부호에 의해 결정된다.

(1) $b^2-4ac>0$이면 서로 다른 두 근을 갖는다. (근이 2개)

(2) $b^2-4ac=0$이면 한 근(중근)을 갖는다. (근이 1개)

(3) $b^2-4ac<0$이면 근이 없다. (근이 0개)

- 이차방정식 $ax^2+bx+c=0$ $(a\neq0)$의 근의 개수
  (1) 서로 다른 두 근을 가질 조건 ➡ $b^2-4ac>0$
  (2) 근을 가질 조건 ➡ $b^2-4ac\geq0$

4 이차방정식 구하기

(1) 두 근이 α, β이고 x^2의 계수가 $a\,(a\neq0)$인 이차방정식
   ➡ $a(x-\alpha)(x-\beta)=0$ ➡ $a\{x^2-(\alpha+\beta)x+\alpha\beta\}=0$

(2) 중근이 α이고 x^2의 계수가 $a\,(a\neq0)$인 이차방정식 ➡ $a(x-\alpha)^2=0$

(3) 계수가 유리수인 이차방정식에서 한 근이 $p+q\sqrt{m}$이면 다른 한 근은 $p-q\sqrt{m}$이다. (단, p, q는 유리수, $\sqrt{m}$은 무리수)

5 이차방정식의 활용

이차방정식의 활용 문제는 다음과 같은 순서로 푼다.

(1) 문제의 뜻을 파악하고 구하고자 하는 것을 미지수 x로 놓는다.

(2) x에 대한 이차방정식을 세운다.

(3) 이차방정식을 푼다.

(4) 구한 해 중에서 문제의 뜻에 맞는 것을 답으로 택한다.

1단계 STEP C 주제별필수문제

Theme 01 이차방정식의 근의 공식

(1) 이차방정식 $ax^2+bx+c=0\,(a\neq0)$의 근은

$$x=\frac{-b\pm\sqrt{b^2-4ac}}{2a}\ (단,\ b^2-4ac\geq0)$$

(2) 이차방정식 $ax^2+2b'x+c=0\,(a\neq0)$의 근은

$$x=\frac{-b'\pm\sqrt{b'^2-ac}}{a}\ (단,\ b'^2-ac\geq0)$$

01

이차방정식 $4x^2+10x+3A=0$의 해가 $x=\dfrac{B\pm\sqrt{13}}{4}$ 일 때, $A+B$의 값을 구하여라. (단, A, B는 유리수)

02

이차방정식 $x^2+8x+3k=0$의 해가 $x=-4\pm\sqrt{7}$ 일 때, 상수 k의 값을 구하여라.

03 서술형

이차방정식 $Ax^2-7x+2=0$의 해가 $x=\dfrac{7\pm\sqrt{B}}{8}$일 때, $5A-B$의 값을 구하여라. (단, A, B는 유리수)

Theme 02 복잡한 이차방정식의 풀이

(1) 계수가 분수이면 양변에 분모의 최소공배수를 곱한다.

(2) 계수가 소수이면 양변에 10, 100, 1000, …을 곱한다.

(3) 괄호가 있으면 괄호를 푼다.

$\Rightarrow ax^2+bx+c=0$의 꼴로 정리한 후, 인수분해 또는 근의 공식을 이용하여 해를 구한다.

(4) 공통부분이 있으면 공통부분을 한 문자로 놓고 정리한다.

04

이차방정식 $\dfrac{1}{4}x+\dfrac{1}{2}x^2=-\dfrac{1}{8}x^2+3$의 두 근을 a, b 라 할 때, $5a+b$의 값을 구하여라. (단, $a<b$)

05

이차방정식 $(3x+1)(2x-5)=3(x+1)^2-7x$의 해를 구하여라.

06 서술형

다음 두 이차방정식의 공통인 근을 구하여라.

$$0.2x^2+0.3x-1.4=0,\ \frac{x^2-3x}{2}=\frac{x-5}{3}$$

07

이차방정식 $\frac{1}{2}x^2+1.3x-6=0$의 두 근의 곱을 구하여라.

08

이차방정식 $(4x+1)^2+3(4x+1)-10=0$의 두 근의 합을 구하여라.

09

$(x+y)(x+y-8)=-7$이고, $x-y=1$일 때, 자연수 x, y에 대하여 x, y의 값을 구하여라.

Theme 03 이차방정식의 근의 개수

이차방정식 $ax^2+bx+c=0\,(a\neq0)$에서

(1) $b^2-4ac>0 \Rightarrow$ 근이 2개
(2) $b^2-4ac=0 \Rightarrow$ 근이 1개(중근) ┐ 근이 있다.
(3) $b^2-4ac<0 \Rightarrow$ 근이 0개 — 근이 없다.

참고 이차방정식 $ax^2+2b'x+c=0\,(a\neq0)$에서
  (1) $b'^2-ac>0 \Rightarrow$ 근이 2개
  (2) $b'^2-ac=0 \Rightarrow$ 근이 1개(중근)
  (3) $b'^2-ac<0 \Rightarrow$ 근이 0개

10

다음 이차방정식 중에서 근이 <u>없는</u> 것은?

① $4x^2+3x-5=0$　　② $-3x^2+5x=4$
③ $x^2+3=8x$　　④ $20-x^2=0$
⑤ $2x^2-4=-(x+3)$

11

이차방정식 $2x^2+(2+3m)x+2=0$이 중근을 가질 때, 상수 m의 값을 모두 구하여라.

12

이차방정식 $x^2-(2k-3)x+k^2-1=0$이 서로 다른 두 근을 가질 때, 자연수 k의 값을 구하여라.

Theme 04 두 근을 이용하여 이차방정식 구하기

(1) 두 근이 α, β이고 x^2의 계수가 a인 이차방정식은
$$a(x-\alpha)(x-\beta)=0 \xrightarrow{\text{전개}} a\{x^2-(\alpha+\beta)x+\alpha\beta\}=0$$
두 근의 합   두 근의 곱

(2) 중근이 α이고 x^2의 계수가 a인 이차방정식은
$$a(x-\alpha)^2=0$$

13

두 근이 $-\dfrac{1}{3}$, $\dfrac{1}{4}$이고 x^2의 계수가 12인 이차방정식이 $12x^2+px+q=0$이다. 상수 p, q에 대하여 $p+q$의 값을 구하여라.

14

이차방정식 $x^2+8x-4=0$을 $(x+p)^2=q$의 꼴로 나타낼 때, 상수 $\dfrac{p}{2}$, $\dfrac{q}{5}$를 두 근으로 하고 x^2의 계수가 4인 이차방정식을 구하여라.

15 서술형

이차방정식 $2x^2-5x-3=0$의 두 근을 α, β라 할 때, $\alpha+\beta$, $\alpha\beta$를 두 근으로 하고 x^2의 계수가 $\dfrac{1}{3}$인 이차방정식을 구하여라.

16

이차방정식 $2x^2-20x+5k=0$이 중근을 가질 때, $k-2$, $k+3$을 두 근으로 하고 이차항의 계수가 3인 이차방정식을 구하여라. (단, k는 상수)

17

이차방정식 $x^2+2mx+n=0$이 중근 -3을 가질 때, 이차방정식 $nx^2-mx-4=0$의 근을 구하여라.
(단, m, n은 상수)

18

이차방정식 $x^2-ax+b=0$의 한 근이 $5-\sqrt{2}$일 때, ab의 값을 구하여라. (단, a, b는 유리수)

Theme 05 이차방정식의 활용

(1) 문제의 뜻을 파악하고 구하고자 하는 것을 x로 놓는다.

(2) 문제의 뜻에 맞게 이차방정식을 세운다.

(3) 이차방정식을 푼다.

(4) 구한 해 중에서 조건에 맞는 답을 구한다.

19

n각형의 대각선의 총 개수는 $\dfrac{n(n-3)}{2}$개이다. 대각선의 총 개수가 90개인 다각형을 구하여라.

20

어떤 자연수를 제곱해야 할 것을 잘못하여 6배 하였더니 제곱한 것보다 27이 작아졌다고 한다. 이때 어떤 자연수를 구하여라.

21

영은이는 수현이보다 4살이 적다. 영은이의 나이의 제곱은 수현이의 나이를 5배 한 것보다 4살이 많다. 이때 영은이의 나이를 구하여라.

Theme 06 이차방정식의 활용 : 높이, 도형에 대한 문제

(1) 위로 쏘아 올린 물체에 대한 문제

① 시간 t에 따른 높이 h가 $h=at^2+bt+c$로 주어졌을 때, 높이가 p일 때의 시간을 구하려면 이차방정식 $p=at^2+bt+c$의 해를 구한다.

② 쏘아 올린 물체의 높이가 h m인 경우는 물체가 올라갈 때, 내려올 때 두 번 생긴다. (높이가 최고일 때는 한 번)

③ 물체가 지면에 떨어질 때의 높이는 0 m이다.

(2) 도형에 대한 문제

① (직사각형의 넓이) $=$ (가로의 길이) $\times$ (세로의 길이)

② (삼각형의 넓이) $=\dfrac{1}{2}\times$ (밑변의 길이)$\times$(높이)

③ (원의 넓이) $=\pi\times$ (반지름의 길이)^2

22

지면에서 초속 50 m로 쏘아 올린 물체의 t초 후의 지면으로부터의 높이는 $(50t-5t^2)$ m이다. 이 물체가 지면에 떨어지는 것은 쏘아 올린 지 몇 초 후인지 구하여라.

23

가로, 세로의 길이가 각각 24 m, 16 m인 직사각형 모양의 공원에 오른쪽 그림과 같이 폭이 일정한 산책로를 만들었

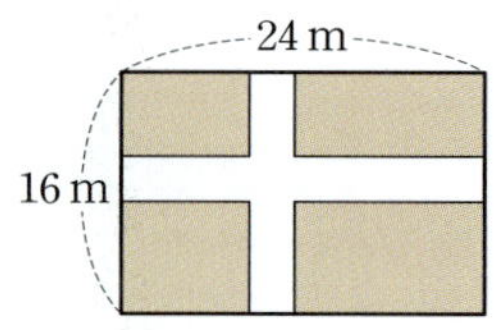

다. 산책로를 제외한 땅의 넓이가 273 m^{2}일 때, 산책로의 폭을 구하여라.

24

오른쪽 그림과 같이 어떤 원의 반지름의 길이를 4 cm만큼 늘였더니 원의 넓이는 처음 원의 넓이의 $\dfrac{9}{4}$배가 되었다. 이때 처음 원의 반지름의 길이를 구하여라.

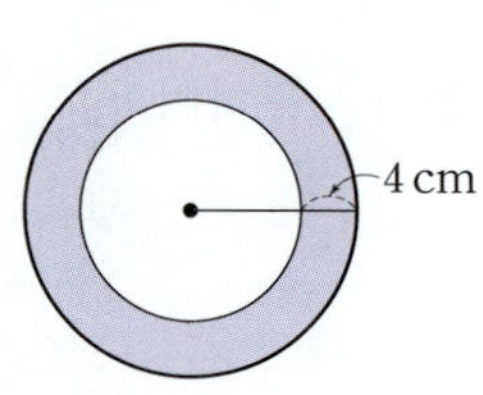

2단계 STEP B 실력완성문제

01

이차방정식 $\dfrac{(x-1)^2}{2}-1.2x^2=\dfrac{(2x-1)(3+x)}{5}$ 의

해가 $x=\dfrac{A\pm\sqrt{B}}{11}$ 일 때, $20A+B$의 값을 구하여라.

(단, A, B는 유리수)

02

이차방정식 $0.2x^2-0.5=0.3x$의 두 근 중 부등식

$\dfrac{3}{4}(x-1)>2x+0.3$을 만족하는 x의 값을 구하여라.

03

이차방정식 $(3x+1)(x-4)=2(x-3)^2$의 양수인 근을 a라 할 때, $n<a<n+1$을 만족시키는 정수 n의 값을 구하여라.

04

방정식 $2(x^2-6x)^2+11(x^2-6x)-40=0$의 모든 해의 합을 구하여라.

05

이차방정식 $3x(x-1)+2=x^2+8x-7$의 두 근을 α, β라 할 때, $\dfrac{\beta}{\alpha}+\dfrac{\alpha}{\beta}$의 값을 구하여라.

06

이차방정식 $x^2+6x-m=0$이 중근을 가질 때의 상수 m의 값이 이차방정식 $x^2+2nx-3n^2=0$의 근일 때, 양수 n의 값을 구하여라.

07

이차방정식 $x^2+7x-2m+4=0$의 두 근의 차가 5일 때, 상수 m의 값을 구하여라.

08

x, y는 자연수이고 $x^2-2xy+y^2-4x+4y-12=0$이다. $x+y=4$일 때, x, y의 값을 각각 구하여라.

09

$-2+\sqrt{15}$의 소수 부분이 이차방정식 $ax^2+bx+c=0$의 한 근일 때, 다른 한 근을 구하여라. (단, a, b, c는 유리수)

10

x^2의 계수가 1인 이차방정식을 푸는데 민지는 x의 계수를 잘못 보고 풀어서 해가 $x=-2$ 또는 $x=-3$이 나왔고, 정은이는 상수항을 잘못 보고 풀어서 해가 $x=3$ 또는 $x=4$가 나왔다. 처음에 주어진 이차방정식을 바르게 풀어라.

11

이차방정식 $12x^2+kx+75=0$이 음수인 중근을 갖도록 하는 상수 k의 값을 구하여라.

12 서술형

이차방정식 $x^2-(m^2+m-20)x+m-3=0$의 두 근은 절댓값이 같고, 부호는 서로 반대이다. 이때 두 근을 구하여라. (단, m은 상수)

13

x에 대한 이차방정식 $x^2-4kx+4k^2-5k=0$의 해가 모두 정수일 때, 두 자리의 자연수 k의 값을 모두 구하여라.

14

높이와 밑면의 반지름의 길이의 비가 5 : 2인 원기둥이 있다. 이 원기둥의 옆면의 넓이가 180π cm^{2}일 때, 이 원기둥의 부피를 구하여라.

15

정훈이네 학교에서는 6월에 3박 4일 일정으로 수련회를 가기로 하였다. 수련회 4일간의 날짜를 각각 제곱하여 더했더니 174일 때, 수련회의 출발 날짜는 6월 며칠인지 구하여라.

16

지면에서 똑바로 쏘아 올린 물체의 t초 후의 높이가 $(40t-8t^2)$ m라 한다. 이 물체가 48 m 이상의 높이에서 머무는 것은 몇 초 동안인지 구하여라.

17

오른쪽 그림과 같은 정사각형 모양의 종이가 있다. 이 종이의 네 귀퉁이에서 크기가 같은 정사각형을 잘라 내고 그 나머지로 높이가 5 cm, 부피가 320 cm^{3}인 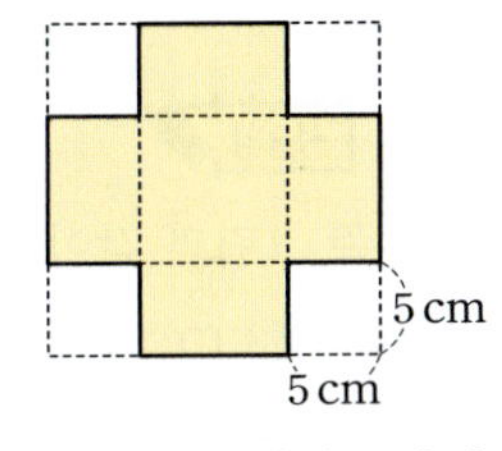

뚜껑이 없는 직육면체 모양의 상자를 만들었다. 이때 처음 종이의 한 변의 길이를 구하여라.

18 서술형

파란 구슬 528개를 지유네 반 학생들에게 하나도 남김 없이 똑같이 나누어주었더니 한 학생이 받은 파란 구슬의 개수는 전체 학생 수의 2배보다 1개가 많았다. 빨간 구슬도 전체 학생에게 19개씩 나누어주려면 총 몇 개의 빨간 구슬이 필요한지 구하여라.

19

오른쪽 그림과 같이 길이가 20 cm인 $\overline{AB}$ 위에 한 점 C를 잡아 $\overline{AC}$를 한 변으로 하는 정사각형을 만들고, $\overline{BC}$를 빗변이 아닌 한 변으로 하는 직각이등변삼각형을 만들었다. 정사각형과 직각이등변삼각형의 넓이의 비가 9 : 2일 때, $\overline{AC}$의 길이를 구하여라.

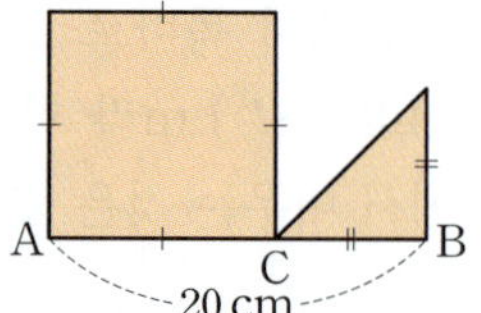

20 서술형

오른쪽 그림과 같이 $\overline{AC}=18$ cm, $\overline{BC}=20$ cm이고, $\angle C=90°$인 직각삼각형 ABC에서 $\overline{BE}=3\overline{AD}$이고, $\triangle DEC$의 넓이는 112 cm²이다. 이때 $\overline{AD}$의 길이를 구하여라.

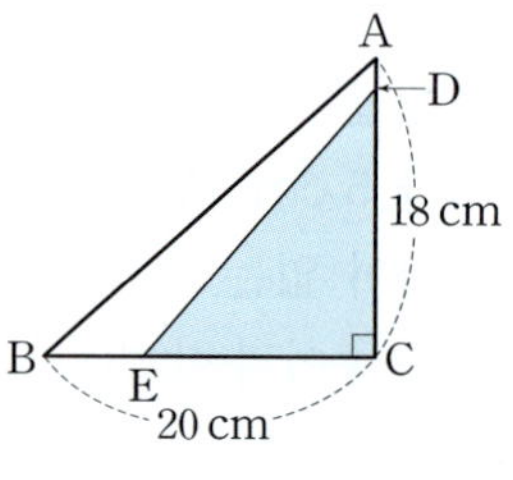

21

오른쪽 그림과 같이 세 개의 반원으로 이루어진 도형이 있다. 가장 큰 반원의 지름의 길이가 26 cm이고, 색칠한 부분의 넓이가 42π cm²일 때, 가장 작은 반원의 반지름의 길이를 구하여라.

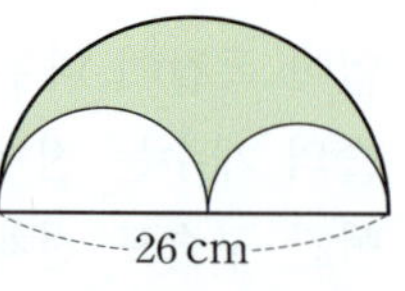

22

농도가 16 %인 소금물 200 g이 들어 있는 그릇에서 x g의 소금물을 퍼낸 다음 x g의 물을 넣었다. 이 그릇에서 다시 x g의 소금물을 퍼낸 다음 x g의 물을 넣었더니 농도가 4 %인 소금물이 되었다. 이때 x의 값을 구하여라.

23

어느 액세서리 전문점에서 어떤 팔찌의 정가를 원가에 x %의 이익을 더하여 정하였다. 이 팔찌를 정가로 팔다가 전혀 팔리지 않아서 다시 정가의 x %를 할인하여 팔았더니 원가의 9 %의 손해를 보았다. 이때 x의 값을 구하여라.

24

길이가 24 cm인 줄을 두 도막으로 잘라서 두 개의 정삼각형을 만들었다. 두 정삼각형의 넓이의 비가 1 : 3이 되도록 했을 때, 작은 정삼각형의 둘레의 길이를 구하여라.

STEP A 최고난도문제 3단계

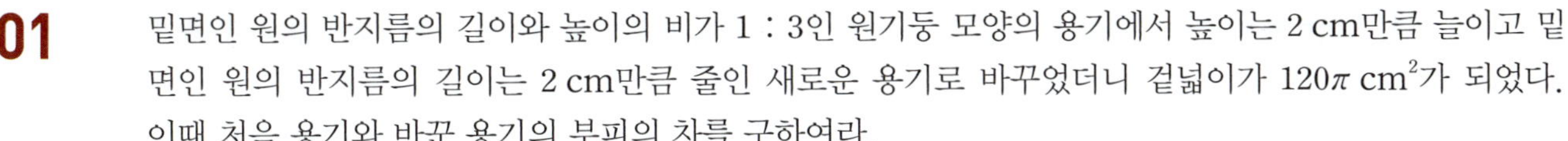

01 밑면인 원의 반지름의 길이와 높이의 비가 1 : 3인 원기둥 모양의 용기에서 높이는 $2\,\mathrm{cm}$만큼 늘이고 밑면인 원의 반지름의 길이는 $2\,\mathrm{cm}$만큼 줄인 새로운 용기로 바꾸었더니 겉넓이가 $120\pi\,\mathrm{cm}^2$가 되었다. 이때 처음 용기와 바꾼 용기의 부피의 차를 구하여라.

02 이차방정식 $3x^2-5x-2=0$의 큰 근을 a라 할 때, 이차방정식 $x^2+|ax-3|=6$의 해를 구하여라.

03 이차방정식 $x^2-mx+n=0$이 근을 가질 때, 이차방정식 $x^2+2mx-n^2+4n-5=0$의 근의 개수를 구하여라. (단, m, n은 상수)

04 어느 주스 가게에서 1잔에 1500원 하는 주스의 가격을 $a\,\%$ 인상했더니 총 판매량이 $\frac{1}{2}a\,\%$ 감소하였다. 인상 전 판매량은 400잔이었고 인상 후 추가 이익이 72000원이었을 때, a의 값을 구하여라.

(단, $a<50$)

05 $7-\sqrt{21}$ 의 정수 부분을 a, 소수 부분을 b라고 하자. b가 이차방정식 $ax^2-mx-n=0$의 한 근일 때, $m+n$의 값을 구하여라. (단, m, n은 자연수)

06 선우와 민서가 일직선의 산책로의 양 끝 A지점과 B지점에 각각 있다. 선우는 A지점에서 출발하여 B지점까지 갔다가 되돌아오고, 민서는 B지점에서 출발하여 A지점까지 갔다가 되돌아온다. 두 사람이 동시에 출발하여 처음 만났을 때 두 사람과 B지점 사이의 거리는 250 m였고, 두 사람이 두 번째로 만났을 때 두 사람과 A지점 사이의 거리는 160 m였다. 이 산책로의 길이는 몇 m인지 구하여라.

(단, 선우와 민서의 걷는 속력은 각각 일정하다.)

Ⅳ 이차함수

01. 이차함수와 그 그래프

스피드 개념정리

1 이차함수의 뜻

함수 $y=f(x)$에서 y가 x에 대한 이차식 $y=ax^2+bx+c$ (단, a, b, c는 상수, $a\neq0$)로 나타날 때, 이 함수를 x에 대한 이차함수라 한다.

예 함수 $y=x^2+1$, $y=2x^2+x+5$는 y가 x에 대한 이차식이므로 이차함수이다.

참고 a, b, c는 상수이고 $a\neq0$일 때,

$ax^2+bx+c \Rightarrow x$에 대한 이차식

$ax^2+bx+c=0 \Rightarrow x$에 대한 이차방정식

$y=ax^2+bx+c \Rightarrow x$에 대한 이차함수

• $y=ax^2+bx+c$가 x에 대한 이차함수가 되려면 $a\neq0$이어야 한다.

2 이차함수 $y=ax^2$의 그래프

(1) **포물선** : 이차함수 $y=ax^2$의 그래프와 같은 모양의 곡선

① 축 : 포물선이 대칭이 되는 직선

② 꼭짓점 : 포물선과 축의 교점

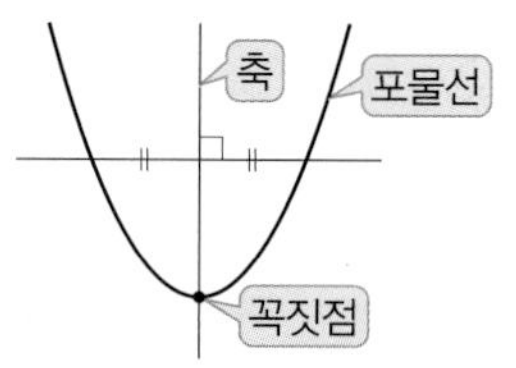

(2) 이차함수 $y=ax^2$의 성질

① 원점을 꼭짓점으로 하고, y축($x=0$)을 축으로 하는 포물선이다.

② $a>0$일 때 아래로 볼록하고, $a<0$일 때 위로 볼록하다.

③ a의 절댓값이 클수록 그래프의 폭이 좁아진다.

④ 이차함수 $y=-ax^2$의 그래프와 x축에 대하여 대칭이다.

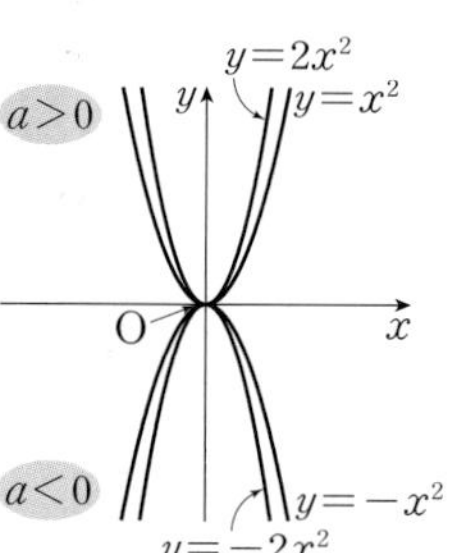

• 이차함수 $y=ax^2$의 그래프의 폭이 좁아질수록 y축에 가까워진다.

참고 이차함수 $y=x^2$, $y=-x^2$의 그래프

함수의 식	$y=x^2$	$y=-x^2$
그래프의 모양	아래로 볼록한 포물선	위로 볼록한 포물선
꼭짓점의 좌표	$(0,0)$	$(0,0)$
축의 방정식	$x=0$ (y축)	$x=0$ (y축)
그래프의 증가	$x<0$일 때, x의 값이 증가하면 y의 값은 감소 $x>0$일 때, x의 값이 증가하면 y의 값도 증가	$x<0$일 때, x의 값이 증가하면 y의 값도 증가 $x>0$일 때, x의 값이 증가하면 y의 값은 감소

3 이차함수 $y=ax^2+q$의 그래프

(1) 이차함수 $y=ax^2$의 그래프를 y축의 방향으로 q만큼 평행이
 동한 것이다.

(2) 꼭짓점의 좌표 : $(0, q)$

(3) 축의 방정식 : $x=0$ (y축)

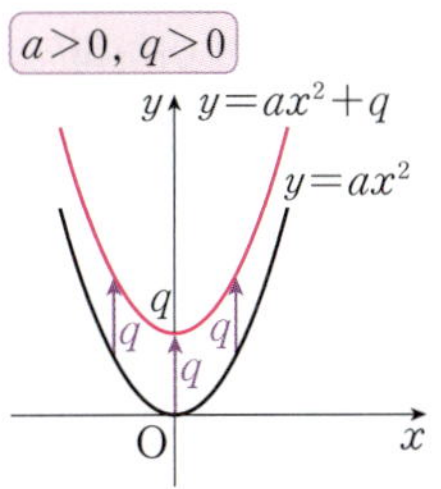

참고 이차함수 $y=ax^2+q$의 그래프는 이차함수 $y=ax^2$의 그래프를
 $q>0$이면 위쪽으로 평행이동한 것이고,
 $q<0$이면 아래쪽으로 평행이동한 것이다.

• 그래프를 평행이동시켜도 그 래프의 모양과 폭은 변하지 않 는다.

4 이차함수 $y=a(x-p)^2$의 그래프

(1) 이차함수 $y=ax^2$의 그래프를 x축의 방향으로 p만큼
 평행이동한 것이다.

(2) 꼭짓점의 좌표 : $(p, 0)$

(3) 축의 방정식 : $x=p$

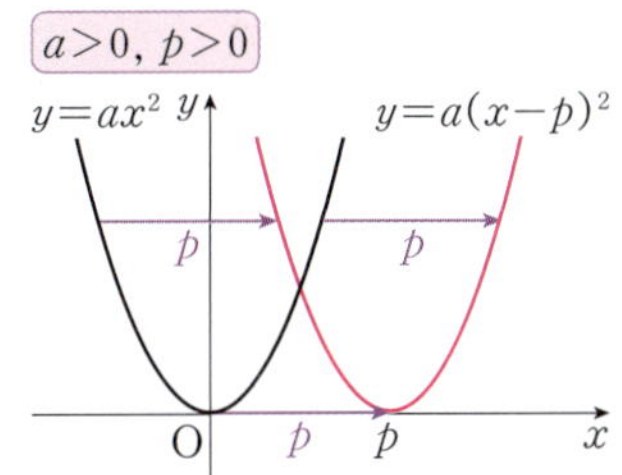

참고 이차함수 $y=a(x-p)^2$의 그래프는 이차함수 $y=ax^2$의 그래프를
 $p>0$이면 오른쪽으로 평행이동한 것이고,
 $p<0$이면 왼쪽으로 평행이동한 것이다.

• 이차함수 $y=a(x-p)^2$
 $(a>0)$의 그래프는
 ① $x<p$일 때, x의 값이 증가
  하면 y의 값은 감소한다.
 ② $x>p$일 때, x의 값이 증가
  하면 y의 값도 증가한다.

5 이차함수 $y=a(x-p)^2+q$의 그래프

(1) 이차함수 $y=ax^2$의 그래프를 x축의 방향으로 p
 만큼, y축의 방향으로 q만큼 평행이동한 것이다.

(2) 꼭짓점의 좌표 : (p, q)

(3) 축의 방정식 : $x=p$

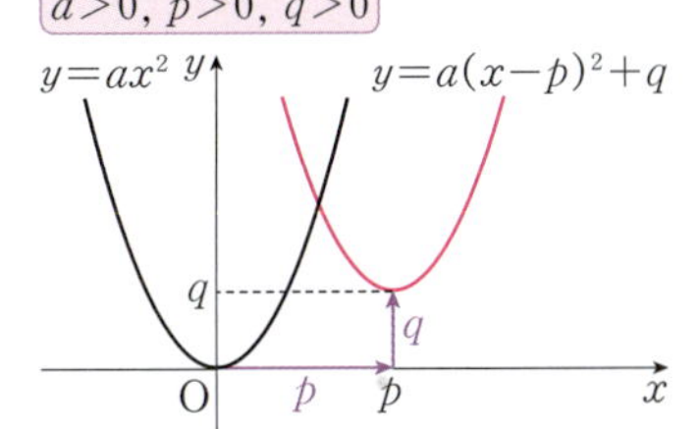

참고 이차함수 $y=ax^2$의 그래프의 평행이동

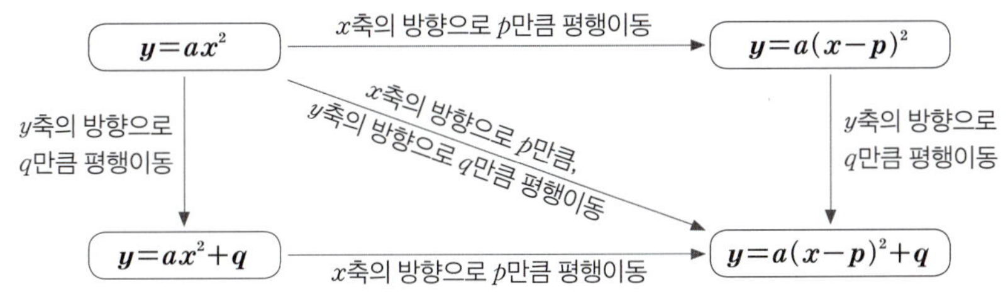

• 이차함수 $y=a(x-p)^2+q$
 의 그래프에서 그래프의 모양
 은 a가 결정하고 꼭짓점의 위
 치는 p, q가 결정한다.

• x축의 방향으로 p만큼 평행이
 동하면 x 대신 $x-p$를 대입
 하고, y축의 방향으로 p만큼
 평행이동하면 y 대신 $y-p$를
 대입한다.

Theme **01** 이차함수 $y=ax^2$의 그래프

(1) 이차함수 : 함수 $y=f(x)$에서 y가 x에 대한 이차식
$y=ax^2+bx+c$ (a, b, c는 상수, $a\neq0$)로 나타날 때,
이 함수를 x에 대한 이차함수라 한다.
(2) 이차함수 $y=ax^2$의 그래프
① 원점을 꼭짓점으로 하고, y축을 축으로 하는 포물선이
다.
② $a>0$이면 아래로 볼록하고, $a<0$이면 위로 볼록하다.
③ a의 절댓값이 클수록 그래프의 폭이 좁아진다.
④ 이차함수 $y=-ax^2$의 그래프와 x축에 대하여 대칭
이다.

01

다음 중 이차함수인 것은?

① $y=-2x+13$　　② $y=x^2(x-1)$
③ $y=-x(x+1)-2$　　④ $y=(x+4)^2-x^2$
⑤ $y=\dfrac{1}{x^2}+5$

02

이차함수 $f(x)=4x^2-5x+1$에서 $f(a)=\dfrac{5}{2}$일 때,
양수 a의 값을 구하여라.

03

다음 이차함수 중 그래프의 폭이 가장 좁은 것은?

① $y=-\dfrac{2}{3}x^2$　　② $y=-\dfrac{1}{5}x^2$
③ $y=x^2$　　④ $y=\dfrac{3}{2}x^2$
⑤ $y=\dfrac{4}{5}x^2$

04

이차함수 $y=-\dfrac{1}{4}x^2$의 그래프에 대한 설명으로 옳지
않은 것을 **보기**에서 모두 골라라.

┤ 보기 ├

㉠ 축의 방정식은 $x=0$이다.
㉡ $y=\dfrac{1}{4}x^2$의 그래프보다 폭이 넓다.
㉢ $y=4x^2$의 그래프와 x축에 대하여 대칭이다.
㉣ $x<0$일 때, x의 값이 증가하면 y의 값도 증가한
다.

05

이차함수 $y=\dfrac{1}{3}x^2$의 그래프가 두 점 $(a,\ 3)$, $(-6,\ b)$
를 지날 때, $\dfrac{a}{b}$의 값을 구하여라. (단, $a>0$)

06 서술형

이차함수 $y=-2x^2$의 그래프는 점 $(-1,\ a)$를 지나
고 이차함수 $y=bx^2$의 그래프와 x축에 대하여 대칭일
때, $b-a$의 값을 구하여라. (단, b는 상수)

Theme 02 이차함수 $y=ax^2+q$의 그래프

$$y=ax^2 \xrightarrow[\text{q만큼 평행이동}]{\text{y축의 방향으로}} y=ax^2+q$$

(1) 꼭짓점의 좌표 : $(0, q)$

(2) 축의 방정식 : $x=0$ (y축)

07

이차함수 $y=ax^2+q$의 그래프가 오른쪽 그림과 같을 때, 상수 a, q에 대하여 $a+q$의 값을 구하여라.

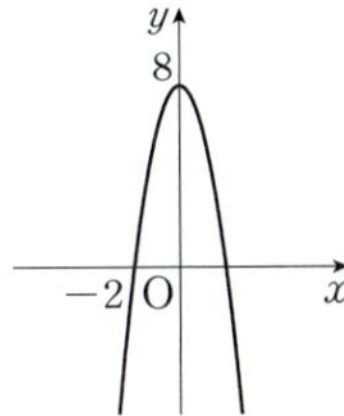

08

이차함수 $y=\dfrac{1}{3}x^2$의 그래프를 y축의 방향으로 q만큼 평행이동하면 두 점 $(-1, a)$, $(3, -5)$를 지난다. 이때 $a-q$의 값을 구하여라.

09

이차함수 $y=ax^2+q$의 그래프가 두 점 $(-2, 5)$, $(3, 15)$를 지날 때, 꼭짓점의 좌표를 구하여라.

(단, a, q는 상수)

Theme 03 이차함수 $y=a(x-p)^2$의 그래프

$$y=ax^2 \xrightarrow[\text{p만큼 평행이동}]{\text{x축의 방향으로}} y=a(x-p)^2$$

(1) 꼭짓점의 좌표 : $(p, 0)$

(2) 축의 방정식 : $x=p$

10

오른쪽 그림은 이차함수 $y=x^2$의 그래프를 x축의 방향으로 평행이동한 것이다. 이 그래프를 나타내는 식을 $y=f(x)$라 할 때, $f(-1)+f(5)$의 값을 구하여라.

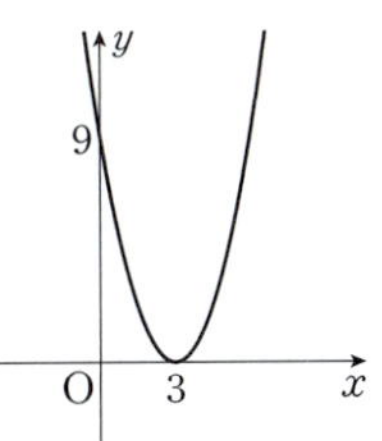

11

이차함수 $y=a(x-p)^2$의 그래프는 꼭짓점의 좌표가 $(-1, 0)$이고, 점 $(-3, -6)$을 지난다. 이때 이 그래프가 y축과 만나는 점의 좌표를 구하여라.

(단, a, p는 상수)

12

이차함수 $y=-\dfrac{4}{3}x^2$의 그래프를 x축의 방향으로 2만큼 평행이동한 그래프에서 x의 값이 증가할 때, y의 값은 감소하는 x의 값의 범위가 될 수 있는 것은?

① $x>-3$ ② $x<-2$ ③ $x>-2$
④ $x<2$ ⑤ $x>2$

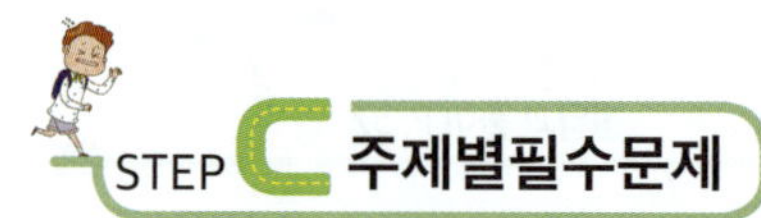

Theme 04 이차함수 $y=a(x-p)^2+q$의 그래프

(1) 이차함수 $y=a(x-p)^2+q$의 그래프

$$y=ax^2 \xrightarrow[\ y\text{축의 방향으로 } q\text{만큼 평행이동}\ ]{\ x\text{축의 방향으로 } p\text{만큼,}\ } y=a(x-p)^2+q$$

① 꼭짓점의 좌표 : $(p,\ q)$

② 축의 방정식 : $x=p$

(2) 이차함수 $y=a(x-p)^2+q$의 그래프에서 a, p, q의 부호

① a의 부호 : 그래프의 모양에 따라 결정

② p, q의 부호 : 꼭짓점이 위치하는 사분면에 따라 결정

13

이차함수 $y=-(x-1)^2+2$의 그래프에 대한 설명으로 옳지 <u>않은</u> 것은?

① 꼭짓점의 좌표는 $(1,\ 2)$이다.
② 축의 방정식은 $x=1$이다.
③ 이차함수 $y=x^2-2$의 그래프와 폭이 같다.
④ 제2사분면을 지나지 않는다.
⑤ $x<1$일 때, x의 값이 증가하면 y의 값도 증가한다.

14

이차함수 $y=-2(x-p)^2+q$의 그래프의 축의 방정식은 $x=3$이고 점 $(1,\ -3)$을 지날 때, 이 그래프의 꼭짓점의 좌표를 구하여라. (단, p, q는 상수)

15

이차함수 $y=\dfrac{1}{3}(x-1)^2-4$의 그래프는 어떤 이차함수의 그래프를 x축의 방향으로 6만큼, y축의 방향으로 -3만큼 평행이동한 것과 같다. 이때 어떤 이차함수의 식을 구하여라.

16

이차함수 $y=\dfrac{3}{4}(x-p)^2+2p^2$의 그래프의 꼭짓점이 일차함수 $y=-x+15$의 그래프 위에 있을 때, 상수 p의 값을 구하여라. (단, $p>0$)

17 서술형

이차함수 $y=a(x-p)^2+q$의 그래프의 꼭짓점의 좌표가 $(3,\ -2)$이고 점 $(5,\ 3)$을 지날 때, 이 그래프가 지나는 사분면을 모두 구하여라. (단, a, p, q는 상수)

18

이차함수 $y=a(x-p)^2+q$의 그래프가 오른쪽 그림과 같을 때, a, p, q의 부호를 각각 구하여라.
(단, a, p, q는 상수)

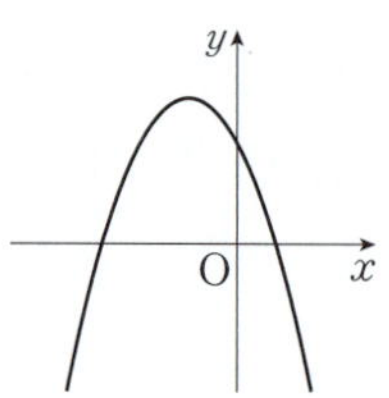

2단계 STEP B 실력완성문제

01

$(a^2-1)x^2-(a^2+3a-4)y^2+4x-ay=0$에서 y가 x에 대한 이차함수가 되도록 하는 실수 a의 값을 구하여라.

02

이차함수 $f(x)=-\dfrac{1}{2}x^2+ax+b$에 대하여 $f(-3)=-11$, $f(1)=5$일 때, $f(4)$의 값을 구하여라. (단, a, b는 상수)

03

네 이차함수 $y=-3x^2$, $y=-x^2$, $y=\dfrac{1}{2}x^2$, $y=x^2$의 그래프가 오른쪽 그림과 같다. 포물선 ㉠은 점 $(-4, m)$을 지나고, 포물선 ㉡은 점 $(1, n)$을 지날 때, $m+n$의 값을 구하여라.

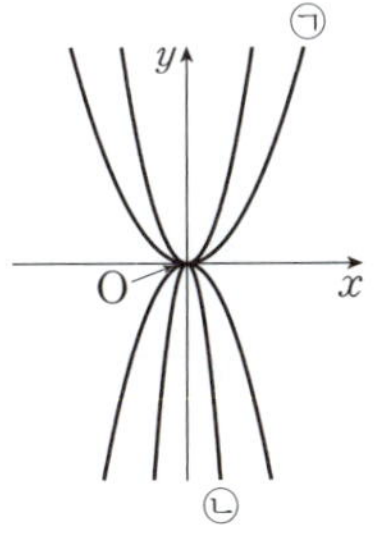

04

이차함수 $y=\dfrac{1}{2}x^2$의 그래프와 x축에 대하여 대칭인 그래프가 점 $(a-2, 6-3a)$를 지날 때, 모든 a의 값의 합을 구하여라.

05

이차함수 $y=a(x-p)^2$의 그래프가 점 $(4, 0)$을 꼭짓점으로 하고 점 $(-1, 6)$을 지날 때, 상수 a, p에 대하여 $25a-4p$의 값을 구하여라.

06 서술형

오른쪽 그림과 같은 이차함수 $y=f(x)$의 그래프는 이차함수 $y=ax^2$의 그래프를 y축의 방향으로 평행이동한 것일 때, $f(-2)-f(1)+f(3)$의 값을 구하여라. (단, a는 상수)

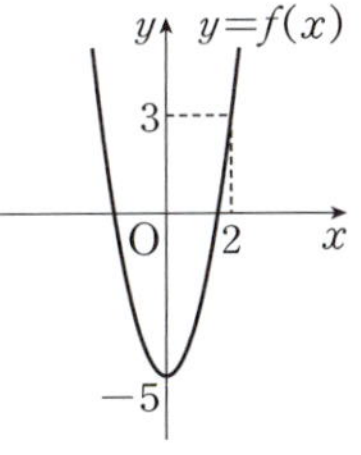

07

이차함수 $y=\dfrac{1}{2}(x-2)^2+3$의 그래프를 x축의 방향으로 -5만큼, y축의 방향으로 -11만큼 평행이동한 그래프에서 x의 값이 증가할 때 y의 값이 감소하는 x의 값의 범위를 구하여라.

08

오른쪽 그림은 이차함수 $y=-x^2$의 그래프를 y축의 방향으로 q만큼 평행이동한 그래프이다. 이 그래프와 x축으로 둘러싸인 도형에 내접하는 정사각형 ABCD가 있다. □ABCD의 넓이가 25일 때, q의 값을 구하여라.

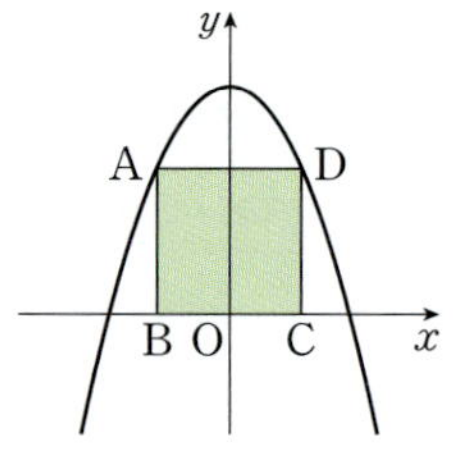

09

이차함수 $y=-2(x-1)^2+1$의 그래프를 x축의 방향으로 p만큼, y축의 방향으로 q만큼 평행이동하면 두 점 $(-8,\ 3)$, $(-5,\ -3)$을 지날 때, $\dfrac{q}{p}$의 값을 구하여라.

10

이차함수 $y=x^2$의 그래프를 x축의 방향으로 p만큼, y축의 방향으로 q만큼 평행이동한 그래프가 다음 조건을 모두 만족할 때, $p-q$의 값을 구하여라.

> ㄱ. 꼭짓점이 제4사분면 위에 있다.
> ㄴ. 꼭짓점이 일차함수 $y=2x-7$의 그래프 위에 있다.
> ㄷ. 그래프가 점 $(5,\ 3)$을 지난다.

11

오른쪽 그림과 같이 두 이차함수 $y=\dfrac{2}{3}x^2-1$, $y=\dfrac{2}{3}x^2+2$의 그래프와 두 직선 $x=-1$, $x=3$으로 둘러싸인 도형의 넓이를 구하여라.

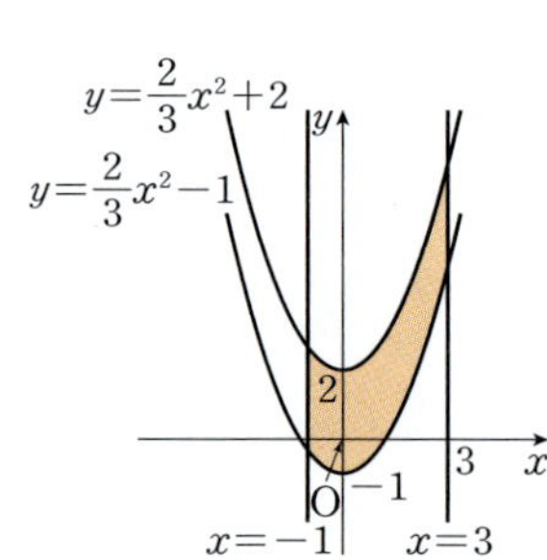

12

오른쪽 그림과 같이 두 이차함수 $y=x^2$, $y=\dfrac{1}{4}x^2$의 그래프가 직선 $y=k$와 제1사분면에서 만나는 점을 각각 A, B라 하면 $\overline{AB}=3$이다. 이때 상수 k의 값을 구하여라.

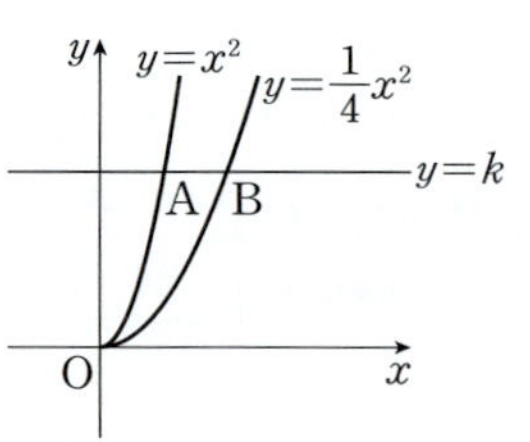

13

오른쪽 그림과 같이 직선 l이 이차함수 $y=\dfrac{1}{3}x^2$의 그래프 및 y축과 각각 두 점 A, B와 점 C에서 만난다. 점 C는 $(0, 2)$이고 $\overline{\mathrm{AC}} : \overline{\mathrm{CB}}=1 : 3$일 때, 직선 l의 기울기를 구하여라.

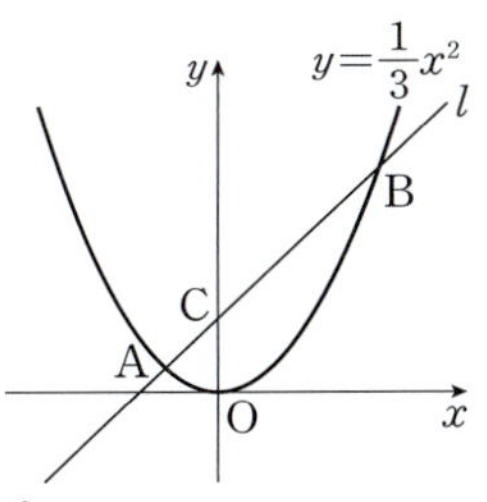

14

두 이차함수 $y=2(x-3)^2$, $y=ax^2+b$의 그래프가 오른쪽 그림과 같이 서로의 꼭짓점을 지날 때, 상수 a, b에 대하여 ab의 값을 구하여라.

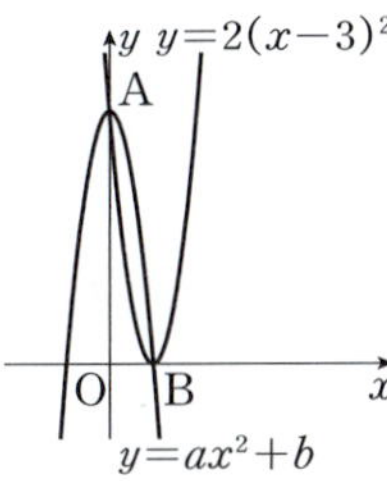

15

이차함수 $y=-\dfrac{1}{3}(x-1)^2+6$의 그래프가 제1사분면 위의 점 P를 지날 때, 점 P에서 그래프의 축까지의 거리와 x축까지의 거리가 같다고 한다. 점 P의 좌표를 구하여라.

16

이차함수 $y=a(x+2)^2-9$의 그래프를 x축에 대하여 대칭이동한 후 다시 y축에 대하여 대칭이동하면 점 $(4, -1)$을 지날 때, 상수 a의 값을 구하여라.

17 서술형

이차함수 $y=\dfrac{1}{2}(x+3)^2-4$의 그래프를 x축에 대하여 대칭이동한 후 y축의 방향으로 q만큼 평행이동하면 x축과 만나는 두 점 사이의 거리가 $6\sqrt{2}$가 된다. 이때 상수 q의 값을 구하여라.

18

이차함수 $y=a(x+p)^2-pq$의 그래프가 제1사분면, 제2사분면, 제4사분면을 지날 때, 이차함수 $y=ap(x-q)^2-aq-p$의 그래프의 꼭짓점은 제 몇 사분면 위에 있는지 구하여라. (단, a, p, q는 상수)

3단계 STEP A 최고난도문제

01 두 이차함수 $y=-x^2+m$, $y=\dfrac{1}{3}x^2+n$의 그래프의 꼭짓점을 각각 A, C라 하자. 두 함수의 그래프가 오른쪽 그림과 같이 x축 위의 두 점 B, D에서 만나고, 점 B의 좌표가 $(-3,\,0)$일 때, $\square$ABCD의 넓이를 구하여라.

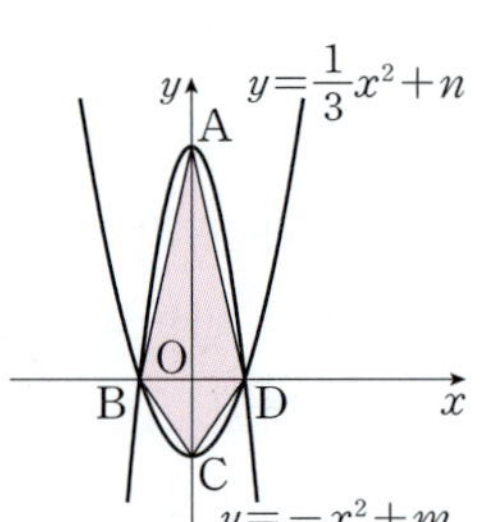

02 오른쪽 그림에서 점 A는 이차함수 $y=4x^2$의 그래프 위의 점이고, 두 점 B, D는 이차함수 $y=\dfrac{1}{4}x^2$의 그래프 위의 점이다. 정사각형 ABCD의 각 변이 x축 또는 y축에 평행할 때, $\square$ABCD의 둘레의 길이를 구하여라.

(단, 네 점 A, B, C, D는 모두 제1사분면 위의 점이다.)

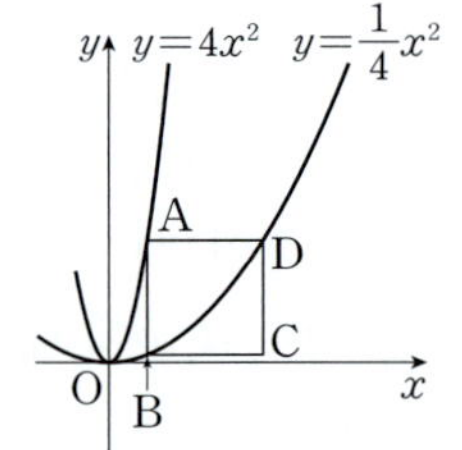

03 오른쪽 그림과 같이 직선 $y=k$가 두 이차함수 $y=-(x+2)^2+9$, $y=-(x-p)^2+q$의 그래프와 세 점 A, B, C에서 만난다. 점 B는 y축 위에 있고 $\overline{AB}=2\overline{BC}$일 때, $k-(p+q)$의 값을 구하여라.

(단, k, p, q는 상수이고, $p>0$, $q>0$이다.)

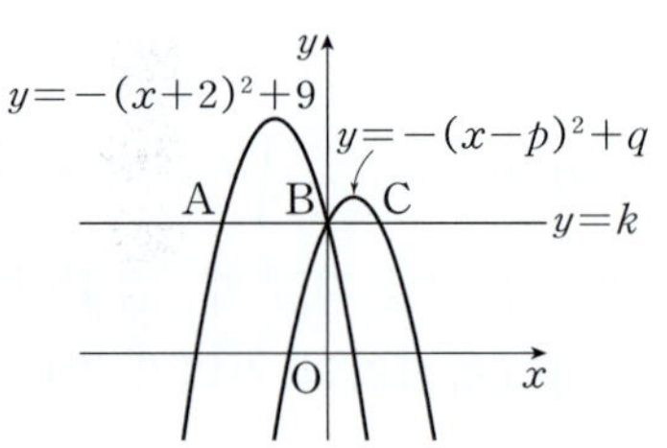

02. 이차함수의 활용

1 이차함수 $y=ax^2+bx+c$의 그래프

(1) 이차함수 $y=ax^2+bx+c$의 그래프는 $y=a(x-p)^2+q$의 꼴로 고쳐서 그린다.

$$y=ax^2+bx+c \Rightarrow y=a\left(x+\frac{b}{2a}\right)^2-\frac{b^2-4ac}{4a}$$

① 꼭짓점의 좌표 : $\left(-\dfrac{b}{2a},\ -\dfrac{b^2-4ac}{4a}\right)$

② 축의 방정식 : $x=-\dfrac{b}{2a}$

③ y축과의 교점의 좌표 : $(0,\ c)$

(2) 이차함수 $y=ax^2+bx+c$의 그래프의 평행이동과 대칭이동

① 이차함수 $y=ax^2+bx+c$의 그래프를 x축의 방향으로 p만큼, y축의 방향으로 q만큼 평행이동 $\Rightarrow$ x 대신 $x-p$를 대입하고 y 대신 $y-q$를 대입한다.

② 이차함수 $y=ax^2+bx+c$의 그래프를 x축에 대하여 대칭이동 $\Rightarrow$ y 대신 $-y$를 대입한다.

③ 이차함수 $y=ax^2+bx+c$의 그래프를 y축에 대하여 대칭이동 $\Rightarrow$ x 대신 $-x$를 대입한다.

> • $y=ax^2+bx+c$의 꼴은 이차함수의 일반형이라 하고 $y=a(x-p)^2+q$의 꼴은 이차함수의 표준형이라 한다.

2 이차함수의 그래프와 x축, y축과의 교점

이차함수 $y=ax^2+bx+c$의 그래프에서

(1) x축과의 교점 : $y=0$일 때의 x의 값을 구한다.

　$\Rightarrow$ x축과의 교점의 x좌표는 $ax^2+bx+c=0$의 해와 같다.

(2) y축과의 교점 : $x=0$일 때의 y의 값을 구한다.

　$\Rightarrow y=c$

3 이차함수 $y=ax^2+bx+c$의 그래프에서 a, b, c의 부호

이차함수 $y=ax^2+bx+c$의 그래프에서

(1) a의 부호 : 그래프의 모양에 따라 결정

　① 아래로 볼록 $\Rightarrow a>0$

　② 위로 볼록 $\Rightarrow a<0$

(2) b의 부호 : 축의 위치에 따라 결정

　① 축이 y축의 왼쪽에 위치 $\Rightarrow$ a, b는 같은 부호($ab>0$)

　② 축이 y축과 일치 $\Rightarrow b=0$

　③ 축이 y축의 오른쪽에 위치 $\Rightarrow$ a, b는 다른 부호($ab<0$)

(3) c의 부호 : y축과의 교점의 위치에 따라 결정

　① y축과의 교점이 x축보다 위쪽에 위치 $\Rightarrow c>0$

　② y축과의 교점이 원점과 일치 $\Rightarrow c=0$

　③ y축과의 교점이 x축보다 아래쪽에 위치 $\Rightarrow c<0$

> • 이차함수 $y=ax^2+bx+c$의 그래프의 축의 방정식이 $x=-\dfrac{b}{2a}$이므로
> ① 축이 y축의 왼쪽에 있으면 $-\dfrac{b}{2a}<0$ ∴ $ab>0$
> ② 축이 y축의 오른쪽에 있으면 $-\dfrac{b}{2a}>0$ ∴ $ab<0$

4 이차함수의 식 구하기 (1)

(1) 꼭짓점의 좌표 (p, q)와 그래프 위의 다른 한 점의 좌표를 알 때

　① 이차함수의 식을 $y=a(x-p)^2+q$로 놓는다.

　② 한 점의 좌표를 대입하여 상수 a의 값을 구한다.

　　예 그래프의 꼭짓점의 좌표가 $(1, 2)$이고 점 $(2, 3)$을 지나는 이차함수의 식은

　　　① 이차함수의 식을 $y=a(x-1)^2+2$로 놓고

　　　② $x=2$, $y=3$을 대입하면 $3=a+2$　　$\therefore a=1$

　　　➡ $y=(x-1)^2+2=x^2-2x+3$

(2) 축의 방정식 $x=p$와 그래프 위의 두 점의 좌표를 알 때

　① 이차함수의 식을 $y=a(x-p)^2+q$로 놓는다.

　② 두 점의 좌표를 각각 대입하여 상수 a, q의 값을 구한다.

　　예 그래프의 축이 $x=-1$이고 두 점 $(0, -1)$, $(-1, 2)$를 지나는 이차함수의 식은

　　　① 이차함수의 식을 $y=a(x+1)^2+q$로 놓고

　　　② $x=0$, $y=-1$을 대입하면 $-1=a+q$　　……　㉠

　　　　$x=-1$, $y=2$를 대입하면 $2=q$　　……　㉡

　　　　㉠, ㉡에서 $a=-3$, $q=2$

　　　➡ $y=-3(x+1)^2+2=-3x^2-6x-1$

> • 꼭짓점의 좌표와 이차함수의 식
> $(0, 0)$ ➡ $y=ax^2$
> $(0, q)$ ➡ $y=ax^2+q$
> $(p, 0)$ ➡ $y=a(x-p)^2$
> (p, q) ➡ $y=a(x-p)^2+q$

5 이차함수의 식 구하기 (2)

(1) 그래프 위의 서로 다른 세 점의 좌표를 알 때

　① 이차함수의 식을 $y=ax^2+bx+c$로 놓는다.

　② 세 점의 좌표를 각각 대입하여 상수 a, b, c의 값을 구한다.

(2) x축과의 교점 $(\alpha, 0)$, $(\beta, 0)$과 다른 한 점의 좌표를 알 때

　① 이차함수의 식을 $y=a(x-\alpha)(x-\beta)$로 놓는다.

　② 한 점의 좌표를 대입하여 상수 a의 값을 구한다.

　　예 그래프와 x축과의 교점의 좌표가 $(1, 0)$, $(2, 0)$이고 점 $(-1, 3)$을 지나는 이차함수의 식은

　　　① 이차함수의 식을 $y=a(x-1)(x-2)$로 놓고

　　　② $x=-1$, $y=3$을 대입하면 $3=6a$　　$\therefore a=\dfrac{1}{2}$

　　　➡ $y=\dfrac{1}{2}(x-1)(x-2)=\dfrac{1}{2}x^2-\dfrac{3}{2}x+1$

> • x축과의 두 교점의 좌표가 $(\alpha, 0)$, $(\beta, 0)$이면 이차함수의 그래프는 축에 대하여 대칭이므로 축의 방정식은 $x=\dfrac{\alpha+\beta}{2}$이다.

Theme 01 이차함수 $y=ax^2+bx+c$의 그래프

이차함수 $y=ax^2+bx+c$의 그래프는 $y=a(x-p)^2+q$
의 꼴로 고쳐서 그린 그래프와 같다.

$$y=ax^2+bx+c \Rightarrow y=a\left(x+\frac{b}{2a}\right)^2-\frac{b^2-4ac}{4a}$$

(1) 꼭짓점의 좌표 : $\left(-\dfrac{b}{2a},\ -\dfrac{b^2-4ac}{4a}\right)$

(2) 축의 방정식 : $x=-\dfrac{b}{2a}$

(3) y축 위의 점 $(0, c)$를 지난다.

01

다음 중 이차함수 $y=-3x^2-x-2$의 그래프에 대한
설명으로 옳은 것을 모두 고르면? (정답 2개)

① 꼭짓점의 좌표는 $\left(-\dfrac{1}{6},\ -\dfrac{23}{12}\right)$이다.

② 아래로 볼록한 포물선이다.

③ $y=-x^2+2x-1$의 그래프보다 폭이 넓다.

④ 모든 사분면을 지난다.

⑤ $y=-3x^2$의 그래프를 평행이동하면 포갤 수 있다.

02

다음 이차함수 중 그 그래프의 꼭짓점이 제4사분면에
있는 것은?

① $y=x^2+2x-5$　　② $y=2x^2-6x+11$

③ $y=-3x^2+6x+1$　　④ $y=x^2+8x+20$

⑤ $y=\dfrac{1}{5}x^2-x-2$

03

이차함수 $y=-2x^2+4kx+k^2-2$의 그래프의 축의
방정식이 $x=2$일 때, 상수 k의 값을 구하여라.

Theme 02 이차함수의 그래프의 평행이동

이차함수 $y=ax^2+bx+c$의 그래프를 x축의 방향으로 m
만큼, y축의 방향으로 n만큼 평행이동한 그래프의 식은
$y=ax^2+bx+c$를 $y=a(x-p)^2+q$의 꼴로 변형한 후 x
대신 $x-m$, y 대신 $y-n$을 대입한다.

04

이차함수 $y=x^2-4x+5$의 그래프를 x축의 방향으로
2만큼, y축의 방향으로 -3만큼 평행이동한 그래프를
나타내는 이차함수의 식을 $y=a(x+b)^2+c$라 할 때,
$a-b+c$의 값을 구하여라. (단, a, b, c는 상수)

05 서술형

이차함수 $y=2x^2-4x+7$의 그래프를 x축의 방향으
로 m만큼, y축의 방향으로 n만큼 평행이동한 그래프
의 꼭짓점의 좌표가 $(-2, 1)$일 때, $m-n$의 값을 구
하여라.

06

이차함수 $y=-\dfrac{2}{3}x^2+4x-2$의 그래프를 x축의 방향
으로 -5만큼 평행이동한 그래프는 점 $(1, m)$을 지난
다. 이때 m의 값을 구하여라.

IV
이차함수

Theme 03 이차함수의 그래프와 좌표축 또는 직선이 만나는 점

(1) 이차함수 $y=ax^2+bx+c$의 그래프에서
  ① x축과 만나는 점의 x좌표
    ⇨ $y=0$을 대입한다.
  ② y축과 만나는 점의 y좌표
    ⇨ $x=0$을 대입한다.
(2) 이차함수 $y=ax^2+bx+c$의 그래프와 직선 $y=mx+n$의 교점의 x좌표는 $ax^2+bx+c=mx+n$으로 놓고 구한다.

07

이차함수 $y=2x^2-7x+3$의 그래프가 x축과 만나는 점의 x좌표를 각각 p, q라 하고, y축과 만나는 점의 y좌표를 r라 할 때, $p+q-r$의 값을 구하여라.

08

이차함수 $y=-2x^2+8x+10$의 그래프가 x축과 만나는 두 점을 각각 A, B라 할 때, $\overline{AB}$의 길이를 구하여라.

09

이차함수 $y=\dfrac{1}{3}x^2-x+m$의 그래프가 x축과 두 점에서 만난다. 이 두 점 중 한 점의 좌표는 $(-2, 0)$일 때, 다른 한 점의 좌표를 구하여라. (단, m은 상수)

10 서술형

오른쪽 그림과 같이 이차함수 $y=x^2-8x+k$의 그래프가 x축과 만나는 점을 각각 A, B라고 하자. $\overline{AB}=4$일 때, 상수 k의 값을 구하여라.

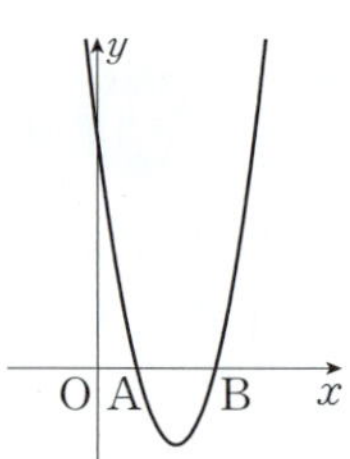

11

오른쪽 그림은 이차함수 $y=x^2+ax+b$의 그래프와 직선 $y=x-2$이다. 이때 $a-b$의 값을 구하여라.
  (단, a, b는 상수)

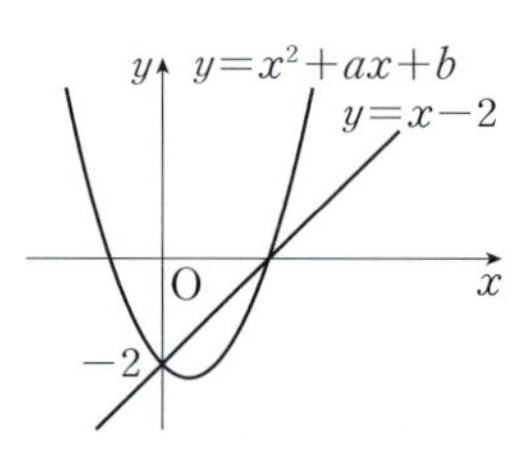

12

이차함수 $y=-x^2+5x-2$의 그래프와 직선 $y=-x+6$의 교점의 좌표를 모두 구하여라.

Theme 04 이차함수 $y=ax^2+bx+c$의 그래프에서 a, b, c의 부호

(1) a의 부호 : 그래프의 모양에 따라 결정
  ① 아래로 볼록 ⇨ $a>0$ ② 위로 볼록 ⇨ $a<0$

(2) b의 부호 : 축의 위치에 따라 결정
  ① 축이 y축의 왼쪽 ⇨ a, b는 같은 부호($ab>0$)
  ② 축이 y축과 일치 ⇨ $b=0$
  ③ 축이 y축의 오른쪽 ⇨ a, b는 다른 부호($ab<0$)

(3) c의 부호 : y축과의 교점의 위치에 따라 결정
  ① y축과의 교점이 x축보다 위쪽 ⇨ $c>0$
  ② y축과의 교점이 원점 ⇨ $c=0$
  ③ y축과의 교점이 x축보다 아래쪽 ⇨ $c<0$

13

이차함수 $y=ax^2+bx+c$의 그래프가 오른쪽 그림과 같을 때, 다음 중 옳은 것은?

(단, a, b, c는 상수)

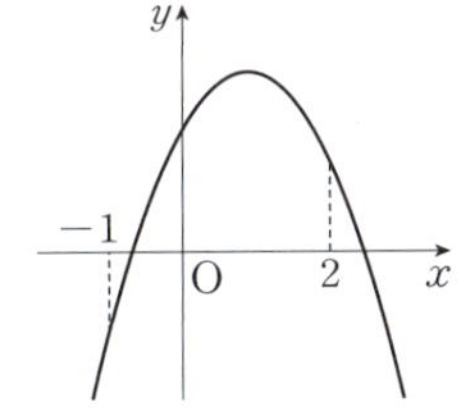

① $ac>0$ ② $ab>0$

③ $\dfrac{c}{b}<0$ ④ $a-b+c>0$

⑤ $4a+2b+c>0$

14

이차함수 $y=ax^2-bx+c$의 그래프가 오른쪽 그림과 같을 때, 다음 중 이차함수 $y=cx^2+bx+a$의 그래프로 알맞은 것은?

(단, a, b, c는 상수)

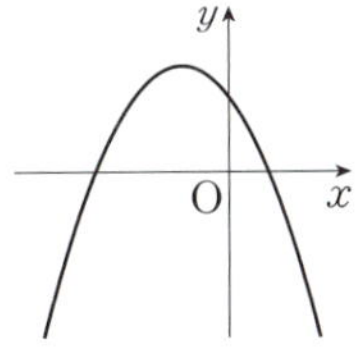

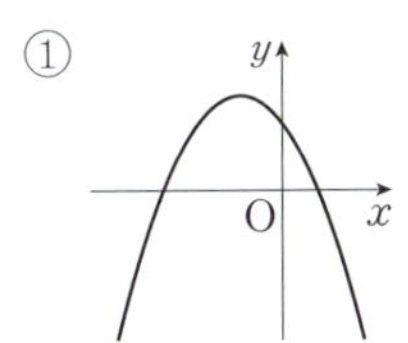 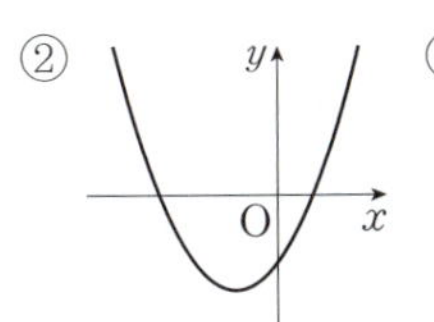 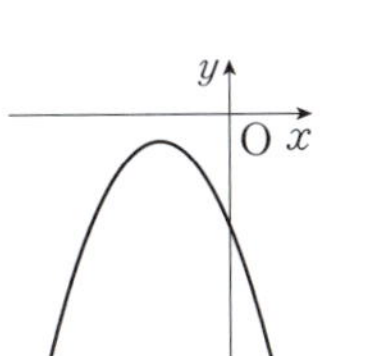

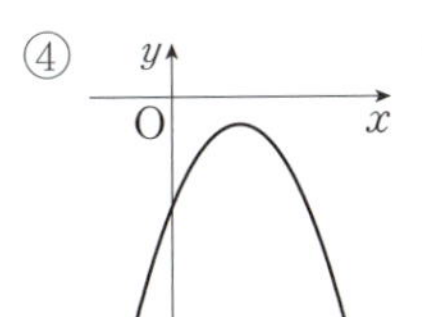 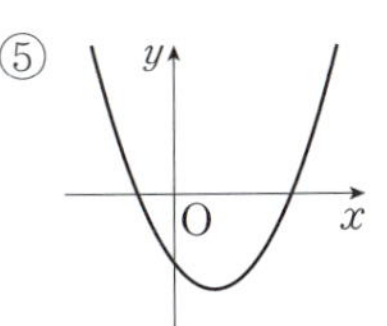

Theme 05 이차함수의 그래프와 도형의 넓이

이차함수 $y=ax^2+bx+c$의 그래프에서 △ABC의 넓이는

① 점 A, B의 좌표를 구한다.
  ⇨ 이차방정식 $ax^2+bx+c=0$의 해를 구한다.

② 점 C의 좌표를 구한다.
  ⇨ $y=a(x-p)^2+q$의 꼴로 변형시켜 C(p, q)를 구한다.

③ △ABC의 넓이를 구한다.

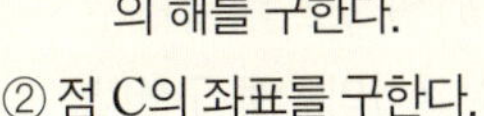

15

오른쪽 그림은 이차함수 $y=-x^2+x+6$의 그래프이다. 꼭짓점을 A, x축과의 교점을 각각 B, C라 할 때, △ABC의 넓이를 구하여라.

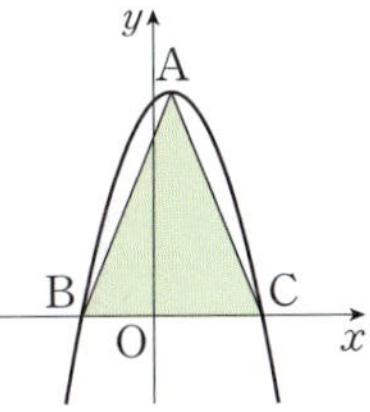

16

오른쪽 그림과 같은 이차함수 $y=-\dfrac{2}{3}x^2-4x+2$의 그래프가 x축과 만나는 두 점을 A, B라 하고 꼭짓점을 C, y축과의 교점을 D라 할 때, △ABC : △ABD는?

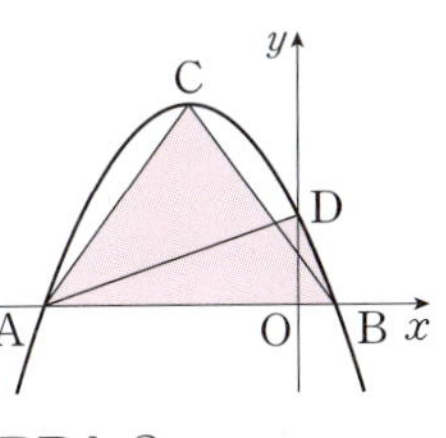

① $1:2$ ② $1:4$ ③ $3:2$

④ $4:1$ ⑤ $5:4$

Theme 06 이차함수의 식 구하기 (1)

(1) 꼭짓점 (p, q)와 그래프 위의 다른 한 점을 알 때
  ① 이차함수의 식을 $y=a(x-p)^2+q$로 놓는다.
  ② 한 점의 좌표를 대입하여 a의 값을 구한다.
(2) 축의 방정식 $x=p$와 그래프 위의 두 점을 알 때
  ① 이차함수의 식을 $y=a(x-p)^2+q$로 놓는다.
  ② 두 점의 좌표를 각각 대입하여 a, q의 값을 구한다.

17

이차함수 $y=ax^2+bx+c$의 그래프가 오른쪽 그림과 같을 때, 상수 a, b, c에 대하여 $9a-3b-c$의 값을 구하여라.

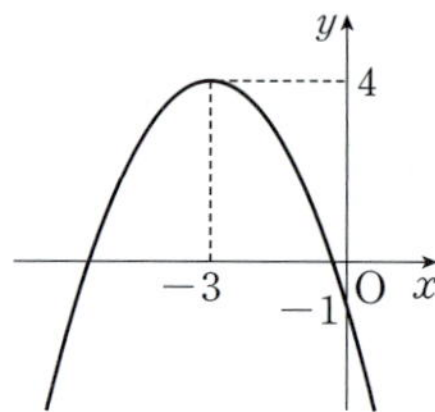

18

꼭짓점의 좌표가 $(1, -2)$이고 점 $(2, -3)$을 지나는 이차함수의 그래프가 y축과 만나는 점의 좌표를 구하여라.

19 서술형

축의 방정식이 $x=2$이고 두 점 $(1, -3)$, $(4, 3)$을 지나는 이차함수의 그래프가 점 $(-1, k)$를 지날 때, k의 값을 구하여라.

Theme 07 이차함수의 식 구하기 (2)

(1) y축과의 교점 $(0, k)$와 그래프 위의 서로 다른 두 점을 알 때
  ① 이차함수의 식을 $y=ax^2+bx+k$로 놓는다.
  ② 두 점의 좌표를 각각 대입하여 a, b의 값을 구한다.
(2) x축과의 교점 $(m, 0)$, $(n, 0)$과 그래프 위의 다른 한 점을 알 때
  ① 이차함수의 식을 $y=a(x-m)(x-n)$으로 놓는다.
  ② 한 점의 좌표를 대입하여 a의 값을 구한다.

20

세 점 $(0, 1)$, $(3, 7)$, $(2, 1)$을 지나는 이차함수의 그래프의 꼭짓점의 좌표를 구하여라.

21

이차함수 $y=ax^2+bx+c$의 그래프가 오른쪽 그림과 같을 때, 상수 a, b, c에 대하여 $9abc$의 값을 구하여라.

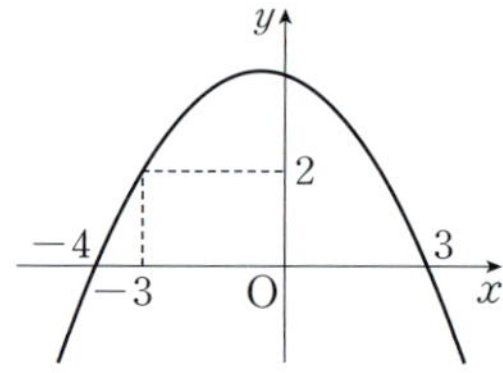

22

이차함수 $y=x^2+ax+b$의 그래프는 y축을 축으로 하고, x축과 만나는 두 점 사이의 거리가 4이다. 이때 상수 a, b에 대하여 $a+b$의 값을 구하여라.

01

이차함수 $y=3x^2-3kx+k-1$의 그래프의 꼭짓점의 좌표가 $(-1,\ -6)$일 때, 이 그래프와 y축과의 교점의 좌표는? (단, k는 상수)

① $(0,\ -5)$ ② $(0,\ -4)$ ③ $(0,\ -3)$
④ $(0,\ -2)$ ⑤ $(0,\ -1)$

02

두 이차함수 $y=x^2+2x+a$, $y=-x^2-3bx+5$의 그래프의 꼭짓점이 일치할 때, 상수 a, b에 대하여 a, b의 값을 각각 구하여라.

03

일차함수 $y=ax+b$의 그래프가 오른쪽 그림과 같을 때, 이차함수 $y=-bx^2+3ax-2ab^2$의 그래프의 꼭짓점의 좌표를 구하여라. (단, a, b는 상수)

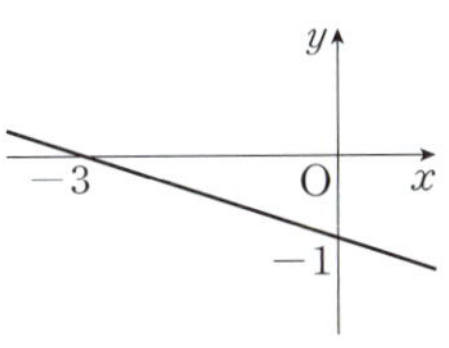

04

이차함수 $y=2x^2-4kx+2k^2-k+5$의 그래프의 꼭짓점이 제4사분면에 있을 때, 실수 k의 값이 될 수 있는 것은?

① -5 ② -1 ③ 0
④ 5 ⑤ 7

05

이차함수 $y=x^2-3ax+3a+3$의 그래프의 꼭짓점이 x축 위에 있기 위한 상수 a의 값을 모두 구하여라.

06

x에 대한 이차함수 $y=(x+a)^2-2(x+a)-6$의 그래프의 꼭짓점의 좌표가 $(3,\ b)$일 때, 상수 a, b에 대하여 $a-b$의 값을 구하여라.

07

이차함수 $y=x^2-4ax+b$의 그래프가 점 $(-1, 2)$를 지나고 꼭짓점이 직선 $y=x-3$ 위에 있을 때, 상수 a, b에 대하여 ab의 값을 구하여라. (단, $a>0$)

08

이차함수 $y=-\dfrac{1}{2}x^2+mx+m-1$의 그래프에서 $x<2$이면 x의 값이 증가할 때 y의 값도 증가하고, $x>2$이면 x의 값이 증가할 때 y의 값은 감소한다. 이 이차함수의 그래프의 꼭짓점의 좌표를 구하여라.

(단, m은 상수)

09

이차함수 $y=4x^2-8x+3$의 그래프를 x축의 방향으로 p만큼, y축의 방향으로 q만큼 평행이동하였더니 이차함수 $y=4x^2-12x+3$의 그래프와 완전히 포개어졌다. 이때 $p+q$의 값을 구하여라.

10

이차함수 $y=-x^2-6x+7$의 그래프를 y축의 방향으로 k만큼 평행이동하면 x축과 만나는 두 점 사이의 거리가 처음의 $\dfrac{1}{2}$배가 될 때, 상수 k의 값을 구하여라.

11

두 이차함수
$y=x^2-2x-3$,
$y=x^2-12x+32$의 그래프가 오른쪽 그림과 같다. 두 점 A, B는 두 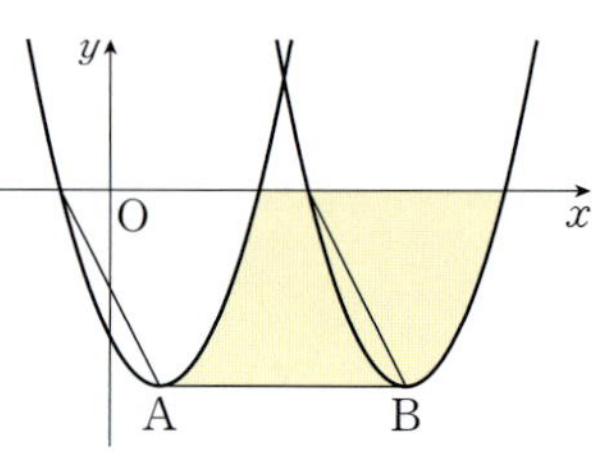
그래프의 꼭짓점일 때, 색칠한 부분의 넓이를 구하여라.

12

오른쪽 그림과 같이 이차함수 $y=-\dfrac{1}{2}x^2+4x-6$의 그래프가 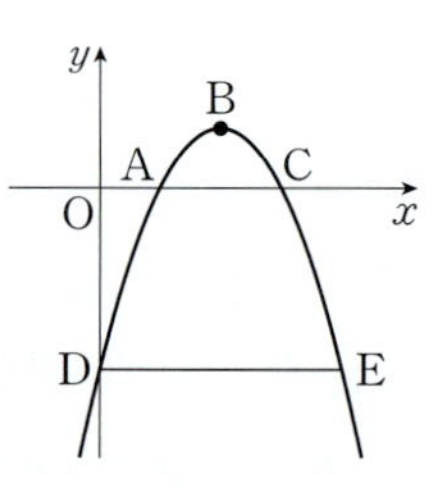
x축과 만나는 점을 각각 A, C, 꼭짓점을 B, y축과 만나는 점을 D라고 할 때, 다음 중 점의 좌표가 옳지 <u>않은</u> 것은? (단, $\overline{DE}$는 x축에 평행하다.)

① $A(2, 0)$ ② $B(4, 2)$ ③ $C(6, 0)$
④ $D(0, -6)$ ⑤ $E(6, -6)$

13 서술형

오른쪽 그림은 이차함수 $y=x^2+3x-4$의 그래프이다. y축과의 교점을 A, 꼭짓점을 B, x축의 음의 방향과의 교점을 C라 할 때, $\square$OABC의 넓이를 구하여라. (단, O는 원점)

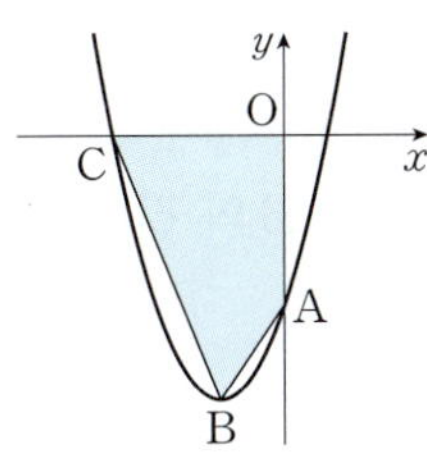

14 서술형

오른쪽 그림과 같은 이차함수 $y=-x^2-4x+5$의 그래프의 꼭짓점을 A, x축과의 교점을 B, C라 하자. $\triangle$ABC의 넓이는 점 B를 지나는 직선 l에 의해 이등분된다고 할 때, 직선 l의 방정식을 구하여라.

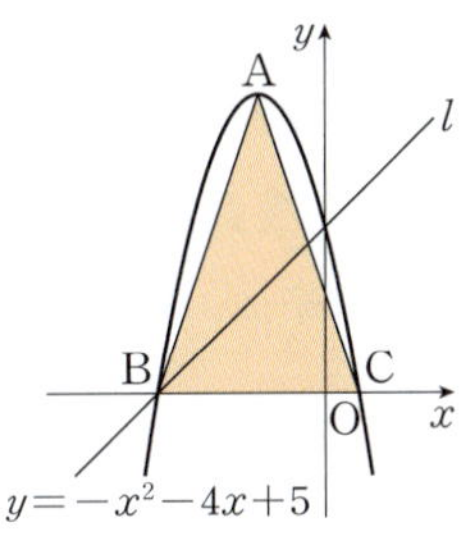

15

이차함수 $y=ax^2+bx+c$의 그래프가 오른쪽 그림과 같을 때, 다음을 간단히 하여라.
(단, a, b, c는 상수)

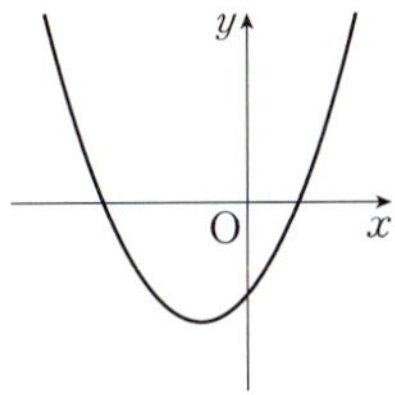

$$\sqrt{(a+b)^2}+\sqrt{(b-c)^2}-\sqrt{(c-a)^2}$$

16

일차함수 $y=ax+b$의 그래프가 오른쪽 그림과 같을 때, 다음 중 이차함수 $y=ax^2+bx-a-b$의 그래프의 개형으로 알맞은 것은?
(단, a, b는 상수)

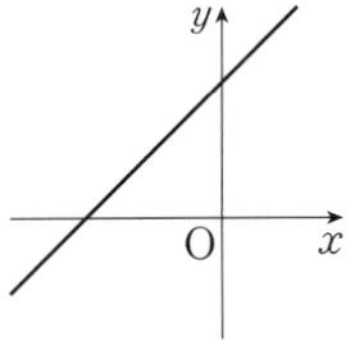

① 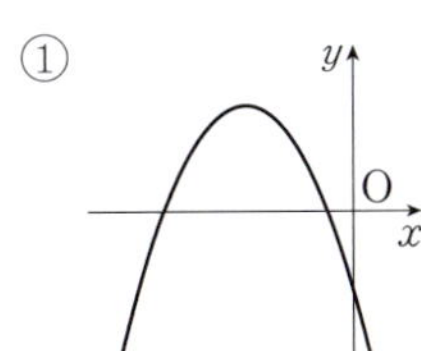　② 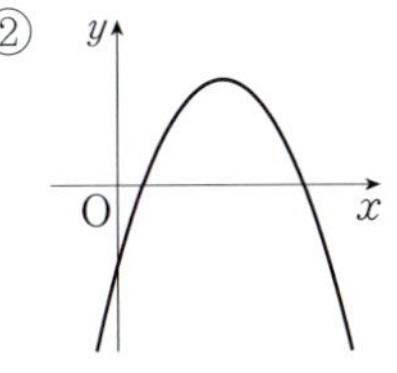

③ 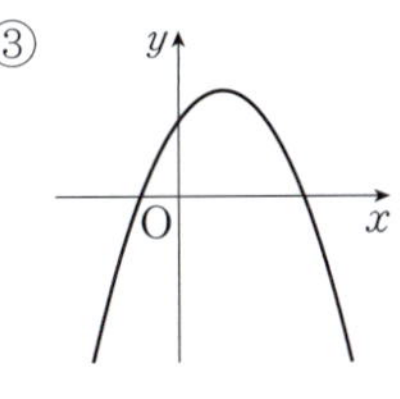　④ 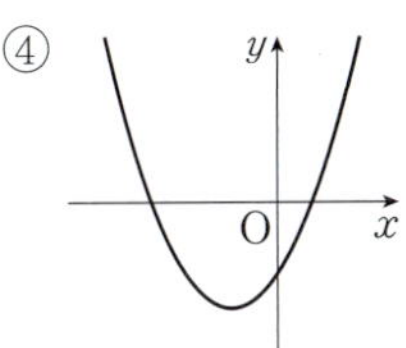

⑤ 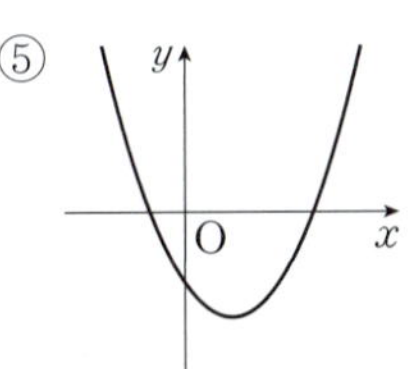

17 서술형

축의 방정식이 $x=4$이고 점 $(2, 3)$을 지나는 포물선이 x축과 두 점에서 만난다고 한다. 이 두 점 사이의 거리가 2일 때, 이 포물선을 그래프로 하는 이차함수의 식을 $y=ax^2+bx+c$의 꼴로 나타내어라.
(단, a, b, c는 상수)

18

다음 조건을 모두 만족하는 포물선을 그래프로 하는 이차함수의 식을 $y=ax^2+bx+c$라고 할 때, $a+b-c$의 값을 구하여라. (단, a, b, c는 상수)

> ㄱ. 이차함수 $y=-x^2$의 그래프를 평행이동한 것이다.
> ㄴ. 꼭짓점이 일차함수 $y=4x+2$의 그래프 위에 있다.
> ㄷ. 점 $(-1, -2)$를 지난다.
> ㄹ. 꼭짓점이 제1사분면 위에 있다.

19

이차함수 $y=-x^2+8x-8$의 그래프와 꼭짓점의 좌표가 같고, 점 $(2, -2)$를 지나는 포물선을 그래프로 하는 이차함수의 식을 $y=a(x-p)^2+q$라 할 때, $ap+q$의 값을 구하여라. (단, a, p, q는 상수)

20

두 점 $(-2, -2)$, $(-6, -8)$을 지나고, x축에 접하는 포물선을 그래프로 하는 이차함수의 식을 구하여라.

21

세 점 $(0, -3)$, $(-1, 8)$, $(2, -7)$을 지나는 이차함수의 그래프가 x축과 만나는 두 점을 A, B라 할 때, $\overline{AB}$의 길이를 구하여라.

22

오른쪽 그림과 같이 이차함수 $y=ax^2+bx+c$의 그래프가 x축과 만나는 두 점을 A, B라 하고, y축과 만나는 점을 C라 하자. $\triangle ABC$의 넓이가 6일 때, 상수 a, b, c에 대하여 abc의 값을 구하여라.

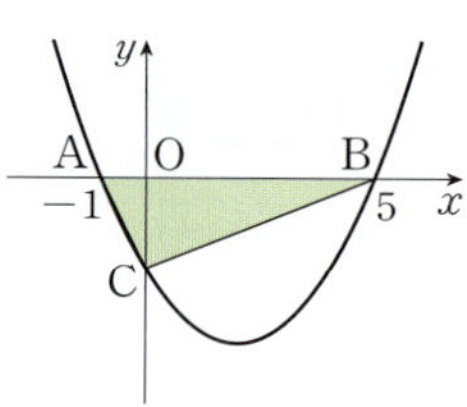

23

오른쪽 그림은 지면으로부터 48 m 높이에서 던져 올린 물체의 t초 후의 높이 h m를 그래프로 나타낸 것이다. 물체를 던진 후 지면에 떨어질 때까지 걸리는 시간은 몇 초인가?

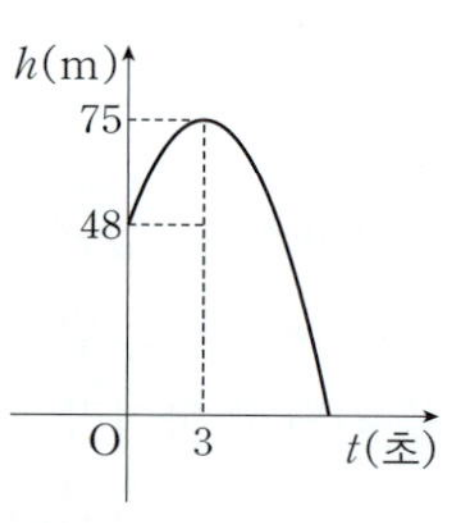

① 8초 ② 8.5초 ③ 9초
④ 9.5초 ⑤ 10초

STEP A 최고난도문제 (3단계)

01 주사위를 두 번 던져서 첫 번째 나온 눈의 수를 a, 두 번째 나온 눈의 수를 b라고 할 때, 이차함수 $y=3x^2-2ax+b$의 그래프가 x축과 서로 다른 두 점에서 만날 확률을 구하여라.

02 오른쪽 그림과 같이 이차함수 $y=\dfrac{1}{3}x^2+\dfrac{2}{3}x-1$의 그래프가 x축과 만나는 두 점을 A, C, y축과 만나는 점을 B라 하자. $\square$ABCD가 평행사변형일 때, 점 D의 좌표를 구하여라.

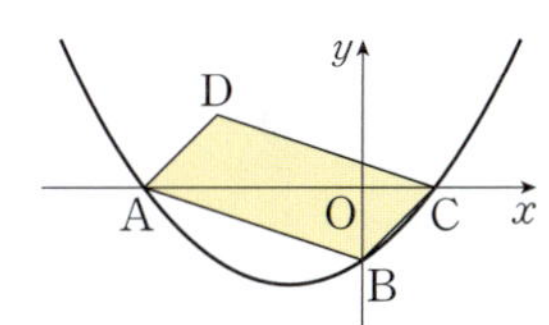

03 두 이차함수 $f(x)=x^2+5x+2$, $g(x)=x^2+3x-2$에 대하여 $\dfrac{f(1)f(2)\cdots f(200)}{g(1)g(2)\cdots g(200)}$의 값을 구하여라.

04 오른쪽 그림과 같이 두 이차함수 $y=2x^2$, $y=-\dfrac{3}{2}x^2$의 그래프와 직선 $x=2$의 교점을 각각 A, B라 하자. $\overline{AB}$ 위의 점 C에 대하여 $\overline{AC}:\overline{CB}=2:5$일 때, 점 C를 꼭짓점으로 하고 두 점 $(1,\ k)$, $(4,\ -8k)$를 지나는 포물선을 그래프로 하는 이차함수의 식을 $y=ax^2+bx+c$의 꼴로 나타내어라. (단, a, b, c는 상수)

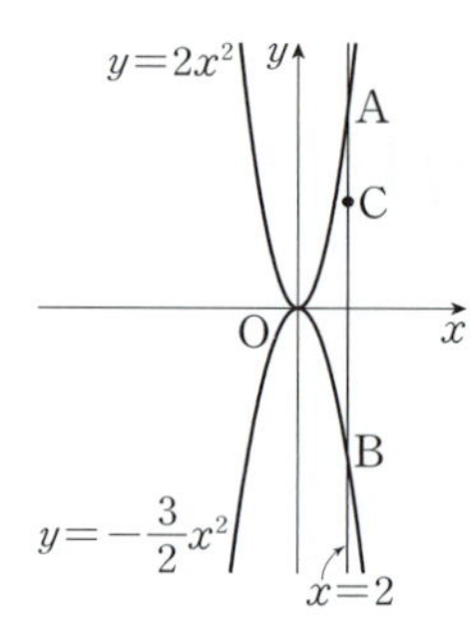

05 이차함수 $y=-ax^2+abx+5a+b+2$는 $3<x<5$일 때 $y<0$이고, $x\leq3$ 또는 $x\geq5$일 때 $y\geq0$이다. 이때 $a+b$의 값을 구하여라. (단, a, b는 상수)

06 오른쪽 그림과 같이 단면이 포물선 모양인 호수가 있다. 호수 중앙의 물의 깊이는 40 m이고, 호수 양 끝의 두 지점 A, B 사이의 거리는 120 m이다. 호수의 중앙 M에서 B의 방향으로 15 m 떨어진 지점의 수심은 몇 m인지 구하여라.

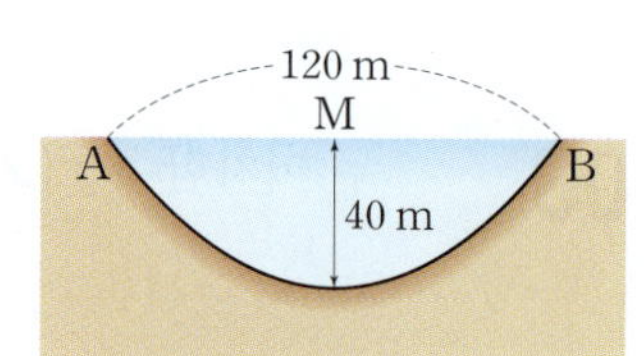

수	0	1	2	3	4	5	6	7	8	9
1.0	1.000	1.005	1.010	1.015	1.020	1.025	1.030	1.034	1.039	1.044
1.1	1.049	1.054	1.058	1.063	1.068	1.072	1.077	1.082	1.086	1.091
1.2	1.095	1.100	1.105	1.109	1.114	1.118	1.122	1.127	1.131	1.136
1.3	1.140	1.145	1.149	1.153	1.158	1.162	1.166	1.170	1.175	1.179
1.4	1.183	1.187	1.192	1.196	1.200	1.204	1.208	1.212	1.217	1.221
1.5	1.225	1.229	1.233	1.237	1.241	1.245	1.249	1.253	1.257	1.261
1.6	1.265	1.269	1.273	1.277	1.281	1.285	1.288	1.292	1.296	1.300
1.7	1.304	1.308	1.311	1.315	1.319	1.323	1.327	1.330	1.334	1.338
1.8	1.342	1.345	1.349	1.353	1.356	1.360	1.364	1.367	1.371	1.375
1.9	1.378	1.382	1.386	1.389	1.393	1.396	1.400	1.404	1.407	1.411
2.0	1.414	1.418	1.421	1.425	1.428	1.432	1.435	1.439	1.442	1.446
2.1	1.449	1.453	1.456	1.459	1.463	1.466	1.470	1.473	1.476	1.480
2.2	1.483	1.487	1.490	1.493	1.497	1.500	1.503	1.507	1.510	1.513
2.3	1.517	1.520	1.523	1.526	1.530	1.533	1.536	1.539	1.543	1.546
2.4	1.549	1.552	1.556	1.559	1.562	1.565	1.568	1.572	1.575	1.578
2.5	1.581	1.584	1.587	1.591	1.594	1.597	1.600	1.603	1.606	1.609
2.6	1.612	1.616	1.619	1.622	1.625	1.628	1.631	1.634	1.637	1.640
2.7	1.643	1.646	1.649	1.652	1.655	1.658	1.661	1.664	1.667	1.670
2.8	1.673	1.676	1.679	1.682	1.685	1.688	1.691	1.694	1.697	1.700
2.9	1.703	1.706	1.709	1.712	1.715	1.718	1.720	1.723	1.726	1.729
3.0	1.732	1.735	1.738	1.741	1.744	1.746	1.749	1.752	1.755	1.758
3.1	1.761	1.764	1.766	1.769	1.772	1.775	1.778	1.780	1.783	1.786
3.2	1.789	1.792	1.794	1.797	1.800	1.803	1.806	1.808	1.811	1.814
3.3	1.817	1.819	1.822	1.825	1.828	1.830	1.833	1.836	1.838	1.841
3.4	1.844	1.847	1.849	1.852	1.855	1.857	1.860	1.863	1.865	1.868
3.5	1.871	1.873	1.876	1.879	1.881	1.884	1.887	1.889	1.892	1.895
3.6	1.897	1.900	1.903	1.905	1.908	1.910	1.913	1.916	1.918	1.921
3.7	1.924	1.926	1.929	1.931	1.934	1.936	1.939	1.942	1.944	1.947
3.8	1.949	1.952	1.954	1.957	1.960	1.962	1.965	1.967	1.970	1.972
3.9	1.975	1.977	1.980	1.982	1.985	1.987	1.990	1.992	1.995	1.997
4.0	2.000	2.002	2.005	2.007	2.010	2.012	2.015	2.017	2.020	2.022
4.1	2.025	2.027	2.030	2.032	2.035	2.037	2.040	2.042	2.045	2.047
4.2	2.049	2.052	2.054	2.057	2.059	2.062	2.064	2.066	2.069	2.071
4.3	2.074	2.076	2.078	2.081	2.083	2.086	2.088	2.090	2.093	2.095
4.4	2.098	2.100	2.102	2.105	2.107	2.110	2.112	2.114	2.117	2.119
4.5	2.121	2.124	2.126	2.128	2.131	2.133	2.135	2.138	2.140	2.142
4.6	2.145	2.147	2.149	2.152	2.154	2.156	2.159	2.161	2.163	2.166
4.7	2.168	2.170	2.173	2.175	2.177	2.179	2.182	2.184	2.186	2.189
4.8	2.191	2.193	2.195	2.198	2.200	2.202	2.205	2.207	2.209	2.211
4.9	2.214	2.216	2.218	2.220	2.223	2.225	2.227	2.229	2.232	2.234
5.0	2.236	2.238	2.241	2.243	2.245	2.247	2.249	2.252	2.254	2.256
5.1	2.258	2.261	2.263	2.265	2.267	2.269	2.272	2.274	2.276	2.278
5.2	2.280	2.283	2.285	2.287	2.289	2.291	2.293	2.296	2.298	2.300
5.3	2.302	2.304	2.307	2.309	2.311	2.313	2.315	2.317	2.319	2.322
5.4	2.324	2.326	2.328	2.330	2.332	2.335	2.337	2.339	2.341	2.343

제곱근표 ❷

수	0	1	2	3	4	5	6	7	8	9
5.5	2.345	2.347	2.349	2.352	2.354	2.356	2.358	2.360	2.362	2.364
5.6	2.366	2.369	2.371	2.373	2.375	2.377	2.379	2.381	2.383	2.385
5.7	2.387	2.390	2.392	2.394	2.396	2.398	2.400	2.402	2.404	2.406
5.8	2.408	2.410	2.412	2.415	2.417	2.419	2.421	2.423	2.425	2.427
5.9	2.429	2.431	2.433	2.435	2.437	2.439	2.441	2.443	2.445	2.447
6.0	2.449	2.452	2.454	2.456	2.458	2.460	2.462	2.464	2.466	2.468
6.1	2.470	2.472	2.474	2.476	2.478	2.480	2.482	2.484	2.486	2.488
6.2	2.490	2.492	2.494	2.496	2.498	2.500	2.502	2.504	2.506	2.508
6.3	2.510	2.512	2.514	2.516	2.518	2.520	2.522	2.524	2.526	2.528
6.4	2.530	2.532	2.534	2.536	2.538	2.540	2.542	2.544	2.546	2.548
6.5	2.550	2.551	2.553	2.555	2.557	2.559	2.561	2.563	2.565	2.567
6.6	2.569	2.571	2.573	2.575	2.577	2.579	2.581	2.583	2.585	2.587
6.7	2.588	2.590	2.592	2.594	2.596	2.598	2.600	2.602	2.604	2.606
6.8	2.608	2.610	2.612	2.613	2.615	2.617	2.619	2.621	2.623	2.625
6.9	2.627	2.629	2.631	2.632	2.634	2.636	2.638	2.640	2.642	2.644
7.0	2.646	2.648	2.650	2.651	2.653	2.655	2.657	2.659	2.661	2.663
7.1	2.665	2.666	2.668	2.670	2.672	2.674	2.676	2.678	2.680	2.681
7.2	2.683	2.685	2.687	2.689	2.691	2.693	2.694	2.696	2.698	2.700
7.3	2.702	2.704	2.706	2.707	2.709	2.711	2.713	2.715	2.717	2.718
7.4	2.720	2.722	2.724	2.726	2.728	2.729	2.731	2.733	2.735	2.737
7.5	2.739	2.740	2.742	2.744	2.746	2.748	2.750	2.751	2.753	2.755
7.6	2.757	2.759	2.760	2.762	2.764	2.766	2.768	2.769	2.771	2.773
7.7	2.775	2.777	2.778	2.780	2.782	2.784	2.786	2.787	2.789	2.791
7.8	2.793	2.795	2.796	2.798	2.800	2.802	2.804	2.805	2.807	2.809
7.9	2.811	2.812	2.814	2.816	2.818	2.820	2.821	2.823	2.825	2.827
8.0	2.828	2.830	2.832	2.834	2.835	2.837	2.839	2.841	2.843	2.844
8.1	2.846	2.848	2.850	2.851	2.853	2.855	2.857	2.858	2.860	2.862
8.2	2.864	2.865	2.867	2.869	2.871	2.872	2.874	2.876	2.877	2.879
8.3	2.881	2.883	2.884	2.886	2.888	2.890	2.891	2.893	2.895	2.897
8.4	2.898	2.900	2.902	2.903	2.905	2.907	2.909	2.910	2.912	2.914
8.5	2.915	2.917	2.919	2.921	2.922	2.924	2.926	2.927	2.929	2.931
8.6	2.933	2.934	2.936	2.938	2.939	2.941	2.943	2.944	2.946	2.948
8.7	2.950	2.951	2.953	2.955	2.956	2.958	2.960	2.961	2.963	2.965
8.8	2.966	2.968	2.970	2.972	2.973	2.975	2.977	2.978	2.980	2.982
8.9	2.983	2.985	2.987	2.988	2.990	2.992	2.993	2.995	2.997	2.998
9.0	3.000	3.002	3.003	3.005	3.007	3.008	3.010	3.012	3.013	3.015
9.1	3.017	3.018	3.020	3.022	3.023	3.025	3.027	3.028	3.030	3.032
9.2	3.033	3.035	3.036	3.038	3.040	3.041	3.043	3.045	3.046	3.048
9.3	3.050	3.051	3.053	3.055	3.056	3.058	3.059	3.061	3.063	3.064
9.4	3.066	3.068	3.069	3.071	3.072	3.074	3.076	3.077	3.079	3.081
9.5	3.082	3.084	3.085	3.087	3.089	3.090	3.092	3.094	3.095	3.097
9.6	3.098	3.100	3.102	3.103	3.105	3.106	3.108	3.110	3.111	3.113
9.7	3.114	3.116	3.118	3.119	3.121	3.122	3.124	3.126	3.127	3.129
9.8	3.130	3.132	3.134	3.135	3.137	3.138	3.140	3.142	3.143	3.145
9.9	3.146	3.148	3.150	3.151	3.153	3.154	3.156	3.158	3.159	3.161

수	0	1	2	3	4	5	6	7	8	9
10	3.162	3.178	3.194	3.209	3.225	3.240	3.256	3.271	3.286	3.302
11	3.317	3.332	3.347	3.362	3.376	3.391	3.406	3.421	3.435	3.450
12	3.464	3.479	3.493	3.507	3.521	3.536	3.550	3.564	3.578	3.592
13	3.606	3.619	3.633	3.647	3.661	3.674	3.688	3.701	3.715	3.728
14	3.742	3.755	3.768	3.782	3.795	3.808	3.821	3.834	3.847	3.860
15	3.873	3.886	3.899	3.912	3.924	3.937	3.950	3.962	3.975	3.987
16	4.000	4.012	4.025	4.037	4.050	4.062	4.074	4.087	4.099	4.111
17	4.123	4.135	4.147	4.159	4.171	4.183	4.195	4.207	4.219	4.231
18	4.243	4.254	4.266	4.278	4.290	4.301	4.313	4.324	4.336	4.347
19	4.359	4.370	4.382	4.393	4.405	4.416	4.427	4.438	4.450	4.461
20	4.472	4.483	4.494	4.506	4.517	4.528	4.539	4.550	4.561	4.572
21	4.583	4.593	4.604	4.615	4.626	4.637	4.648	4.658	4.669	4.680
22	4.690	4.701	4.712	4.722	4.733	4.743	4.754	4.764	4.775	4.785
23	4.796	4.806	4.817	4.827	4.837	4.848	4.858	4.868	4.879	4.889
24	4.899	4.909	4.919	4.930	4.940	4.950	4.960	4.970	4.980	4.990
25	5.000	5.010	5.020	5.030	5.040	5.050	5.060	5.070	5.079	5.089
26	5.099	5.109	5.119	5.128	5.138	5.148	5.158	5.167	5.177	5.187
27	5.196	5.206	5.215	5.225	5.235	5.244	5.254	5.263	5.273	5.282
28	5.292	5.301	5.310	5.320	5.329	5.339	5.348	5.357	5.367	5.376
29	5.385	5.394	5.404	5.413	5.422	5.431	5.441	5.450	5.459	5.468
30	5.477	5.486	5.495	5.505	5.514	5.523	5.532	5.541	5.550	5.559
31	5.568	5.577	5.586	5.595	5.604	5.612	5.621	5.630	5.639	5.648
32	5.657	5.666	5.675	5.683	5.692	5.701	5.710	5.718	5.727	5.736
33	5.745	5.753	5.762	5.771	5.779	5.788	5.797	5.805	5.814	5.822
34	5.831	5.840	5.848	5.857	5.865	5.874	5.882	5.891	5.899	5.908
35	5.916	5.925	5.933	5.941	5.950	5.958	5.967	5.975	5.983	5.992
36	6.000	6.008	6.017	6.025	6.033	6.042	6.050	6.058	6.066	6.075
37	6.083	6.091	6.099	6.107	6.116	6.124	6.132	6.140	6.148	6.156
38	6.164	6.173	6.181	6.189	6.197	6.205	6.213	6.221	6.229	6.237
39	6.245	6.253	6.261	6.269	6.277	6.285	6.293	6.301	6.309	6.317
40	6.325	6.332	6.340	6.348	6.356	6.364	6.372	6.380	6.387	6.395
41	6.403	6.411	6.419	6.427	6.434	6.442	6.450	6.458	6.465	6.473
42	6.481	6.488	6.496	6.504	6.512	6.519	6.527	6.535	6.542	6.550
43	6.557	6.565	6.573	6.580	6.588	6.595	6.603	6.611	6.618	6.626
44	6.633	6.641	6.648	6.656	6.663	6.671	6.678	6.686	6.693	6.701
45	6.708	6.716	6.723	6.731	6.738	6.745	6.753	6.760	6.768	6.775
46	6.782	6.790	6.797	6.804	6.812	6.819	6.826	6.834	6.841	6.848
47	6.856	6.863	6.870	6.877	6.885	6.892	6.899	6.907	6.914	6.921
48	6.928	6.935	6.943	6.950	6.957	6.964	6.971	6.979	6.986	6.993
49	7.000	7.007	7.014	7.021	7.029	7.036	7.043	7.050	7.057	7.064
50	7.071	7.078	7.085	7.092	7.099	7.106	7.113	7.120	7.127	7.134
51	7.141	7.148	7.155	7.162	7.169	7.176	7.183	7.190	7.197	7.204
52	7.211	7.218	7.225	7.232	7.239	7.246	7.253	7.259	7.266	7.273
53	7.280	7.287	7.294	7.301	7.308	7.314	7.321	7.328	7.335	7.342
54	7.348	7.355	7.362	7.369	7.376	7.382	7.389	7.396	7.403	7.409

수	0	1	2	3	4	5	6	7	8	9
55	7.416	7.423	7.430	7.436	7.443	7.450	7.457	7.463	7.470	7.477
56	7.483	7.490	7.497	7.503	7.510	7.517	7.523	7.530	7.537	7.543
57	7.550	7.556	7.563	7.570	7.576	7.583	7.589	7.596	7.603	7.609
58	7.616	7.622	7.629	7.635	7.642	7.649	7.655	7.662	7.668	7.675
59	7.681	7.688	7.694	7.701	7.707	7.714	7.720	7.727	7.733	7.740
60	7.746	7.752	7.759	7.765	7.772	7.778	7.785	7.791	7.797	7.804
61	7.810	7.817	7.823	7.829	7.836	7.842	7.849	7.855	7.861	7.868
62	7.874	7.880	7.887	7.893	7.899	7.906	7.912	7.918	7.925	7.931
63	7.937	7.944	7.950	7.956	7.962	7.969	7.975	7.981	7.987	7.994
64	8.000	8.006	8.012	8.019	8.025	8.031	8.037	8.044	8.050	8.056
65	8.062	8.068	8.075	8.081	8.087	8.093	8.099	8.106	8.112	8.118
66	8.124	8.130	8.136	8.142	8.149	8.155	8.161	8.167	8.173	8.179
67	8.185	8.191	8.198	8.204	8.210	8.216	8.222	8.228	8.234	8.240
68	8.246	8.252	8.258	8.264	8.270	8.276	8.283	8.289	8.295	8.301
69	8.307	8.313	8.319	8.325	8.331	8.337	8.343	8.349	8.355	8.361
70	8.367	8.373	8.379	8.385	8.390	8.396	8.402	8.408	8.414	8.420
71	8.426	8.432	8.438	8.444	8.450	8.456	8.462	8.468	8.473	8.479
72	8.485	8.491	8.497	8.503	8.509	8.515	8.521	8.526	8.532	8.538
73	8.544	8.550	8.556	8.562	8.567	8.573	8.579	8.585	8.591	8.597
74	8.602	8.608	8.614	8.620	8.626	8.631	8.637	8.643	8.649	8.654
75	8.660	8.666	8.672	8.678	8.683	8.689	8.695	8.701	8.706	8.712
76	8.718	8.724	8.729	8.735	8.741	8.746	8.752	8.758	8.764	8.769
77	8.775	8.781	8.786	8.792	8.798	8.803	8.809	8.815	8.820	8.826
78	8.832	8.837	8.843	8.849	8.854	8.860	8.866	8.871	8.877	8.883
79	8.888	8.894	8.899	8.905	8.911	8.916	8.922	8.927	8.933	8.939
80	8.944	8.950	8.955	8.961	8.967	8.972	8.978	8.983	8.989	8.994
81	9.000	9.006	9.011	9.017	9.022	9.028	9.033	9.039	9.044	9.050
82	9.055	9.061	9.066	9.072	9.077	9.083	9.088	9.094	9.099	9.105
83	9.110	9.116	9.121	9.127	9.132	9.138	9.143	9.149	9.154	9.160
84	9.165	9.171	9.176	9.182	9.187	9.192	9.198	9.203	9.209	9.214
85	9.220	9.225	9.230	9.236	9.241	9.247	9.252	9.257	9.263	9.268
86	9.274	9.279	9.284	9.290	9.295	9.301	9.306	9.311	9.317	9.322
87	9.327	9.333	9.338	9.343	9.349	9.354	9.359	9.365	9.370	9.375
88	9.381	9.386	9.391	9.397	9.402	9.407	9.413	9.418	9.423	9.429
89	9.434	9.439	9.445	9.450	9.455	9.460	9.466	9.471	9.476	9.482
90	9.487	9.492	9.497	9.503	9.508	9.513	9.518	9.524	9.529	9.534
91	9.539	9.545	9.550	9.555	9.560	9.566	9.571	9.576	9.581	9.586
92	9.592	9.597	9.602	9.607	9.612	9.618	9.623	9.628	9.633	9.638
93	9.644	9.649	9.654	9.659	9.664	9.670	9.675	9.680	9.685	9.690
94	9.695	9.701	9.706	9.711	9.716	9.721	9.726	9.731	9.737	9.742
95	9.747	9.752	9.757	9.762	9.767	9.772	9.778	9.783	9.788	9.793
96	9.798	9.803	9.808	9.813	9.818	9.823	9.829	9.834	9.839	9.844
97	9.849	9.854	9.859	9.864	9.869	9.874	9.879	9.884	9.889	9.894
98	9.899	9.905	9.910	9.915	9.920	9.925	9.930	9.935	9.940	9.945
99	9.950	9.955	9.960	9.965	9.970	9.975	9.980	9.985	9.990	9.995

나를 응원해!

논리 사고력 **A**

문제 해결력 **A**

종합 응용력 **A**

Class

정답과 풀이

Ⅰ. 제곱근과 실수

01. 제곱근과 실수 10~21쪽

STEP C 주제별필수문제
01 ②, ④ 02 ③ 03 -3
04 $\sqrt{90}$ 05 $\sqrt{11}$ cm 06 ②, ③ 07 6 08 ③
09 ④ 10 3개 11 6 12 3 13 ③
14 6개 15 12 16 ①, ④
17 $\sqrt{20}$, 4, $\sqrt{(-3)^2}$, $\dfrac{1}{4}$, $-\sqrt{1.8}$, $-\sqrt{10}$
18 5개 19 ②, ⑤ 20 ④ 21 ③ 22 8.771
23 0.28 24 1458 25 12 26 ②, ⑤ 27 ②
28 ④ 29 A : $1-\sqrt{10}$, B : $\sqrt{5}-4$, C : $2-\sqrt{3}$

STEP B 실력완성문제
01 ④ 02 ③ 03 $\dfrac{13}{3}$
04 $-\dfrac{4}{3}$ 05 $\sqrt{15}$ cm 06 찬영 07 $6x+10$ 08 42
09 (3, 10), (12, 5), (75, 2), (300, 1) 10 15 11 ⑤
12 ④ 13 ⑤ 14 23 15 1296 16 ④
17 ③ 18 3 19 50 20 ④ 21 ①, ③
22 Q$(-2+\sqrt{2})$, R$(-1+\sqrt{2})$ 23 ②, ⑤ 24 78개
25 ㉢, ㉣ 26 ③ 27 23 28 5개 29 $-\sqrt{7}+3$

STEP A 최고난도문제
01 $-2a+b$ 02 $\dfrac{1}{6}$ 03 896
04 100개 05 $1+\sqrt{2}$ 06 12

02. 근호를 포함한 식의 계산 24~36쪽

STEP C 주제별필수문제
01 3 02 8 03 $6\sqrt{3}$
04 $\dfrac{1}{2}$ 05 ③ 06 14 07 $\dfrac{\sqrt{10}}{4}$ 08 $\dfrac{4}{7}$
09 $\dfrac{\sqrt{15}}{9}$ 10 ③ 11 283 12 $\sqrt{50}$, $\sqrt{200}$
13 ③ 14 2 15 $\dfrac{89\sqrt{3}}{20}$ 16 $7\sqrt{6}$ 17 $-12\sqrt{2}$
18 -46 19 -1 20 $11\sqrt{15}-8$ 21 $-\dfrac{\sqrt{6}}{3}$
22 $2+\sqrt{5}$ 23 $-2+\sqrt{7}$ 24 $\sqrt{3}-1$ 25 ②
26 ② 27 ① 28 $\sqrt{6}+2\sqrt{15}$ 29 $38\sqrt{3}$
30 $28\sqrt{2}$

STEP B 실력완성문제
01 7 02 ③ 03 $2\sqrt{7}$ cm
04 $(12\pi+4\sqrt{30}\pi)$ cm^2 05 5.73 06 10 cm 07 $2\sqrt{21}$ cm
08 $-\dfrac{\sqrt{10}}{2}$ 09 -2 10 $\dfrac{9\sqrt{13}}{13}$ 11 $(45+30\sqrt{6})$ cm^2
12 $2+4\sqrt{2}$ 13 $7-2\sqrt{3}$ 14 ③ 15 1 16 9
17 $7k-2$ 18 $162\sqrt{6}$ cm^2 19 3 20 $\dfrac{6\sqrt{5}}{5}$
21 3 22 $\dfrac{7}{2}$ 23 4 24 $6\sqrt{19}$ 25 25.339
26 120.11 27 $4\sqrt{15}$ 28 $32+26\sqrt{5}$ 29 ⑤
30 1 31 $\sqrt{19}-3$ 32 21 33 $\dfrac{3\sqrt{3}-\sqrt{2}}{5}$
34 11개 35 $(28\sqrt{2}+4\sqrt{6})$ cm 36 36

STEP A 최고난도문제
01 4 02 $2\sqrt{30}$ 03 35
04 $\dfrac{15}{4}(\sqrt{5}-1)$배 05 $\dfrac{\sqrt{6}}{6}$ 06 274

Ⅱ. 다항식의 곱셈과 인수분해

01. 다항식의 곱셈 40~50쪽

STEP C 주제별필수문제
01 $2x^2+10xy-5x-35y-7$
02 -2 03 1 04 ④ 05 ① 06 -4
07 ① 08 $10x^2-14x-12$ 09 -2 10 ②
11 $54a^2-15a+1$ 12 $12\pi ab$
13 $x^2+2xy+y^2-4xz-4yz+4z^2$ 14 0
15 $x^4+4x^3-7x^2-22x+24$ 16 ② 17 2025
18 $-11+7\sqrt{5}$ 19 $15+4\sqrt{14}$ 20 -13
21 6 22 $5-6\sqrt{6}$ 23 4 24 -1
25 (1) 25 (2) 37 (3) $-\dfrac{17}{4}$ 26 4 27 2 28 ⑤
29 ① 30 10

STEP B 실력완성문제
01 25 02 $-\dfrac{5}{3}$ 03 3
04 ③ 05 9 06 -12 07 -1 08 4
09 36 10 $2x^2-16x+32-8y^2$ 11 ② 12 $\dfrac{8+\sqrt{55}}{3}$
13 $-66-17\sqrt{10}$ 14 195 15 -6 16 256
17 5 18 1154 19 -161
20 $x^4-3x^3-28x^2+36x+24$ 21 25 22 $\sqrt{5}$
23 55 24 4

STEP A 최고난도문제
01 3 02 3
03 $x^8-14x^6+49x^4-1$ 04 4 05 $a=\dfrac{1}{2}$, $b=16$
06 $4+2\sqrt{2}$

02. 인수분해 53~64쪽

STEP C 주제별필수문제
01 ② 02 $ab(5x+y)$
03 ② 04 ⑤ 05 $\dfrac{2}{3}$ 06 94 07 $2a-3$
08 $\dfrac{4}{5}x$ 09 -4 10 ③ 11 ③ 12 -16
13 3 14 -4 15 $(x-4)(x-3)(x+3)$ 16 -1
17 ㉡, ㉣, ㉤, ㉥ 18 3 19 ③ 20 ③
21 ② 22 ②, ③ 23 6 24 $(a+1)(a+b-2)$
25 ③, ⑤ 26 $2x+y-1$ 27 -35600 28 212
29 540 30 $8\sqrt{3}$ 31 5 32 -16

STEP B 실력완성문제
01 -10, 18 02 17
03 $(2x+1)(x-3)$ 04 ⑤ 05 ② 06 36
07 7, 19 08 $6x+10$ 09 -14 10 8, -2 11 -2
12 $-(a+c)(a-3b)$ 13 8개 14 $2x+6$ 15 -7
16 ①, ④ 17 75 18 -77 19 $12a\pi$ cm^2

20 $\dfrac{1}{a}+\dfrac{1}{2}$	**21** 33	**22** $4\sqrt{3}$	**23** 108	**24** 90000
25 -32	**26** 4개	**27** -81	**28** $\dfrac{1}{5}$	**29** 54
30 $x-y-2$				

STEP **A** 최고난도문제		**01** 1176	**02** 8	**03** 5개
04 $\dfrac{1}{9}$	**05** 44	**06** $2a-2$		

Ⅲ. 이차방정식

01. 이차방정식의 풀이 67~75쪽

STEP **C** 주제별필수문제		**01** ㉡, ㉤	**02** ③	**03** ③, ④
04 ③	**05** ②, ④	**06** -2	**07** 8	**08** $x=\dfrac{2}{3}$
09 $x=-5$ 또는 $x=1$	**10** ③, ④	**11** -15	**12** -10	
13 11	**14** ⑤	**15** $x=5-\sqrt{2}$	**16** ②	
17 $\dfrac{29}{2}$	**18** -1			

STEP **B** 실력완성문제		**01** $x=1$	**02** -3	
03 $a=3,\ b=\dfrac{3}{2}$		**04** $a\neq\dfrac{1}{3}$	**05** -3	**06** -2
07 4	**08** $x=1$ 또는 $x=3$	**09** 8	**10** 26	
11 $x=\dfrac{4}{5}$	**12** -8	**13** $-4,\ 1$	**14** $4,\ 9,\ 25$	**15** 7
16 $\dfrac{5}{2}$	**17** ②	**18** ③	**19** $\dfrac{13}{6}$	**20** $\dfrac{1}{18}$
21 16	**22** $\dfrac{15}{16}$	**23** -24	**24** -20	

STEP **A** 최고난도문제		**01** $x=-\dfrac{3}{2}$ 또는 $x=-1$		
02 1	**03** 1	**04** $a=3,\ b=72$	**05** $\dfrac{28}{3}$	
06 $x=-1+\dfrac{\sqrt{15}}{2}$ 또는 $x=1$				

02. 이차방정식의 활용 77~86쪽

STEP **C** 주제별필수문제		**01** -4	**02** 3	**03** 3
04 -10	**05** $x=\dfrac{6\pm2\sqrt{15}}{3}$		**06** $x=2$	**07** -12
08 $-\dfrac{5}{4}$	**09** $x=4,\ y=3$	**10** ②	**11** $\dfrac{2}{3},\ -2$	
12 1	**13** 0	**14** $4x^2-24x+32=0$		
15 $\dfrac{1}{3}x^2-\dfrac{1}{3}x-\dfrac{5}{4}=0$		**16** $3x^2-63x+312=0$		
17 $x=\dfrac{1\pm\sqrt{17}}{6}$		**18** 230	**19** 십오각형	**20** 9
21 8살	**22** 10초 후	**23** 3 m	**24** 8 cm	

STEP **B** 실력완성문제		**01** 21	**02** -1	**03** 4
04 12	**05** $\dfrac{85}{18}$	**06** 3	**07** -1	**08** $x=1,$
$y=3$	**09** $-3-\sqrt{15}$		**10** $x=1$ 또는 $x=6$	
11 60	**12** $x=\pm2\sqrt{2}$	**13** $20,\ 45,\ 80$		

---

14 540π cm^3		**15** 6월 5일	**16** 1초	**17** 18 cm
18 304개	**19** 12 cm	**20** 2 cm	**21** 6 cm	**22** 100
23 30	**24** $(-12+12\sqrt{3})$ cm			

STEP **A** 최고난도문제		**01** 222π cm^3		
02 $x=-1+\sqrt{10}$ 또는 $x=-1$			**03** 2개	**04** 40
05 12	**06** 590 m			

Ⅳ. 이차함수

01. 이차함수와 그 그래프 90~96쪽

STEP **C** 주제별필수문제		**01** ③	**02** $\dfrac{3}{2}$	**03** ④
04 ㉡, ㉢	**05** $\dfrac{1}{4}$	**06** 4	**07** 6	**08** $\dfrac{1}{3}$
09 $(0,\ -3)$	**10** 20	**11** $\left(0,\ -\dfrac{3}{2}\right)$	**12** ⑤	**13** ④
14 $(3,\ 5)$	**15** $y=\dfrac{1}{3}(x+5)^2-1$		**16** $\dfrac{5}{2}$	
17 제1, 2, 4사분면		**18** $a<0,\ p<0,\ q>0$		

STEP **B** 실력완성문제		**01** -4	**02** $\dfrac{13}{2}$	**03** 5
04 10	**05** -10	**06** 19	**07** $x<-3$	**08** $\dfrac{45}{4}$
09 $-\dfrac{1}{2}$	**10** 4	**11** 12	**12** 9	**13** $\dfrac{2\sqrt{2}}{3}$
14 -36	**15** P$(4,\ 3)$	**16** $\dfrac{5}{2}$	**17** 5	**18** 제2사분면

STEP **A** 최고난도문제		**01** 36	**02** $\dfrac{48}{5}$	**03** -2

02. 이차함수의 활용 99~108쪽

STEP **C** 주제별필수문제		**01** ①, ⑤	**02** ⑤	**03** 2
04 3	**05** 1	**06** -2	**07** $\dfrac{1}{2}$	**08** 6
09 $(5,\ 0)$	**10** 12	**11** 1	**12** $(2,\ 4),\ (4,\ 2)$	
13 ⑤	**14** ②	**15** $\dfrac{125}{8}$	**16** ④	**17** 6
18 $(0,\ -3)$	**19** 13	**20** $(1,\ -1)$	**21** 4	**22** -4

STEP **B** 실력완성문제		**01** ③	**02** $a=7,\ b=\dfrac{2}{3}$	
03 $\left(\dfrac{1}{2},\ \dfrac{5}{12}\right)$		**04** ⑤	**05** $2,\ -\dfrac{2}{3}$	**06** 5
07 $-\dfrac{1}{2}$	**08** $(2,\ 3)$	**09** $-\dfrac{9}{2}$	**10** -12	**11** 20
12 ⑤	**13** $\dfrac{31}{2}$	**14** $y=x+5$	**15** $2b$	**16** ④
17 $y=x^2-8x+15$		**18** 0	**19** -2	
20 $y=-\dfrac{9}{8}\left(x+\dfrac{10}{3}\right)^2$ 또는 $y=-\dfrac{1}{8}(x-2)^2$				
21 $\dfrac{10}{3}$	**22** $\dfrac{32}{25}$	**23** ①		

STEP **A** 최고난도문제		**01** $\dfrac{5}{9}$	**02** D$(-2,\ 1)$	
03 20501	**04** $y=-3x^2+12x-8$		**05** $\dfrac{15}{2}$	**06** 37.5 m

Ⅰ 제곱근과 실수

01. 제곱근과 실수

STEP C 주제별필수문제 본문 10~14쪽

> **01** ②, ④ **02** ③   **03** -3 **04** $\sqrt{90}$
> **05** $\sqrt{11}$ cm   **06** ②, ③ **07** 6   **08** ③
> **09** ④   **10** 3개 **11** 6   **12** 3   **13** ③
> **14** 6개   **15** 12   **16** ①, ④
> **17** $\sqrt{20}$, 4, $\sqrt{(-3)^2}$, $\dfrac{1}{4}$, $-\sqrt{1.8}$, $-\sqrt{10}$
> **18** 5개   **19** ②, ⑤ **20** ④   **21** ③   **22** 8.771
> **23** 0.28 **24** 1458 **25** 12   **26** ②, ⑤ **27** ②
> **28** ④   **29** A : $1-\sqrt{10}$, B : $\sqrt{5}-4$, C : $2-\sqrt{3}$

01

② -16의 제곱근은 없다.
④ 제곱근 10은 $\sqrt{10}$ 이다. **답** ②, ④

02

①, ②, ④, ⑤ ±5 ③ 5   **답** ③

03

$(-5)^2=25$의 양의 제곱근은 5이므로 $a=5$
$\sqrt{\dfrac{81}{625}}=\dfrac{9}{25}$의 음의 제곱근은 $-\dfrac{3}{5}$이므로 $b=-\dfrac{3}{5}$
$\therefore\ ab=5\times\left(-\dfrac{3}{5}\right)=-3$ **답** -3

04

직사각형의 넓이는 $15\times6=90$
구하는 정사각형의 한 변의 길이를 x라 하면
$x^2=90$ $\therefore\ x=\sqrt{90}$ $(\because\ x>0)$
따라서 정사각형의 한 변의 길이는 $\sqrt{90}$이다. **답** $\sqrt{90}$

05

피타고라스 정리에 의해
$\overline{AC}=\sqrt{6^2-5^2}=\sqrt{11}$ (cm) **답** $\sqrt{11}$ cm

> **Sub 노트**
> 피타고라스 정리
> $\angle C=90°$인 직각삼각형 ABC에서 직각을 낀 두 변의 길이를 각각 a, b라 하고, 나머지 한 변의 길이를 c라고 하면 $a^2+b^2=c^2$이 성립한다.
> 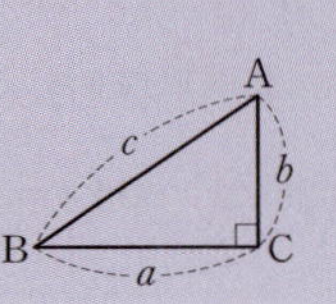

06

① 0.4의 제곱근은 $\pm\sqrt{0.4}$
② 49의 제곱근은 ±7
③ $\sqrt{16}=4$의 제곱근은 ±2
④ $\sqrt{0.01}=0.1$의 제곱근은 $\pm\sqrt{0.1}$
⑤ $\sqrt{\dfrac{1}{36}}=\dfrac{1}{6}$의 제곱근은 $\pm\sqrt{\dfrac{1}{6}}$ **답** ②, ③

07

(주어진 식)$=9\div3-\dfrac{3}{2}\times(-2)$
$\qquad\qquad\quad=3+3=6$ **답** 6

08

① $a>0$이므로 $(-\sqrt{a}\,)^2=a$
② $-a<0$이므로 $-\sqrt{(-a)^2}=-\{-(-a)\}=-a$
③ $-4a<0$이므로 $\sqrt{(-4a)^2}=-(-4a)=4a$
④ $a>0$이므로 $-\sqrt{9a^2}=-\sqrt{(3a)^2}=-3a$
⑤ $-6a<0$이므로 $-\sqrt{(-6a)^2}=-\{-(-6a)\}=-6a$
따라서 옳은 것은 ③이다. **답** ③

09

$x+1>0$, $x-2<0$이므로
$\sqrt{(x+1)^2}-\sqrt{(x-2)^2}=x+1-\{-(x-2)\}$
$\qquad\qquad\qquad\qquad\quad=x+1+x-2$
$\qquad\qquad\qquad\qquad\quad=2x-1$ **답** ④

> **Sub 노트**
> $\sqrt{(a-b)^2}$의 꼴을 포함한 식
> $a-b\geq0$이면 $\sqrt{(a-b)^2}=a-b$,
> $a-b<0$이면 $\sqrt{(a-b)^2}=-(a-b)$

10

$\sqrt{180x}=\sqrt{2^2\times3^2\times5\times x}$가 자연수가 되려면
$x=5\times(자연수)^2$ 꼴이어야 하므로
$x=5,\ 20,\ 45,\ 80,\ 125,\ \cdots$
따라서 두 자리 자연수 x는 20, 45, 80의 3개이다.
답 3개

11

$\sqrt{\dfrac{x}{24}}=\sqrt{\dfrac{x}{2^2\times6}}$가 유리수가 되려면 $x=6\times(유리수)^2$ 꼴이어야 한다.

따라서 가장 작은 자연수 x의 값은 $6 \times 1 = 6$이다.　　답 6

12

$\sqrt{90a} = \sqrt{2 \times 3^2 \times 5 \times a}$ 가 자연수가 되려면 소인수의 지수가 모두 짝수이어야 하므로 $a = 2 \times 5 \times (\text{자연수})^2$ 꼴이어야 한다.

따라서 가장 작은 자연수 a의 값은

$a = 2 \times 5 \times 1^2 = 10$　　　　　…… 40 %

$\sqrt{\dfrac{700}{b}} = \sqrt{\dfrac{2^2 \times 5^2 \times 7}{b}}$ 이 자연수가 되려면 b는 700의 약수이면서 $7 \times (\text{자연수})^2$ 꼴이어야 한다.

따라서 가장 작은 자연수 b의 값은

$b = 7 \times 1^2 = 7$　　　　　　　…… 40 %

$\therefore a - b = 10 - 7 = 3$　　　　　…… 20 %

답 3

채점기준	배점
a의 값 구하기	40 %
b의 값 구하기	40 %
$a-b$의 값 구하기	20 %

13

$\sqrt{15+x}$ 가 자연수가 되려면 $15+x$가 15보다 큰 $(\text{자연수})^2$ 꼴이어야 하므로

$15 + x = 16,\ 25,\ 36,\ 49,\ 64,\ \cdots$

$\therefore x = 1,\ 10,\ 21,\ 34,\ 49,\ \cdots$

따라서 자연수 x의 값이 아닌 것은 ③이다.　　답 ③

14

$\sqrt{26-x}$ 가 정수가 되려면 $26-x$가 0 또는 26보다 작은 $(\text{자연수})^2$ 꼴이어야 하므로

$26 - x = 0,\ 1,\ 4,\ 9,\ 16,\ 25$

$\therefore x = 26,\ 25,\ 22,\ 17,\ 10,\ 1$

따라서 구하는 자연수 x의 값은 모두 6개이다.　　답 6개

15

$\sqrt{120+2x}$ 가 자연수가 되려면 $120+2x$가 120보다 큰 $(\text{자연수})^2$ 꼴이어야 하므로

$120 + 2x = 121,\ 144,\ \cdots$

$\therefore x = \dfrac{1}{2},\ 12,\ \cdots$

따라서 가장 작은 자연수 x의 값은 12이다.　　답 12

16

① $-\sqrt{9} > -\sqrt{11}$이므로 $-3 > -\sqrt{11}$

④ $\sqrt{\dfrac{1}{5}} > \sqrt{0.04}$이므로 $\sqrt{\dfrac{1}{5}} > 0.2$　　답 ①, ④

17

$10 > 1.8$이므로 $-\sqrt{10} < -\sqrt{1.8}$

$\dfrac{1}{4} = \sqrt{\dfrac{1}{16}}$, $4 = \sqrt{16}$, $\sqrt{(-3)^2} = \sqrt{9}$에서

$\dfrac{1}{4} < \sqrt{(-3)^2} < 4 < \sqrt{20}$

$\therefore -\sqrt{10} < -\sqrt{1.8} < \dfrac{1}{4} < \sqrt{(-3)^2} < 4 < \sqrt{20}$

따라서 큰 수부터 차례대로 나열하면

$\sqrt{20}$, 4, $\sqrt{(-3)^2}$, $\dfrac{1}{4}$, $-\sqrt{1.8}$, $-\sqrt{10}$이다.

답 $\sqrt{20}$, 4, $\sqrt{(-3)^2}$, $\dfrac{1}{4}$, $-\sqrt{1.8}$, $-\sqrt{10}$

18

$5^2 < (\sqrt{2x})^2 < 6^2$에서 $25 < 2x < 36$

$\therefore \dfrac{25}{2} < x < 18$

따라서 자연수 x는 13, 14, 15, 16, 17의 5개이다.　답 5개

19

① $\sqrt{144} = 12$　　　　　③ $0.5\dot{4} = \dfrac{49}{90}$

④ $-\sqrt{0.09} = -0.3$　　　　답 ②, ⑤

20

①, ③ $\dfrac{4}{3}$, $0.\dot{7}$, $\sqrt{225} = 15$는 유리수이다.

② $0.\dot{7} = \dfrac{7}{9}$로 기약분수로 나타낼 수 있다.

⑤ $\sqrt{2}$를 제곱하면 2로 유리수이다.　　　답 ④

21

③ 무한소수 중에는 유리수인 것도 있다.　　　답 ③

22

$\sqrt{18.1} = 4.254$, $\sqrt{20.4} = 4.517$이므로

$a + b = 4.254 + 4.517 = 8.771$　　答 8.771

23

$a = 8.14$, $b = 8.42$이므로

$b - a = 8.42 - 8.14 = 0.28$　　答 0.28

24

$\sqrt{3.32}=1.822$이므로 $x=1.822$
$\sqrt{3.64}=1.908$이므로 $y=3.64$
$\therefore 1000x-100y=1822-364=1458$

답 1458

25

직각삼각형 ABC에서 $\overline{AB}=\sqrt{3^2+1^2}=\sqrt{10}$
$\overline{PB}=\overline{AB}=\sqrt{10}$이므로 점 P에 대응하는 수는 $2-\sqrt{10}$이다.
$a=2$, $b=10$이므로 $a+b=2+10=12$

답 12

26

① 정수 1과 2 사이에는 정수가 없다.
③ $\sqrt{5}$와 $\sqrt{6}$ 사이에는 무수히 많은 유리수가 있다.
④ 수직선은 무리수에 대응하는 점만으로는 완전히 메울 수 없다.

답 ②, ⑤

27

① $7-(5-\sqrt{2})=2+\sqrt{2}>0$이므로
 $7>5-\sqrt{2}$
③ $(\sqrt{2}+5)-(\sqrt{5}+5)=\sqrt{2}-\sqrt{5}<0$이므로
 $\sqrt{2}+5<\sqrt{5}+5$
④ $(3+\sqrt{2})-(\sqrt{9}+2)=3+\sqrt{2}-3-2=\sqrt{2}-2<0$이므로 $3+\sqrt{2}<\sqrt{9}+2$
⑤ $(\sqrt{10}+\sqrt{7})-(\sqrt{8}+\sqrt{7})=\sqrt{10}-\sqrt{8}>0$이므로
 $\sqrt{10}+\sqrt{7}>\sqrt{8}+\sqrt{7}$

답 ②

28

$a-c=2+\sqrt{5}-4=\sqrt{5}-2>0$이므로 $a>c$
$b-c=\sqrt{2}+2-4=\sqrt{2}-2<0$이므로 $b<c$
$\therefore b<c<a$

답 ④

29

전략

각 수들이 어떤 정수 사이에 있는지 확인한다.
$-4<-\sqrt{10}<-3$이므로 $-3<1-\sqrt{10}<-2$에서
$1-\sqrt{10}$에 대응하는 점은 A
$-2<-\sqrt{3}<-1$이므로 $0<2-\sqrt{3}<1$에서
$2-\sqrt{3}$에 대응하는 점은 C
$2<\sqrt{5}<3$이므로 $-2<\sqrt{5}-4<-1$에서
$\sqrt{5}-4$에 대응하는 점은 B

답 A : $1-\sqrt{10}$, B : $\sqrt{5}-4$, C : $2-\sqrt{3}$

---

01 ④	**02** ③	**03** $\dfrac{13}{3}$	**04** $-\dfrac{4}{3}$
05 $\sqrt{15}$ cm		**06** 찬영	**07** $6x+10$
08 42	**09** (3, 10), (12, 5), (75, 2), (300, 1)		
10 15	**11** ⑤	**12** ④	**13** ⑤　　**14** 23
15 1296	**16** ④	**17** ③	**18** 3　　**19** 50
20 ④	**21** ①, ③		
22 Q$(-2+\sqrt{2})$, R$(-1+\sqrt{2})$		**23** ②, ⑤	
24 78개	**25** ㉢, ㉣	**26** ③	**27** 23　　**28** 5개
29 $-\sqrt{7}+3$			

01

① -1은 음수이므로 제곱근이 없다.
② $\sqrt{64}=8$의 제곱근은 $\pm\sqrt{8}$이고 제곱근 8은 $\sqrt{8}$이다.
③ $(-3)^2=9$의 제곱근은 ±3이다.
⑤ 제곱근 1.21은 $\sqrt{1.21}=1.1$이다.

답 ④

02

①, ②, ④, ⑤ 5
③ -5

답 ③

03

제곱근 $\dfrac{121}{9}$은 $\sqrt{\dfrac{121}{9}}=\dfrac{11}{3}$이므로 $a=\dfrac{11}{3}$
$\left(-\dfrac{2}{3}\right)^2=\dfrac{4}{9}$의 제곱근은 $\pm\dfrac{2}{3}$이므로 $b=\pm\dfrac{2}{3}$
$a-b$의 값이 최대일 때는 $a=\dfrac{11}{3}$, $b=-\dfrac{2}{3}$이므로
$a-b=\dfrac{11}{3}-\left(-\dfrac{2}{3}\right)=\dfrac{13}{3}$

답 $\dfrac{13}{3}$

04

(i) $3a+2\geq0$일 때, $3a+2=8$이므로 $3a=6$
 $\therefore a=2$
(ii) $3a+2<0$일 때, $-(3a+2)=8$이므로 $-3a=10$
 $\therefore a=-\dfrac{10}{3}$

(i), (ii)에서 모든 a의 값의 합은 $2+\left(-\dfrac{10}{3}\right)=-\dfrac{4}{3}$

답 $-\dfrac{4}{3}$

05

정사각형을 한 번 접으면 그 넓이는 전 단계 정사각형의

넓이의 $\dfrac{1}{2}$이 되고 처음 정사각형의 넓이는 $120\ \text{cm}^2$이므로

1단계 : $120 \times \dfrac{1}{2} = 60\ (\text{cm}^2)$ $\cdots\cdots$ 20 %

2단계 : $60 \times \dfrac{1}{2} = 30\ (\text{cm}^2)$ $\cdots\cdots$ 20 %

3단계 : $30 \times \dfrac{1}{2} = 15\ (\text{cm}^2)$ $\cdots\cdots$ 20 %

따라서 3단계에서 생기는 정사각형의 한 변의 길이는 $\sqrt{15}\ \text{cm}$이다. $\cdots\cdots$ 40 %

🅰 $\sqrt{15}\ \text{cm}$

채점기준	배점
1단계에서 생기는 정사각형의 넓이 구하기	20 %
2단계에서 생기는 정사각형의 넓이 구하기	20 %
3단계에서 생기는 정사각형의 넓이 구하기	20 %
3단계에서 생기는 정사각형의 한 변의 길이 구하기	40 %

06

찬영 : $x < -1$이면 $x-1 < 0$, $x+1 < 0$이므로
$$A = -(x-1) - \{-(x+1)\}$$
$$= -x+1+x+1 = 2$$

유민 : $-1 < x < 1$이면 $x-1 < 0$, $x+1 > 0$이므로
$$A = -(x-1) - (x+1)$$
$$= -x+1-x-1 = -2x$$

성웅 : $x > 1$이면 $x-1 > 0$, $x+1 > 0$이므로
$$A = (x-1) - (x+1) = x-1-x-1 = -2$$

따라서 바르게 말한 학생은 찬영이다. 🅰 찬영

07

전략

$3x+5 > 2x+7$을 풀어 x의 값의 범위를 구한 후 근호 안의 식이 양수인지 음수인지 확인한다.

$3x+5 > 2x+7$에서 $x > 2$

$x+2 > 0$, $2-x < 0$, $-3x < 0$이므로

$$\sqrt{16(x+2)^2} - \sqrt{(2-x)^2} + \sqrt{(-3x)^2}$$
$$= \sqrt{\{4(x+2)\}^2} - \sqrt{(2-x)^2} + \sqrt{(-3x)^2}$$
$$= 4(x+2) + (2-x) - (-3x)$$
$$= 4x+8+2-x+3x$$
$$= 6x+10$$

🅰 $6x+10$

08

$\sqrt{56a} = \sqrt{2^3 \times 7 \times a}$이므로 $a = 2 \times 7 \times (\text{자연수})^2$ 꼴이어야 한다.

a의 값이 가장 작을 때 b의 값도 가장 작고 a의 가장 작은 값은 $2 \times 7 = 14$이므로

b의 가장 작은 값은 $\sqrt{2^4 \times 7^2} = 28$

따라서 $a+b$의 값 중 가장 작은 값은 $14+28 = 42$이다.

🅰 42

09

$\sqrt{\dfrac{300}{a}} = \sqrt{\dfrac{2^2 \times 3 \times 5^2}{a}}$이 자연수가 되려면 a는 300의 약수이면서 $3 \times (\text{자연수})^2$ 꼴이어야 한다.

즉, $a = 3 \times (10\text{의 약수})^2$

$a = 3 \times 1^2,\ 3 \times 2^2,\ 3 \times 5^2,\ 3 \times 10^2$

$\therefore\ a = 3,\ 12,\ 75,\ 300$

$a=3$일 때 $b=10$, $a=12$일 때 $b=5$

$a=75$일 때 $b=2$, $a=300$일 때 $b=1$

따라서 구하는 순서쌍 $(a,\ b)$는 $(3,\ 10)$, $(12,\ 5)$, $(75,\ 2)$, $(300,\ 1)$이다.

🅰 $(3,\ 10)$, $(12,\ 5)$, $(75,\ 2)$, $(300,\ 1)$

10

정사각형 EFGH의 한 변의 길이는
$\sqrt{540x} = \sqrt{2^2 \times 3^3 \times 5 \times x}$ 이므로
$x = 3 \times 5 \times (\text{자연수})^2$ 꼴이어야 한다.

따라서 가장 작은 자연수 x는 $3 \times 5 = 15$이다. 🅰 15

11

$a < 0$이고 $b = -\sqrt{(-3a)^2} = -(-3a) = 3a$이므로
$b < 0$

$\therefore\ c = \sqrt{25b^2} = \sqrt{(5b)^2} = -5b$
$$= -5 \times 3a = -15a$$

$\therefore\ 4a+b-c = 4a+3a+15a = 22a$ 🅰 ⑤

12

$ab < 0$에서 a, b는 서로 다른 부호이고
$a > b$에서 $a > 0$, $b < 0$이므로
$-a < 0$, $3b < 0$, $b-a < 0$

$\therefore\ (\text{주어진 식}) = -(-a) - 3b - \{-(b-a)\}$
$$= a-3b+b-a$$
$$= -2b$$

🅰 ④

13

$\sqrt{\dfrac{49000}{n}} = \sqrt{\dfrac{2^3 \times 5^3 \times 7^2}{n}} = \sqrt{\dfrac{10 \times 70^2}{n}}$이므로

$n=10 \times a^2$ (a는 70의 약수) 꼴이어야 한다.
$70=2 \times 5 \times 7$에서 70의 약수의 개수는
$(1+1) \times (1+1) \times (1+1)=8$이므로
자연수 n의 개수는 8개이다.　　　　　　　답 ⑤

14

$\sqrt{200-x}-\sqrt{81+y}$ 가 가장 큰 정수가 되려면 $\sqrt{200-x}$
는 가장 큰 정수, $\sqrt{81+y}$ 는 가장 작은 정수이어야 한다.
　　　　　　　　　　　　　　　…… 50 %
$200-x=196$에서 $x=4$　　　　　…… 20 %
$81+y=100$에서 $y=19$　　　　　…… 20 %
$\therefore x+y=4+19=23$　　　　　…… 10 %
　　　　　　　　　　　　　　　답 23

채점기준	배점
$\sqrt{200-x}$, $\sqrt{81+y}$ 의 조건 찾기	50 %
x의 값 구하기	20 %
y의 값 구하기	20 %
$x+y$의 값 구하기	10 %

15

연우의 방과 유리의 방의 한 변의 길이는 각각 $\sqrt{24n}$,
$\sqrt{70-n}$ 이다.
$\sqrt{24n}=\sqrt{2^3 \times 3 \times n}$ 에서 $n=2 \times 3 \times (자연수)^2$의 꼴이어
야 하므로
$n=6, 24, 54, 96, \cdots$　　　　　…… 40 %
$70-n=1, 4, 9, 16, 25, 36, 49, 64$이므로
$n=69, 66, 61, 54, 45, 34, 21, 6$　　…… 40 %
따라서 $n>10$에서 $n=54$이므로 연우의 방의 넓이는
$24 \times 54=1296$　　　　　　　…… 20 %
　　　　　　　　　　　　　　　답 1296

채점기준	배점
$\sqrt{24n}$에서 n의 값 구하기	40 %
$\sqrt{70-n}$에서 n의 값 구하기	40 %
연우의 방의 넓이 구하기	20 %

16

$f(7)=f(8)=2$
$f(9)=f(10)=f(11)=\cdots=f(15)=3$
$f(16)=f(17)=f(18)=\cdots=f(24)=4$
$f(25)=f(26)=f(27)=\cdots=f(35)=5$
$\therefore f(7)+f(8)+f(9)+\cdots+f(35)$
　　$=2 \times 2+3 \times 7+4 \times 9+11 \times 5$
　　$=116$　　　　　　　　　　　답 ④

17

$1<\sqrt{2}<2$이므로 $1-\sqrt{2}<0$, $2-\sqrt{2}>0$
$\therefore$ (주어진 식)$=-(1-\sqrt{2})+(2-\sqrt{2})$
　　　　　　　　$=1$　　　　　　답 ③

18

$-5<-\sqrt{2x-3}<-4$에서 $4<\sqrt{2x-3}<5$이므로
$16<2x-3<25$, $19<2x<28$
$\therefore \dfrac{19}{2}<x<14$
따라서 $M=13$, $m=10$이므로 $M-m=13-10=3$
　　　　　　　　　　　　　　　답 3

19

$-\sqrt{13}<-\sqrt{x}<-1$에서
$1<\sqrt{x}<\sqrt{13}$　　$\therefore 1<x<13$
$\sqrt{21}<\sqrt{3x}<\sqrt{65}$에서
$21<3x<65$　　$\therefore 7<x<\dfrac{65}{3}$
따라서 두 부등식을 동시에 만족하는 자연수 x는
$8, 9, 10, 11, 12$이므로 그 합은
$8+9+10+11+12=50$　　　　　답 50

20

$0<a^2<a<\sqrt{a}<1<\sqrt{\dfrac{1}{a}}<\dfrac{1}{a}$이므로
④ $\dfrac{1}{a}$이 가장 크다.　　　　　　답 ④

21

① $\pm\sqrt{1.\dot{7}}=\pm\sqrt{\dfrac{16}{9}}=\pm\dfrac{4}{3}$
② $\sqrt{0.01}=0.1$의 제곱근은 $\pm\sqrt{0.1}$
③ $\pm\sqrt{\dfrac{225}{16}}=\pm\dfrac{15}{4}$
④ $\sqrt{400}=20$의 제곱근은 $\pm\sqrt{20}$
⑤ $\pm\sqrt{\dfrac{32}{9}}$　　　　　　　　答 ①, ③

22

$\overline{AC}=\overline{BD}=\overline{CF}=\sqrt{1^2+1^2}=\sqrt{2}$
$\overline{AC}=\overline{PC}=\sqrt{2}$이고 점 P에 대응하는 수가 $-1-\sqrt{2}$이므
로 점 C에 대응하는 수는 -1이다.
점 B에 대응하는 수는 -2이고 $\overline{BD}=\overline{BQ}=\sqrt{2}$이므로
$Q(-2+\sqrt{2})$

$\overline{\text{CF}}=\overline{\text{CR}}=\sqrt{2}$이므로 R$(-1+\sqrt{2})$

답 Q$(-2+\sqrt{2})$, R$(-1+\sqrt{2})$

23

① $a=0$, $b=\sqrt{3}$일 때, $a+\sqrt{3}b=0+\sqrt{3}\times\sqrt{3}=3$

② (유리수)$-$(무리수)$=$(무리수)이므로 $a-b=$(무리수)

③ $a=1$, $b=\sqrt{2}$일 때, $\dfrac{(\sqrt{2})^2}{1}=2$

④ $a=0$, $b=\sqrt{2}$일 때, $ab=0\times\sqrt{2}=0$

⑤ (유리수)$^2=$(유리수)이므로

(유리수)$+$(무리수)$=$(무리수)에서 $a^2+b=$(무리수)

답 ②, ⑤

24

(i) $\sqrt{5x}$가 유리수가 되도록 하는 두 자리 자연수 x는

5×2^2, 5×3^2, 5×4^2의 3개

(ii) $\sqrt{6x}$가 유리수가 되도록 하는 두 자리 자연수 x는

6×2^2, 6×3^2, 6×4^2의 3개

(iii) $\sqrt{9x}=\sqrt{3^2\times x}$가 유리수가 되도록 하는 두 자리 자연

수 x는 4^2, 5^2, 6^2, 7^2, 8^2, 9^2의 6개

(i), (ii), (iii)에서 $\sqrt{5x}$ 또는 $\sqrt{6x}$ 또는 $\sqrt{9x}$가 유리수가 되

도록 하는 x의 개수는 $3+3+6=12$(개)

따라서 $\sqrt{5x}$, $\sqrt{6x}$, $\sqrt{9x}$가 모두 무리수가 되도록 하게 하

는 두 자리 자연수 x의 개수는 $90-12=78$(개)

답 78개

25

$\overline{\text{AC}}=\overline{\text{BD}}=\sqrt{1^2+1^2}=\sqrt{2}$이므로 $p=a+\sqrt{2}$, $q=b-\sqrt{2}$

㉠ p가 유리수이면

(유리수)$-\sqrt{2}=$(무리수)이므로 a는 무리수이고,

(무리수)$+1=$(무리수)이므로 b도 무리수이다.

㉡ $p=\sqrt{2}$이면 $a=0$, $b=1$

㉢ q가 유리수이면

(유리수)$+\sqrt{2}=$(무리수)이므로 b는 무리수이고,

(무리수)$-1=$(무리수)이므로 a도 무리수이다.

㉣ $a=(\sqrt{2}-2)-\sqrt{2}=-2$

□ABCD는 한 변의 길이가 1인 정사각형이므로

$b=-2+1=-1$

$\overline{\text{BQ}}=\overline{\text{BD}}=\sqrt{2}$이므로 $q=-1-\sqrt{2}$

답 ㉢, ㉣

26

㉠ $\sqrt{8}<3<\sqrt{15}<4$이므로 $\sqrt{8}$과 $\sqrt{15}$ 사이에는 1개의 정

수가 있다.

㉡ -1과 5 사이에는 무수히 많은 유리수가 있다.

㉢ $\sqrt{2}$와 $\sqrt{11}$ 사이에는 무수히 많은 무리수가 있다.

㉣ $2<\sqrt{5}<3$에서 $4<\sqrt{5}+2<5$

$\sqrt{13}<4$, $5<\sqrt{26}$이므로 $\sqrt{13}<\sqrt{5}+2<\sqrt{26}$

답 ③

27

$9(=\sqrt{81})<\sqrt{99}<10(=\sqrt{100})$이므로

$\sqrt{99}$ 이하의 자연수 중에서 가장 큰 수는 9이다.

$M(99)=9$

$14(=\sqrt{196})<\sqrt{200}<15(=\sqrt{225})$이므로

$\sqrt{200}$ 이하의 자연수 중에서 가장 큰 수는 14이다.

$M(200)=14$

$\therefore M(99)+M(200)=9+14=23$

답 23

28

$2<\sqrt{5}<3$이므로 $-3<-\sqrt{5}<-2$

$\therefore -1<2-\sqrt{5}<0$

$1<\sqrt{3}<2$이므로 $4<3+\sqrt{3}<5$

따라서 $2-\sqrt{5}$와 $3+\sqrt{3}$ 사이에 있는 정수는 0, 1, 2, 3,

4의 5개이다.

답 5개

29

$1<\sqrt{2}<2$이므로 $-2<-\sqrt{2}<-1$

$\therefore -5<-3-\sqrt{2}<-4$

$2<\sqrt{5}<3$이므로 $-3<-\sqrt{5}<-2$

$\therefore 1<-\sqrt{5}+4<2$

$1<\sqrt{3}<2$이므로 $-2<-\sqrt{3}<-1$

$\therefore 3<5-\sqrt{3}<4$

$2<\sqrt{7}<3$이므로 $-3<-\sqrt{7}<-2$

$\therefore 0<-\sqrt{7}+3<1$

따라서 크기가 작은 것부터 차례대로 나열하면 $-3-\sqrt{2}$,

$-\sqrt{7}+3$, $-\sqrt{5}+4$, 2, $5-\sqrt{3}$이므로 두 번째 오는 수는

$-\sqrt{7}+3$이다.

답 $-\sqrt{7}+3$

STEP **A** 최고난도문제

본문 20~21쪽

01 $-2a+b$	**02** $\dfrac{1}{6}$	**03** 896	**04** 100개
05 $1+\sqrt{2}$	**06** 12		

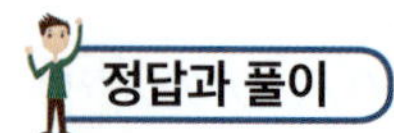

01

$a<0<b<1<\dfrac{1}{b}$ 이므로

$-a>0,\ -b+\dfrac{1}{b}>0,\ b-\dfrac{1}{b}<0,\ a-b<0$

(주어진 식)$=(-a)+\left(-b+\dfrac{1}{b}\right)+\left(b-\dfrac{1}{b}\right)-(a-b)$

$\qquad\qquad\quad=-2a+b$ 　　　답 $-2a+b$

02

$675ab=3^3\times5^2\times ab$ 이므로 $ab=3\times(자연수)^2$ 꼴이어야 한다.

a, b는 주사위의 눈의 수이므로 ab가 될 수 있는 수는

$3\times1^2=3,\ 3\times2^2=12,\ 3\times3^2=27$

a, b의 순서쌍 $(a,\ b)$는

(ⅰ) $ab=3$일 때, $(1,\ 3)$, $(3,\ 1)$의 2개

(ⅱ) $ab=12$일 때, $(2,\ 6)$, $(3,\ 4)$, $(4,\ 3)$, $(6,\ 2)$의 4개

(ⅲ) $ab=27$일 때, 조건을 만족하는 a, b는 없다.

따라서 구하는 확률은 $\dfrac{6}{36}=\dfrac{1}{6}$ 이다. 　　답 $\dfrac{1}{6}$

03

$4.5<\sqrt{x}<5$에서 $(4.5)^2<(\sqrt{x})^2<5^2$

$20.25<x<25$이므로 $a=21,\ b=24$

$\sqrt{\dfrac{b}{a}\times c}=\sqrt{\dfrac{24}{21}\times c}=\sqrt{\dfrac{2^3}{7}\times c}$ 이므로

$c=2\times7\times(자연수)^2$의 꼴이어야 한다.

$14\times8^2=896,\ 14\times9^2=1134$이므로 구하는 가장 큰 세 자리의 수는 896이다. 　　답 896

04

무리수에 대응하는 점의 개수는

1과 2 사이에는 2개 → (2×1)개,

2와 3 사이에는 4개 → (2×2)개,

3과 4 사이에는 6개 → (2×3)개이므로

n과 $n+1$ 사이에는 $2n$개이다.

따라서 50과 51 사이에 있는 무리수에 대응하는 점의 개수는 $2\times50=100$(개) 　　답 100개

같은문제 / 다른풀이

$50=\sqrt{50^2}=\sqrt{2500},\ 51=\sqrt{51^2}=\sqrt{2601}$

$\therefore\ 2601-2500-1=100$(개)

05

$\overline{AC}$는 직각이등변삼각형 ABC의 빗변이므로

$\overline{AC}=\sqrt{1^2+1^2}=\sqrt{2}$

이때 점 A는 다음 그림과 같이 이동한다.

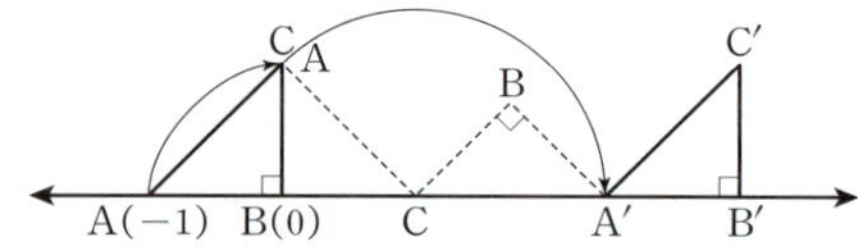

따라서 점 A′에 대응하는 수는 $1+\sqrt{2}$이다. 　　답 $1+\sqrt{2}$

06

$4<\sqrt{17}<5$이므로 두 정수 a, b에 대하여 $a+\sqrt{17}$ 과 $b-\sqrt{17}$ 을 한 눈금의 길이가 1인 모눈종이와 수직선 위에 나타내면 다음 그림과 같다.

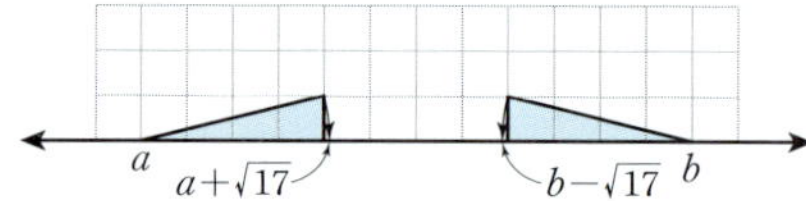

a와 $a+\sqrt{17}$ 사이에 있는 정수는 4개, $a+\sqrt{17}$과 $b-\sqrt{17}$ 사이에 있는 정수는 3개, $b-\sqrt{17}$과 b 사이에 있는 정수는 4개이므로 a, b 사이에 있는 정수의 개수는

$4+3+4=11$(개)

따라서 $b=a+12$이므로 $b-a=12$ 　　답 12

02. 근호를 포함한 식의 계산

STEP C 주제별필수문제 　　　본문 24~28쪽

01 3	02 8	03 $6\sqrt{3}$	04 $\dfrac{1}{2}$	05 ③
06 14	07 $\dfrac{\sqrt{10}}{4}$	08 $\dfrac{4}{7}$	09 $\dfrac{\sqrt{15}}{9}$	10 ③
11 283	12 $\sqrt{50},\ \sqrt{200}$		13 ③	14 2
15 $\dfrac{89\sqrt{3}}{20}$		16 $7\sqrt{6}$	17 $-12\sqrt{2}$	
18 -46	19 -1	20 $11\sqrt{15}-8$		21 $-\dfrac{\sqrt{6}}{3}$
22 $2+\sqrt{5}$		23 $-2+\sqrt{7}$		24 $\sqrt{3}-1$
25 ②	26 ②	27 ①	28 $\sqrt{6}+2\sqrt{15}$	
29 $38\sqrt{3}$	30 $28\sqrt{2}$			

01

$\sqrt{\dfrac{5}{11}}\times\sqrt{\dfrac{22}{5}}=\sqrt{\dfrac{5}{11}\times\dfrac{22}{5}}=\sqrt{2}=\sqrt{a}$ 에서

$a=2$

$2\sqrt{\dfrac{2}{3}}\times\sqrt{\dfrac{5}{6}}=2\sqrt{\dfrac{2}{3}\times\dfrac{5}{6}}=2\sqrt{\dfrac{5}{3^2}}=\dfrac{2}{3}\sqrt{5}$ 에서

$b=\dfrac{2}{3}$

$\therefore \dfrac{a}{b}=a\div b=2\div\dfrac{2}{3}=2\times\dfrac{3}{2}=3$ **답** 3

02

$\sqrt{162}=\sqrt{9^2\times 2}=9\sqrt{2}$ 에서 $a=9$

$\dfrac{4}{3\sqrt{2}}=\sqrt{\dfrac{4^2}{3^2\times 2}}=\sqrt{\dfrac{16}{18}}=\sqrt{\dfrac{8}{9}}$ 에서 $b=\dfrac{8}{9}$

$\therefore ab=9\times\dfrac{8}{9}=8$ **답** 8

03

$$\dfrac{\sqrt{27}}{\sqrt{5}}\div\dfrac{\sqrt{21}}{2\sqrt{3}}\div\dfrac{\sqrt{2}}{\sqrt{70}}=\dfrac{\sqrt{27}}{\sqrt{5}}\times\dfrac{2\sqrt{3}}{\sqrt{21}}\times\dfrac{\sqrt{70}}{\sqrt{2}}$$
$$=2\sqrt{\dfrac{27}{5}\times\dfrac{3}{21}\times\dfrac{70}{2}}=2\sqrt{27}$$
$$=6\sqrt{3}$$
답 $6\sqrt{3}$

04

전략

$a>0$, $b>0$일 때, $\dfrac{\sqrt{a}}{\sqrt{b}}=\dfrac{\sqrt{a}\sqrt{b}}{\sqrt{b}\sqrt{b}}=\dfrac{\sqrt{ab}}{b}$

이때 분모가 $\sqrt{a^2b}$ 의 꼴이면 $\sqrt{a^2b}$ 를 $a\sqrt{b}$ 로 바꾼 후, 분모와 분자에 각각 $\sqrt{b}$ 를 곱하여 분모를 유리화한다.

$\dfrac{5}{\sqrt{12}}=\dfrac{5}{2\sqrt{3}}=\dfrac{5\times\sqrt{3}}{2\sqrt{3}\times\sqrt{3}}=\dfrac{5}{6}\sqrt{3}$ 에서 $a=\dfrac{5}{6}$

$\dfrac{9}{\sqrt{75}}=\dfrac{9}{5\sqrt{3}}=\dfrac{9\times\sqrt{3}}{5\sqrt{3}\times\sqrt{3}}=\dfrac{3}{5}\sqrt{3}$ 에서 $b=\dfrac{3}{5}$

$\therefore ab=\dfrac{5}{6}\times\dfrac{3}{5}=\dfrac{1}{2}$ **답** $\dfrac{1}{2}$

05

③ $\dfrac{\sqrt{4}}{\sqrt{5}}=\dfrac{2}{\sqrt{5}}=\dfrac{2\times\sqrt{5}}{\sqrt{5}\times\sqrt{5}}=\dfrac{2\sqrt{5}}{5}$ **답** ③

06

$\dfrac{\sqrt{300}}{2\sqrt{k}}=\dfrac{10\sqrt{3}}{2\sqrt{k}}=\dfrac{5\sqrt{3}}{\sqrt{k}}=\dfrac{5\sqrt{3}\times\sqrt{k}}{\sqrt{k}\times\sqrt{k}}=\dfrac{5\sqrt{3k}}{k}=\dfrac{5\sqrt{42}}{14}$

$\therefore k=14$ **답** 14

07

$3\sqrt{\dfrac{5}{14}}\times 2\sqrt{\dfrac{11}{6}}\div 6\sqrt{\dfrac{22}{21}}$

$=3\dfrac{\sqrt{5}}{\sqrt{14}}\times 2\dfrac{\sqrt{11}}{\sqrt{6}}\times\dfrac{\sqrt{21}}{6\sqrt{22}}=\dfrac{\sqrt{10}}{4}$ **답** $\dfrac{\sqrt{10}}{4}$

08

$\dfrac{4}{\sqrt{3}}\times\sqrt{\dfrac{5}{7}}\times(-\sqrt{3})^2\div\dfrac{\sqrt{21}}{5}=\dfrac{4}{\sqrt{3}}\times\dfrac{\sqrt{5}}{\sqrt{7}}\times 3\times\dfrac{5}{\sqrt{21}}$

$$=\dfrac{20}{7}\sqrt{5}$$

$a=\dfrac{20}{7}$, $b=5$이므로

$\dfrac{a}{b}=\dfrac{20}{7}\times\dfrac{1}{5}=\dfrac{4}{7}$ **답** $\dfrac{4}{7}$

09

$a=\sqrt{\dfrac{5}{18}}\div\sqrt{12}\times\dfrac{2}{\sqrt{3}}=\dfrac{\sqrt{5}}{3\sqrt{2}}\times\dfrac{1}{2\sqrt{3}}\times\dfrac{2}{\sqrt{3}}$

$\qquad =\dfrac{\sqrt{5}}{9\sqrt{2}}=\dfrac{\sqrt{10}}{18}$

$b=\dfrac{4\sqrt{3}}{\sqrt{5}}\times\dfrac{\sqrt{15}}{3}\div\sqrt{\dfrac{8}{3}}=\dfrac{4\sqrt{3}}{\sqrt{5}}\times\dfrac{\sqrt{15}}{3}\times\dfrac{\sqrt{3}}{2\sqrt{2}}$

$\qquad =\dfrac{6}{3\sqrt{2}}=\sqrt{6}$

$\therefore ab=\dfrac{\sqrt{10}}{18}\times\sqrt{6}=\dfrac{2\sqrt{15}}{18}=\dfrac{\sqrt{15}}{9}$ **답** $\dfrac{\sqrt{15}}{9}$

10

① $\sqrt{623}=\sqrt{100\times 6.23}=10\sqrt{6.23}$
$\qquad =10\times 2.496=24.96$

② $\sqrt{6230}=\sqrt{100\times 62.3}=10\sqrt{62.3}$
$\qquad =10\times 7.893=78.93$

③ $\sqrt{0.00623}=\sqrt{\dfrac{62.3}{10000}}=\dfrac{\sqrt{62.3}}{100}=\dfrac{7.893}{100}=0.07893$

④ $\sqrt{0.0623}=\sqrt{\dfrac{6.23}{100}}=\dfrac{\sqrt{6.23}}{10}=\dfrac{2.496}{10}=0.2496$

⑤ $\sqrt{0.623}=\sqrt{\dfrac{62.3}{100}}=\dfrac{\sqrt{62.3}}{10}=\dfrac{7.893}{10}=0.7893$ **답** ③

11

제곱근표에서 $\sqrt{2.83}=1.682$이므로

양변에 10을 곱하면 $10\sqrt{2.83}=16.82$

이때 $10\sqrt{2.83}=\sqrt{283}$ 이므로

$a=283$ **답** 283

12

$a\sqrt{5}\,(a$는 유리수) 꼴로 나타낼 수 있으면 $\sqrt{5}=2.236$임을 이용하여 그 값을 구할 수 있다.

$\sqrt{0.2}=\sqrt{\dfrac{2}{10}}=\sqrt{\dfrac{1}{5}}=\dfrac{\sqrt{5}}{5}$, $\sqrt{50}=\sqrt{2\times 5^2}=5\sqrt{2}$,

$\sqrt{20}=\sqrt{2^2\times5}=2\sqrt{5}$, $\sqrt{45}=\sqrt{3^2\times5}=3\sqrt{5}$,

$\sqrt{0.05}=\sqrt{\dfrac{5}{100}}=\dfrac{\sqrt{5}}{10}$, $\sqrt{200}=\sqrt{10^2\times2}=10\sqrt{2}$

따라서 $\sqrt{5}=2.236$을 이용하여 그 값을 구할 수 없는 것은 $\sqrt{50}$, $\sqrt{200}$이다.　　　　　답 $\sqrt{50}$, $\sqrt{200}$

13

$$\sqrt{45}+\sqrt{12}-\sqrt{80}+\sqrt{27}=3\sqrt{5}+2\sqrt{3}-4\sqrt{5}+3\sqrt{3}$$
$$=5\sqrt{3}-\sqrt{5}$$

답 ③

14

$$\sqrt{180}-\sqrt{63}+\sqrt{28}-\sqrt{45}=6\sqrt{5}-3\sqrt{7}+2\sqrt{7}-3\sqrt{5}$$
$$=3\sqrt{5}-\sqrt{7}$$

$a=3$, $b=-1$이므로
$a+b=3+(-1)=2$　　　　　답 2

15

$$\dfrac{\sqrt{27}}{3}-\dfrac{4\sqrt{3}}{5}+2\sqrt{12}+\dfrac{3}{\sqrt{48}}=\dfrac{3\sqrt{3}}{3}-\dfrac{4\sqrt{3}}{5}+4\sqrt{3}+\dfrac{3}{4\sqrt{3}}$$
$$=\sqrt{3}-\dfrac{4\sqrt{3}}{5}+4\sqrt{3}+\dfrac{\sqrt{3}}{4}$$
$$=\dfrac{89\sqrt{3}}{20}$$

답 $\dfrac{89\sqrt{3}}{20}$

16

$$-\sqrt{24}+3\sqrt{3}(\sqrt{50}-3\sqrt{2})+\sqrt{54}$$
$$=-2\sqrt{6}+3\sqrt{3}(5\sqrt{2}-3\sqrt{2})+3\sqrt{6}$$
$$=-2\sqrt{6}+15\sqrt{6}-9\sqrt{6}+3\sqrt{6}$$
$$=7\sqrt{6}$$

답 $7\sqrt{6}$

17

$$\sqrt{5}(\sqrt{32}-3\sqrt{10})-\left(4\sqrt{2}-\dfrac{\sqrt{90}}{5}\right)\sqrt{5}$$
$$=\sqrt{5}(4\sqrt{2}-3\sqrt{10})-\left(4\sqrt{2}-\dfrac{3\sqrt{10}}{5}\right)\sqrt{5}$$
$$=4\sqrt{10}-15\sqrt{2}-4\sqrt{10}+3\sqrt{2}$$
$$=-12\sqrt{2}$$

답 $-12\sqrt{2}$

18

$$(-4\sqrt{2}+5)\sqrt{5}-\dfrac{3\sqrt{2}}{\sqrt{5}}+\sqrt{125}$$
$$=-4\sqrt{10}+5\sqrt{5}-\dfrac{3\sqrt{10}}{5}+5\sqrt{5}$$

$$=10\sqrt{5}-\dfrac{23}{5}\sqrt{10}$$

$a=10$, $b=-\dfrac{23}{5}$이므로

$$ab=10\times\left(-\dfrac{23}{5}\right)=-46$$

답 -46

19

$$4\sqrt{10}\times\dfrac{9}{\sqrt{6}}-\sqrt{\dfrac{25}{3}}\div\dfrac{\sqrt{10}}{\sqrt{18}}+\sqrt{(-2)^2\times(-\sqrt{5})^2}$$
$$=\dfrac{36\sqrt{5}}{\sqrt{3}}-\sqrt{\dfrac{25}{3}}\times\sqrt{\dfrac{18}{10}}+2\times5$$
$$=12\sqrt{15}-\sqrt{15}+10$$
$$=10+11\sqrt{15}$$

$a=10$, $b=11$이므로
$a-b=10-11=-1$　　　　　답 -1

20

$$2\sqrt{3}A-3\sqrt{5}B=2\sqrt{3}\left(\sqrt{5}+\dfrac{2}{\sqrt{3}}\right)-3\sqrt{5}\left(\dfrac{4}{\sqrt{5}}-3\sqrt{3}\right)$$
$$=2\sqrt{15}+4-12+9\sqrt{15}$$
$$=11\sqrt{15}-8$$

답 $11\sqrt{15}-8$

21

$$-4\sqrt{3}\left(\dfrac{3}{\sqrt{2}}-\dfrac{4}{\sqrt{18}}\right)-2\sqrt{3}\left(\sqrt{2}-\dfrac{5}{\sqrt{2}}\right)$$
$$=-\dfrac{12\sqrt{3}}{\sqrt{2}}+\dfrac{16}{\sqrt{6}}-2\sqrt{6}+\dfrac{10\sqrt{3}}{\sqrt{2}}$$
$$=-6\sqrt{6}+\dfrac{8\sqrt{6}}{3}-2\sqrt{6}+5\sqrt{6}$$
$$=-\dfrac{\sqrt{6}}{3}$$

답 $-\dfrac{\sqrt{6}}{3}$

22

$2\sqrt{5}=\sqrt{20}$이고 $4<\sqrt{20}<5$이므로 $a=4$, $b=2\sqrt{5}-4$

$$\therefore\ \dfrac{2a+b}{2}=\dfrac{2\times4+(2\sqrt{5}-4)}{2}=\dfrac{4+2\sqrt{5}}{2}=2+\sqrt{5}$$

답 $2+\sqrt{5}$

23

전략

$\sqrt{a}+k$ (k는 정수)의 범위는 $n\leq\sqrt{a}<n+1$을 만족시키는 정수 n을 구한 후 부등식의 성질을 이용하여 구한다.

$2<\sqrt{7}<3$에서 $-3<-\sqrt{7}<-2$이므로
$1<4-\sqrt{7}<2$

따라서 $4-\sqrt{7}$ 의 정수 부분은 1이므로 $a=1$

소수 부분은 $4-\sqrt{7}-1=3-\sqrt{7}$ 이므로 $b=3-\sqrt{7}$

$$\therefore a-b=1-(3-\sqrt{7})$$
$$=-2+\sqrt{7}$$

답 $-2+\sqrt{7}$

24

$1<\sqrt{3}<2$ 에서 $-2<-\sqrt{3}<-1$, $2<4-\sqrt{3}<3$ 이므로

$4-\sqrt{3}$ 의 정수 부분은 2, 소수 부분은

$4-\sqrt{3}-2=2-\sqrt{3}$

$$\therefore x=2-\sqrt{3}$$ ⋯⋯ 40 %

$3<\sqrt{12}<4$ 에서 $1<\sqrt{12}-2<2$ 이므로

$\sqrt{12}-2$ 의 정수 부분은 1, 소수 부분은

$\sqrt{12}-2-1=\sqrt{12}-3$

$$\therefore y=\sqrt{12}-3$$ ⋯⋯ 40 %

$$\therefore x+y=2-\sqrt{3}+(\sqrt{12}-3)$$
$$=2-\sqrt{3}+2\sqrt{3}-3$$
$$=\sqrt{3}-1$$ ⋯⋯ 20 %

답 $\sqrt{3}-1$

채점기준	배점
x의 값 구하기	40 %
y의 값 구하기	40 %
$x+y$의 값 구하기	20 %

25

① $3-(\sqrt{7}+1)=2-\sqrt{7}=\sqrt{4}-\sqrt{7}<0$

$\quad \therefore 3<\sqrt{7}+1$

② $3-\sqrt{12}-(-2)=5-\sqrt{12}=\sqrt{25}-\sqrt{12}>0$

$\quad \therefore 3-\sqrt{12}>-2$

③ $3-2\sqrt{3}-(2\sqrt{3}-1)=4-4\sqrt{3}=\sqrt{16}-\sqrt{48}<0$

$\quad \therefore 3-2\sqrt{3}<2\sqrt{3}-1$

④ $3+\sqrt{2}-(\sqrt{9}+2)=3+\sqrt{2}-5=\sqrt{2}-2<0$

$\quad \therefore 3+\sqrt{2}<\sqrt{9}+2$

⑤ $\sqrt{3}-\sqrt{2}-(\sqrt{12}-\sqrt{8})=\sqrt{3}-\sqrt{2}-2\sqrt{3}+2\sqrt{2}$
$$=\sqrt{2}-\sqrt{3}<0$$

$\quad \therefore \sqrt{3}-\sqrt{2}<\sqrt{12}-\sqrt{8}$

따라서 부등호의 방향이 나머지 넷과 다른 것은 ②이다.

답 ②

26

① $\sqrt{20}-(4-\sqrt{5})=2\sqrt{5}-4+\sqrt{5}=3\sqrt{5}-4$
$$=\sqrt{45}-\sqrt{16}>0$$

$\quad \therefore \sqrt{20}>4-\sqrt{5}$

② $3\sqrt{7}-2-(\sqrt{28}-1)=3\sqrt{7}-2-2\sqrt{7}+1$
$$=\sqrt{7}-1>0$$

$\quad \therefore 3\sqrt{7}-2>\sqrt{28}-1$

③ $\sqrt{3}+\sqrt{2}-(4\sqrt{2}-3\sqrt{3})=\sqrt{3}+\sqrt{2}-4\sqrt{2}+3\sqrt{3}$
$$=4\sqrt{3}-3\sqrt{2}$$
$$=\sqrt{48}-\sqrt{18}>0$$

$\quad \therefore \sqrt{3}+\sqrt{2}>4\sqrt{2}-3\sqrt{3}$

④ $3+\sqrt{2}-(\sqrt{18}+1)=3+\sqrt{2}-3\sqrt{2}-1$
$$=2-2\sqrt{2}$$
$$=\sqrt{4}-\sqrt{8}<0$$

$\quad \therefore 3+\sqrt{2}<\sqrt{18}+1$

⑤ $\sqrt{3}+\sqrt{6}-(2\sqrt{3}-\sqrt{6})=\sqrt{3}+\sqrt{6}-2\sqrt{3}+\sqrt{6}$
$$=2\sqrt{6}-\sqrt{3}$$
$$=\sqrt{24}-\sqrt{3}>0$$

$\quad \therefore \sqrt{3}+\sqrt{6}>2\sqrt{3}-\sqrt{6}$

따라서 옳은 것은 ②이다.

답 ②

27

(i) $a-b=2+\sqrt{3}-5=\sqrt{3}-3=\sqrt{3}-\sqrt{9}<0$

$\quad \therefore a<b$

(ii) $b-c=5-(\sqrt{7}+3)=2-\sqrt{7}=\sqrt{4}-\sqrt{7}<0$

$\quad \therefore b<c$

(i), (ii)에서 $a<b<c$

답 ①

28

$$\square ABCD=\frac{1}{2}\{\sqrt{5}+(\sqrt{2}+\sqrt{5})\}\times 2\sqrt{3}$$
$$=\frac{1}{2}(\sqrt{2}+2\sqrt{5})\times 2\sqrt{3}$$
$$=\sqrt{6}+2\sqrt{15}$$

답 $\sqrt{6}+2\sqrt{15}$

29

직사각형의 세로의 길이를 x라 하면

$$5\sqrt{3}\times x=210, \quad x=\frac{210}{5\sqrt{3}}=\frac{210\sqrt{3}}{15}=14\sqrt{3}$$

따라서 직사각형의 둘레의 길이는

$$2\times(5\sqrt{3}+14\sqrt{3})=38\sqrt{3}$$

답 $38\sqrt{3}$

30

직사각형의 가로와 세로의 길이를 각각 $3a$, $4a$라 하면

정사각형의 넓이는 $3a\times 3a=9a^2=72$ 이므로

$a^2=8 \quad \therefore a=\sqrt{8}=2\sqrt{2} \ (\because a>0)$

따라서 직사각형의 둘레의 길이는

$2 \times (3a+4a) = 14a = 14 \times 2\sqrt{2}$
$\qquad\qquad\qquad = 28\sqrt{2}$

달 $28\sqrt{2}$

$\triangle BFH$에서 $\overline{BF} = \sqrt{(2\sqrt{37})^2 - (2\sqrt{30})^2} = \sqrt{28}$
$\qquad\qquad\qquad\qquad = 2\sqrt{7}$ (cm)

달 $2\sqrt{7}$ cm

Sub 노트

(1) 가로의 길이가 a, 세로의 길이가 b인 직사각형의 대각선
   의 길이 $\Rightarrow \sqrt{a^2+b^2}$
(2) 세 모서리의 길이가 각각 a, b, c인 직육면체의 대각선의
   길이 $\Rightarrow \sqrt{a^2+b^2+c^2}$

STEP B 실력완성문제　　　　　　본문 29~34쪽

01 7	**02** ③	**03** $2\sqrt{7}$ cm
04 $(12\pi + 4\sqrt{30}\,\pi)$ cm²		**05** 5.73
06 10 cm	**07** $2\sqrt{21}$ cm	**08** $-\dfrac{\sqrt{10}}{2}$
09 -2	**10** $\dfrac{9\sqrt{13}}{13}$	**11** $(45+30\sqrt{6})$ cm²
12 $2+4\sqrt{2}$	**13** $7-2\sqrt{3}$	**14** ③
15 1	**16** 9	**17** $7k-2$　**18** $162\sqrt{6}$ cm²
19 3	**20** $\dfrac{6\sqrt{5}}{5}$	**21** 3　**22** $\dfrac{7}{2}$　**23** 4
24 $6\sqrt{19}$	**25** 25.339	**26** 120.11
27 $4\sqrt{15}$	**28** $32+26\sqrt{5}$	**29** ⑤　**30** 1
31 $\sqrt{19}-3$	**32** 21	**33** $\dfrac{3\sqrt{3}-\sqrt{2}}{5}$
34 11개	**35** $(28\sqrt{2}+4\sqrt{6})$ cm	**36** 36

01

$\dfrac{6\sqrt{x}}{\sqrt{80}} = \dfrac{6\sqrt{x}}{4\sqrt{5}} = \dfrac{3\sqrt{x}}{2\sqrt{5}} = \dfrac{3\sqrt{5x}}{10} = \dfrac{3\sqrt{35}}{10}$

$\sqrt{5x} = \sqrt{35}$이므로 $5x=35$

$\therefore x=7$

달 7

02

㉠ $\sqrt{\dfrac{27}{49}} = \dfrac{3\sqrt{3}}{7} = \dfrac{3}{7}x$

㉡ $\sqrt{3.63} = \sqrt{\dfrac{363}{100}} = \dfrac{11\sqrt{3}}{10} = \dfrac{11}{10}x$

㉢ $\sqrt{108} - \dfrac{9}{\sqrt{3}} = 6\sqrt{3} - 3\sqrt{3} = 3\sqrt{3} = 3x$

㉣ $x\sqrt{\dfrac{24}{100}} = \sqrt{3} \times \sqrt{\dfrac{24}{100}} = \sqrt{3 \times \dfrac{24}{100}}$
$\qquad\qquad = \sqrt{\dfrac{18}{25}} = \dfrac{3\sqrt{2}}{5}$

따라서 옳은 것은 ㉡, ㉢이므로 ③이다.

달 ③

03

$\triangle FGH$에서 $\overline{FH} = \sqrt{(3\sqrt{5})^2 + (5\sqrt{3})^2} = \sqrt{120}$
$\qquad\qquad\qquad\qquad = 2\sqrt{30}$ (cm)

04

밑면인 원의 반지름의 길이를 r cm라 하면
(원기둥의 부피)=(밑넓이)×(높이)이므로
$\pi \times r^2 \times 2\sqrt{5} = 12\sqrt{5}\,\pi$
$r^2 = 6 \qquad \therefore r = \sqrt{6}$ ($\because r>0$)
$\therefore$ (원기둥의 겉넓이)
$\quad = 2 \times \pi \times (\sqrt{6})^2 + 2\pi \times \sqrt{6} \times 2\sqrt{5}$
$\quad = 12\pi + 4\sqrt{30}\,\pi$ (cm²)

달 $(12\pi + 4\sqrt{30}\,\pi)$ cm²

05

$\sqrt{581} = \sqrt{5.81 \times 100} = 10\sqrt{5.81} = 10 \times 2.41 = 24.1$
$24.1 - \sqrt{a} = 21.706$이므로
$\sqrt{a} = 2.394$
$\therefore a = 5.73$

달 5.73

06

$\overline{AD}$는 정삼각형 ABC의 중선이므로 $\overline{BD} = 5\sqrt{3}$ (cm)
$\triangle ABD$에서
$\overline{AD} = \sqrt{(10\sqrt{3})^2 - (5\sqrt{3})^2} = 15$ (cm)
점 G는 삼각형 ABC의 무게중심이므로
$\overline{AG} = \dfrac{2}{3}\overline{AD} = \dfrac{2}{3} \times 15 = 10$ (cm)

달 10 cm

07

정육면체의 한 모서리의 길이를 x cm라 하면
$6x^2 = 168$, $x^2 = 28 \qquad \therefore x = 2\sqrt{7}$ ($\because x>0$)
오른쪽 그림과 같이 한 모서리의 길
이가 $2\sqrt{7}$ cm인 정육면체에서 $\overline{FH}$의
길이는 $\triangle FGH$에서 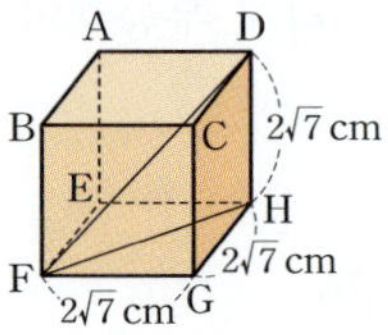
$\overline{FH} = \sqrt{(2\sqrt{7})^2 + (2\sqrt{7})^2}$
$\qquad = 2\sqrt{14}$ (cm)
따라서 $\triangle DFH$에서
$\overline{DF} = \sqrt{(2\sqrt{7})^2 + (2\sqrt{14})^2} = 2\sqrt{21}$ (cm)이므로

구하는 대각선의 길이는 $2\sqrt{21}$ cm이다.

답 $2\sqrt{21}$ cm

08

$$x=\frac{\sqrt{5}-\sqrt{2}}{2\sqrt{3}}=\frac{\sqrt{15}-\sqrt{6}}{6},\ y=\frac{\sqrt{5}+\sqrt{2}}{2\sqrt{3}}=\frac{\sqrt{15}+\sqrt{6}}{6}$$

$$x+y=\frac{\sqrt{15}-\sqrt{6}}{6}+\frac{\sqrt{15}+\sqrt{6}}{6}=\frac{\sqrt{15}}{3}$$

$$x-y=\frac{\sqrt{15}-\sqrt{6}}{6}-\frac{\sqrt{15}+\sqrt{6}}{6}=-\frac{\sqrt{6}}{3}$$

$$\therefore\ \frac{x+y}{x-y}=\frac{\sqrt{15}}{3}\div\left(-\frac{\sqrt{6}}{3}\right)=\frac{\sqrt{15}}{3}\times\left(-\frac{3}{\sqrt{6}}\right)$$

$$=-\frac{\sqrt{15}}{\sqrt{6}}=-\frac{\sqrt{5}}{\sqrt{2}}=-\frac{\sqrt{10}}{2}$$

답 $-\dfrac{\sqrt{10}}{2}$

09

$$\frac{\sqrt{12}+\sqrt{60}}{\sqrt{3}}-a\left(\frac{\sqrt{8}-\sqrt{10}}{\sqrt{2}}\right)=\sqrt{4}+\sqrt{20}-\sqrt{4}\,a+\sqrt{5}\,a$$

$$=2-2a+\sqrt{5}\,(2+a)$$

유리수가 되려면 $2+a=0$이어야 하므로 $a=-2$

답 -2

10

전략

$\triangle ABC=\dfrac{1}{2}\times\overline{BC}\times\overline{AC}=\dfrac{1}{2}\times\overline{AB}\times\overline{CD}$임을 이용한다.

$$\overline{BC}=\sqrt{(\sqrt{13})^2-3^2}=\sqrt{4}=2$$

$$\triangle ABC=\frac{1}{2}\times\overline{BC}\times\overline{AC}=\frac{1}{2}\times2\times3=3$$

$$\triangle ABC=\frac{1}{2}\times\overline{AB}\times\overline{CD}=\frac{1}{2}\times\sqrt{13}\times\overline{CD}=3$$

$$\therefore\ \overline{CD}=\frac{6}{\sqrt{13}}=\frac{6\sqrt{13}}{13}$$

$$\overline{AD}=\sqrt{\overline{AC}^2-\overline{CD}^2}=\sqrt{3^2-\left(\frac{6\sqrt{13}}{13}\right)^2}$$

$$=\sqrt{\frac{81}{13}}=\frac{9\sqrt{13}}{13}$$

답 $\dfrac{9\sqrt{13}}{13}$

같은문제 / 다른풀이

$\overline{AC}^2=\overline{AD}\times\overline{AB}$에서 $3^2=\overline{AD}\times\sqrt{13}$이므로

$$\overline{AD}=\frac{9}{\sqrt{13}}=\frac{9\sqrt{13}}{13}$$

11

$\sqrt{54}=3\sqrt{6}$이므로

$$\square ABCD=3\sqrt{6}\times9+3\times9+3\sqrt{6}\times\sqrt{6}+3\times\sqrt{6}$$

$$=27\sqrt{6}+27+18+3\sqrt{6}$$

$$=45+30\sqrt{6}\ (\text{cm}^2)$$

답 $(45+30\sqrt{6})$ cm²

12

전략

한 변의 길이가 2인 정사각형의 대각선의 길이는 $2\sqrt{2}$임을 이용하여 두 점 P, Q의 좌표를 구한다.

피타고라스 정리에 의해

$$\overline{AC}=\overline{BD}=\sqrt{2^2+2^2}=\sqrt{8}=2\sqrt{2}$$

이때 $\overline{BD}=\overline{BP}=2\sqrt{2}$, $\overline{CA}=\overline{CQ}=2\sqrt{2}$ 이므로

$$P(2-2\sqrt{2}),\ Q(4+2\sqrt{2})$$

$$\therefore\ \overline{PQ}=(4+2\sqrt{2})-(2-2\sqrt{2})$$

$$=4+2\sqrt{2}-2+2\sqrt{2}$$

$$=2+4\sqrt{2}$$

답 $2+4\sqrt{2}$

13

$$(4\sqrt{3}-2)\bigstar\sqrt{3}=(4\sqrt{3}-2)\times\sqrt{3}-\sqrt{3}$$

$$=12-2\sqrt{3}-\sqrt{3}=12-3\sqrt{3}$$

$$2\bigstar(5-\sqrt{3})=2(5-\sqrt{3})-(5-\sqrt{3})$$

$$=10-2\sqrt{3}-5+\sqrt{3}=5-\sqrt{3}$$

$$\therefore\ \{(4\sqrt{3}-2)\bigstar\sqrt{3}\}-\{2\bigstar(5-\sqrt{3})\}$$

$$=(12-3\sqrt{3})-(5-\sqrt{3})=7-2\sqrt{3}$$

답 $7-2\sqrt{3}$

14

$$a-c=2\sqrt{2}+1-(3\sqrt{2}-2)=3-\sqrt{2}=\sqrt{9}-\sqrt{2}>0$$

$$\therefore\ a>c\qquad\cdots\cdots\ \ominus$$

$$b-c=6-3\sqrt{5}-(3\sqrt{2}-2)=8-3(\sqrt{5}+\sqrt{2})$$

$2<\sqrt{5}<3$, $1<\sqrt{2}<2$에서

$3<\sqrt{5}+\sqrt{2}<5$, $9<3(\sqrt{5}+\sqrt{2})<15$이므로

$$-15<-3(\sqrt{5}+\sqrt{2})<-9$$

따라서 $b-c<0$이므로 $b<c\qquad\cdots\cdots\ \ominus$

$\ominus$, $\ominus$에서 $b<c<a$

답 ③

15

$2\sqrt{13}=\sqrt{52}$에서 $7<\sqrt{52}<8$이므로

$$a=2\sqrt{13}-7\qquad\qquad\cdots\cdots\ 40\ \%$$

$3\sqrt{13}=\sqrt{117}$에서 $10<\sqrt{117}<11$이므로

$$-11<-3\sqrt{13}<-10,$$

$$1<12-3\sqrt{13}<2$$

$$\therefore\ b=12-3\sqrt{13}-1=11-3\sqrt{13}\qquad\cdots\cdots\ 40\ \%$$

$$\therefore\ 3a+2b=3(2\sqrt{13}-7)+2(11-3\sqrt{13})$$

$$=6\sqrt{13}-21+22-6\sqrt{13}=1\qquad\cdots\cdots\ 20\ \%$$

답 1

채점기준	배점
a의 값 구하기	40 %
b의 값 구하기	40 %
$3a+2b$의 값 구하기	20 %

16

$$\sqrt{\dfrac{3^{20}+9^{11}+27^{8}+81^{4}}{3^{12}+9^{8}+27^{6}+81^{5}}}=\sqrt{\dfrac{3^{20}+3^{22}+3^{24}+3^{16}}{3^{12}+3^{16}+3^{18}+3^{20}}}$$
$$=\sqrt{\dfrac{3^{16}(3^{4}+3^{6}+3^{8}+1)}{3^{12}(1+3^{4}+3^{6}+3^{8})}}=\sqrt{3^{4}}=9$$

답 9

17

$3<\sqrt{11}<4$이므로 $k=\sqrt{11}-3$ $\quad\therefore\ \sqrt{11}=k+3$
$23^{2}=529,\ 24^{2}=576$이므로 $23<\sqrt{539}<24$
$\sqrt{539}$의 소수 부분은
$$\sqrt{539}-23=7\sqrt{11}-23$$
$$=7(k+3)-23$$
$$=7k-2$$

답 $7k-2$

18

$\triangle ABI\equiv\triangle GFI\equiv\triangle GHJ\equiv\triangle ADJ$ (SAS 합동)이므로
$\overline{AI}=\overline{GI}=\overline{GJ}=\overline{AJ}$
따라서 $\square AIGJ$는 마름모이다.
$\overline{IJ}=\overline{FH}=\sqrt{18^{2}+18^{2}}=18\sqrt{2}$ (cm)
$\overline{AG}=\sqrt{18^{2}+(18\sqrt{2})^{2}}=18\sqrt{3}$ (cm)
$\therefore\ \square AIGJ=\dfrac{1}{2}\times18\sqrt{2}\times18\sqrt{3}=162\sqrt{6}$ (cm^2)

답 $162\sqrt{6}$ cm^2

19

$$\sqrt{6\sqrt{2}\div(-\sqrt{35})\times\left(-\dfrac{\sqrt{28}}{16}\right)\div\dfrac{1}{3\sqrt{40}}}$$
$$=\sqrt{6\sqrt{2}\times\left(-\dfrac{1}{\sqrt{35}}\right)\times\left(-\dfrac{2\sqrt{7}}{16}\right)\times6\sqrt{10}}$$
$$=\sqrt{9}=3$$

답 3

20

$$\sqrt{5}+\dfrac{1}{\sqrt{5}}=\sqrt{5}+\dfrac{\sqrt{5}}{5}=\dfrac{6\sqrt{5}}{5}$$

$$\dfrac{1}{\sqrt{5}+\dfrac{1}{\sqrt{5}}}=\dfrac{5}{6\sqrt{5}}=\dfrac{5\sqrt{5}}{30}=\dfrac{\sqrt{5}}{6}$$

$$\sqrt{5}+\dfrac{1}{\sqrt{5}+\dfrac{1}{\sqrt{5}}}=\sqrt{5}+\dfrac{\sqrt{5}}{6}=\dfrac{7\sqrt{5}}{6}$$

$$\therefore\ \dfrac{7}{\sqrt{5}+\dfrac{1}{\sqrt{5}+\dfrac{1}{\sqrt{5}}}}=\dfrac{7}{\dfrac{7\sqrt{5}}{6}}=7\times\dfrac{6}{7\sqrt{5}}=\dfrac{6}{\sqrt{5}}=\dfrac{6\sqrt{5}}{5}$$

답 $\dfrac{6\sqrt{5}}{5}$

21

$$2x-\sqrt{8}+3+y\sqrt{2}=2x-2\sqrt{2}+3+y\sqrt{2}$$
$$=(2x+3)+\sqrt{2}(y-2)$$
유리수가 되려면 $y-2=0$이어야 하므로
$y=2$ $\qquad\qquad$ ······ 40 %
$$(2x-\sqrt{8})(3+y\sqrt{2})=(2x-2\sqrt{2})(3+y\sqrt{2})$$
$$=6x-4y+\sqrt{2}(2xy-6)$$
유리수가 되려면 $2xy-6=0$이어야 하므로
$4x-6=0$ $\quad\therefore\ x=\dfrac{3}{2}$ $\qquad$ ······ 40 %
$\therefore\ xy=\dfrac{3}{2}\times2=3$ $\qquad\qquad$ ······ 20 %

답 3

채점기준	배점
y의 값 구하기	40 %
x의 값 구하기	40 %
xy의 값 구하기	20 %

22

$$2\sqrt{48}+\sqrt{3}\left(\dfrac{\sqrt{49}}{3}-\sqrt{50}\right)-\dfrac{8-4\sqrt{2}}{\sqrt{3}}-\sqrt{\dfrac{21}{4}}\div\dfrac{\sqrt{63}}{3}$$
$$=8\sqrt{3}+\dfrac{7\sqrt{3}}{3}-5\sqrt{6}-\dfrac{8\sqrt{3}}{3}+\dfrac{4\sqrt{6}}{3}-\dfrac{\sqrt{3}}{2}$$
$$=\dfrac{43\sqrt{3}}{6}-\dfrac{11\sqrt{6}}{3}$$
$m=\dfrac{43}{6},\ n=-\dfrac{11}{3}$이므로
$m+n=\dfrac{43}{6}+\left(-\dfrac{11}{3}\right)=\dfrac{21}{6}=\dfrac{7}{2}$

답 $\dfrac{7}{2}$

23

$$\dfrac{\sqrt{180}}{2\sqrt{x}}=\dfrac{6\sqrt{5}}{2\sqrt{x}}=\dfrac{3\sqrt{5}}{\sqrt{x}}=\dfrac{3\sqrt{5}}{2}$$
$\sqrt{x}=2$이므로 $x=4$

답 4

24

$$\sqrt{48400}=\sqrt{4.84\times10000}=100\sqrt{4.84}$$

$$=100 \times 2.200 = 220.0$$
$$\therefore x = 220.0$$

$\sqrt{4.64} = 2.154$이므로 $\dfrac{\sqrt{4.64}}{10} = 0.2154$

$\sqrt{\dfrac{4.64}{100}} = 0.2154$, $\sqrt{0.0464} = 0.2154$

$$\therefore y = 0.0464$$
$$\therefore \sqrt{x+10000y} = \sqrt{220.0+464}$$
$$= \sqrt{684} = 6\sqrt{19}$$

답 $6\sqrt{19}$

25

$$\sqrt{0.22} = \sqrt{\dfrac{22.0}{100}} = \dfrac{\sqrt{22.0}}{10} = \dfrac{4.690}{10} = 0.469$$

$$\sqrt{2330} = \sqrt{23.3 \times 100} = 10\sqrt{23.3}$$
$$= 10 \times 4.827 = 48.27$$

$$\therefore a = \sqrt{0.22} + \sqrt{2330} = 0.469 + 48.27 = 48.739$$

$\sqrt{23.4} = 4.837$이므로 $\dfrac{\sqrt{23.4}}{10} = 0.4837$

$$\dfrac{\sqrt{23.4}}{10} = \sqrt{\dfrac{23.4}{100}} = \sqrt{0.234}$$

$$\therefore b = 0.234$$
$$\therefore a - 100b = 48.739 - 23.4 = 25.339$$

답 25.339

26

$$\sqrt{3420} + 50\sqrt{1.52} = \sqrt{100 \times 34.2} + 50\sqrt{\dfrac{152}{100}}$$
$$= \sqrt{100 \times 9 \times 3.8} + 50\sqrt{\dfrac{4 \times 38}{100}}$$
$$= 30\sqrt{3.8} + 50 \times \dfrac{\sqrt{38}}{5}$$
$$= 30 \times 1.949 + 10 \times 6.164$$
$$= 58.47 + 61.64 = 120.11$$

답 120.11

27

$$2\sqrt{5}\left(\sqrt{27} - \dfrac{2\sqrt{15}}{3}\right) - \sqrt{3}\left(\sqrt{20} - \dfrac{4\sqrt{225}}{9}\right)$$
$$= 2\sqrt{5}\left(3\sqrt{3} - \dfrac{2\sqrt{15}}{3}\right) - \sqrt{3}\left(2\sqrt{5} - \dfrac{20}{3}\right)$$
$$= 6\sqrt{15} - \dfrac{20\sqrt{3}}{3} - 2\sqrt{15} + \dfrac{20\sqrt{3}}{3}$$
$$= 4\sqrt{15}$$

답 $4\sqrt{15}$

28

$$A = \sqrt{180} - 4 = \sqrt{6^2 \times 5} - 4$$

$$= 6\sqrt{5} - 4 \qquad \cdots\cdots 10\,\%$$
$$B = \sqrt{5}(6\sqrt{5} - 4) - 20 = 30 - 4\sqrt{5} - 20$$
$$= 10 - 4\sqrt{5} \qquad \cdots\cdots 30\,\%$$
$$C = \sqrt{5}(10 - 4\sqrt{5}) + 20 = 10\sqrt{5} - 20 + 20$$
$$= 10\sqrt{5} \qquad \cdots\cdots 30\,\%$$
$$\therefore 2A + 4B + 3C$$
$$= 2(6\sqrt{5} - 4) + 4(10 - 4\sqrt{5}) + 3 \times 10\sqrt{5}$$
$$= 12\sqrt{5} - 8 + 40 - 16\sqrt{5} + 30\sqrt{5}$$
$$= 32 + 26\sqrt{5} \qquad \cdots\cdots 30\,\%$$

답 $32 + 26\sqrt{5}$

채점기준	배점
A의 값 간단히 하기	10 %
B의 값 구하기	30 %
C의 값 구하기	30 %
$2A+4B+3C$의 값 구하기	30 %

29

$5 < \sqrt{32} < 6$이므로 $a = \sqrt{32} - 5 = 4\sqrt{2} - 5$

$4\sqrt{2} = a + 5 \qquad \therefore \sqrt{2} = \dfrac{a+5}{4}$

$11 < \sqrt{125} < 12$이므로 $b = \sqrt{125} - 11 = 5\sqrt{5} - 11$

$5\sqrt{5} = b + 11 \qquad \therefore \sqrt{5} = \dfrac{b+11}{5}$

$$\therefore \sqrt{10} = \sqrt{2} \times \sqrt{5}$$
$$= \dfrac{a+5}{4} \times \dfrac{b+11}{5} = \dfrac{(a+5)(b+11)}{20}$$

답 ⑤

30

$$\sqrt{25} - \dfrac{\sqrt{30}}{\sqrt{45}} = 5 - \sqrt{\dfrac{2}{3}} = 5 - \dfrac{\sqrt{6}}{3}$$

$$3\sqrt{6} + \dfrac{\sqrt{18}}{\sqrt{12}} - \dfrac{3}{\sqrt{6}} = 3\sqrt{6} + \sqrt{\dfrac{3}{2}} - \dfrac{3\sqrt{6}}{6}$$
$$= 3\sqrt{6} + \dfrac{\sqrt{6}}{2} - \dfrac{\sqrt{6}}{2} = 3\sqrt{6}$$

$$(\text{주어진 식}) = 12\left(5 - \dfrac{\sqrt{6}}{3}\right) - (3\sqrt{6})^2$$
$$= 60 - 4\sqrt{6} - 54$$
$$= 6 - 4\sqrt{6} = 2(3 - 2\sqrt{6})$$

$a = 3$, $b = -2$이므로

$$a + b = 3 + (-2) = 1$$

답 1

31

$-\sqrt{36} - (\sqrt{19} - 3) = -6 - \sqrt{19} + 3 = -3 - \sqrt{19} < 0$

$$\therefore -\sqrt{36} < \sqrt{19} - 3$$

$\sqrt{19} - 3 - 3 = \sqrt{19} - 6 = \sqrt{19} - \sqrt{36} < 0$

$\therefore \sqrt{19}-3<3$

$\sqrt{27}-2-3=\sqrt{27}-5=\sqrt{27}-\sqrt{25}>0$

$\therefore \sqrt{27}-2>3$

$3-(2\sqrt{6}-\sqrt{4})=3-2\sqrt{6}+2=5-2\sqrt{6}$
$=\sqrt{25}-\sqrt{24}>0$

$\therefore 3>2\sqrt{6}-\sqrt{4}$

$\sqrt{19}-3-(2\sqrt{6}-\sqrt{4})=\sqrt{19}-3-2\sqrt{6}+2$
$=\sqrt{19}-\sqrt{24}-1<0$

$\therefore \sqrt{19}-3<2\sqrt{6}-\sqrt{4}$

$\therefore -\sqrt{36}<\sqrt{19}-3<2\sqrt{6}-\sqrt{4}<3<\sqrt{27}-2$

따라서 두 번째에 오는 수는 $\sqrt{19}-3$이다. **답** $\sqrt{19}-3$

32

전략

$x\sqrt{y}=\sqrt{x^2 y}$ 임을 이용한다.

$x\sqrt{\dfrac{12y}{x}}-y\sqrt{\dfrac{3x}{y}}=\sqrt{x^2\times\dfrac{12y}{x}}-\sqrt{y^2\times\dfrac{3x}{y}}$
$=\sqrt{12xy}-\sqrt{3xy}$
$=\sqrt{12\times147}-\sqrt{3\times147}$
$=\sqrt{2^2\times3^2\times7^2}-\sqrt{3^2\times7^2}$
$=42-21=21$ **답** 21

33

$\begin{cases}\sqrt{2}x+\sqrt{3}y=2 & \cdots\cdots\text{㉠}\\ \sqrt{3}x-\sqrt{2}y=1 & \cdots\cdots\text{㉡}\end{cases}$ 에서

㉠$\times\sqrt{2}+$㉡$\times\sqrt{3}$을 하면

$5x=2\sqrt{2}+\sqrt{3}$ $\therefore x=\dfrac{2\sqrt{2}+\sqrt{3}}{5}$

㉠$\times\sqrt{3}-$㉡$\times\sqrt{2}$를 하면

$5y=2\sqrt{3}-\sqrt{2}$ $\therefore y=\dfrac{2\sqrt{3}-\sqrt{2}}{5}$

따라서 $p=\dfrac{2\sqrt{2}+\sqrt{3}}{5}$, $q=\dfrac{2\sqrt{3}-\sqrt{2}}{5}$ 이므로

$p+q=\dfrac{2\sqrt{2}+\sqrt{3}+2\sqrt{3}-\sqrt{2}}{5}=\dfrac{\sqrt{2}+3\sqrt{3}}{5}$

$\therefore \dfrac{1}{p+q}=\dfrac{5}{\sqrt{2}+3\sqrt{3}}=\dfrac{5(3\sqrt{3}-\sqrt{2})}{25}=\dfrac{3\sqrt{3}-\sqrt{2}}{5}$

답 $\dfrac{3\sqrt{3}-\sqrt{2}}{5}$

34

$\sqrt{a}$ 의 정수 부분이 5이므로 $5\leq\sqrt{a}<6$

$\therefore 25\leq a<36$

따라서 조건을 만족하는 자연수 a는 모두 25, 26, $\cdots$, 35 의 11개이다. **답** 11개

35

전략

넓이가 a인 정사각형의 한 변의 길이는 $\sqrt{a}$임을 이용한다.

정사각형 A의 넓이가 $8\ \text{cm}^2$이므로

정사각형 B의 넓이는 $3\times8=24\ (\text{cm}^2)$

정사각형 C의 넓이는 $3\times24=72\ (\text{cm}^2)$ $\cdots\cdots$ 30 %

따라서 세 정사각형 A, B, C의 한 변의 길이는 차례로

$2\sqrt{2}\ \text{cm}$, $2\sqrt{6}\ \text{cm}$, $6\sqrt{2}\ \text{cm}$이다. $\cdots\cdots$ 30 %

(도형의 둘레의 길이)
$=(2\sqrt{2}+2\sqrt{6}+6\sqrt{2})\times2+6\sqrt{2}\times2$
$=(8\sqrt{2}+2\sqrt{6})\times2+12\sqrt{2}$
$=16\sqrt{2}+4\sqrt{6}+12\sqrt{2}$
$=28\sqrt{2}+4\sqrt{6}\ (\text{cm})$ $\cdots\cdots$ 40 %

답 $(28\sqrt{2}+4\sqrt{6})\ \text{cm}$

채점기준	배점
정사각형 B, C의 넓이 구하기	30 %
정사각형 A, B, C의 한 변의 길이 구하기	30 %
새로 만든 도형의 둘레의 길이 구하기	40 %

36

$\sqrt{32}=4\sqrt{2}$, $\sqrt{128}=8\sqrt{2}$

$\overline{AB}=\overline{OB}-\overline{OA}=\sqrt{2a}-\sqrt{32}$
$=\sqrt{2a}-4\sqrt{2}$

$\overline{BC}=\overline{OC}-\overline{OB}=\sqrt{128}-\sqrt{2a}$
$=8\sqrt{2}-\sqrt{2a}$

이때 $\overline{AB}=\overline{BC}$이므로

$\sqrt{2a}-4\sqrt{2}=8\sqrt{2}-\sqrt{2a}$

$2\sqrt{2a}=12\sqrt{2}$, $\sqrt{2a}=6\sqrt{2}$, $\sqrt{2a}=\sqrt{72}$

$\therefore a=36$ **답** 36

STEP **A** 최고난도문제 본문 35~36쪽

01	4	02	$2\sqrt{30}$	03	35
04	$\dfrac{15}{4}(\sqrt{5}-1)$배	05	$\dfrac{\sqrt{6}}{6}$	06	274

01

$\dfrac{5a-8b}{3a+6b}=1$에서 $5a-8b=3a+6b$

$2a=14b$ $\therefore a=7b$

$\sqrt{\dfrac{13a-b}{2a-9b}}=\sqrt{\dfrac{91b-b}{14b-9b}}=\sqrt{\dfrac{90b}{5b}}=\sqrt{18}$

이때 $4^2=16$, $4.5^2=20.25$이므로 $\sqrt{16}<\sqrt{18}<\sqrt{20.25}$

$\therefore 4<\sqrt{18}<4.5$

따라서 가장 가까운 정수는 4이다.   답 4

02

$x:y:z=(\sqrt{6}+\sqrt{5}):(\sqrt{3}-\sqrt{5}):(\sqrt{6}-\sqrt{3})$이므로

$x=(\sqrt{6}+\sqrt{5})k$, $y=(\sqrt{3}-\sqrt{5})k$,

$z=(\sqrt{6}-\sqrt{3})k$ $(k>0)$라 하면

$x+y+z=(\sqrt{6}+\sqrt{5})k+(\sqrt{3}-\sqrt{5})k+(\sqrt{6}-\sqrt{3})k$

$\qquad\qquad =2\sqrt{6}k=12$

$\therefore k=\sqrt{6}$

$\therefore x-y-z=(\sqrt{6}+\sqrt{5})k-(\sqrt{3}-\sqrt{5})k-(\sqrt{6}-\sqrt{3})k$

$\qquad\qquad =2\sqrt{5}k=2\sqrt{5}\times\sqrt{6}=2\sqrt{30}$ 답 $2\sqrt{30}$

03

$\sqrt{2a}-\sqrt{3b}=\sqrt{7}$에서 $\sqrt{2a}=\sqrt{7}+\sqrt{3b}$

$\sqrt{7}$ 과 $\sqrt{3b}$ 를 계산할 수 있어야 하므로 $\sqrt{3b}=k\sqrt{7}$ (k는

자연수) 꼴이어야 한다.

즉 $\sqrt{3b}=k\sqrt{7}=\sqrt{7k^2}$이므로 $3b=7k^2$

$\therefore b=\dfrac{7k^2}{3}$

이때 b는 자연수이므로 k는 3의 배수이어야 한다.

$\qquad\qquad\qquad\qquad\qquad\qquad\qquad\qquad$ …… ㉠

$\sqrt{2a}=\sqrt{7}+\sqrt{3b}=\sqrt{7}+k\sqrt{7}=(1+k)\sqrt{7}=\sqrt{7(1+k)^2}$

$2a=7(1+k)^2$ $\therefore a=\dfrac{7(1+k)^2}{2}$

이때 a는 자연수이므로 k는 홀수이어야 한다. …… ㉡

㉠, ㉡에서 $k=3,\ 9,\ 15,\ \cdots$

$k=3$일 때, $a=56$, $b=21$이므로 $a-b=35$

$k=9$일 때, $a=350$, $b=189$이므로 $a-b=161$

$\qquad\qquad\qquad\vdots$

따라서 $a-b$의 값 중 가장 작은 값은 35이다.   답 35

04

직육면체 P의 밑면의 한 변의 길이를 x로 놓고, 직육면체 P의 높이를 x를 사용하여 나타낸다.

직육면체 P의 밑면의 한 변의 길이를 x라고 하면

직육면체 P와 정육면체 Q의 밑면의 넓이는 각각 x^2, $5x^2$이다.

따라서 정육면체 Q의 한 모서리의 길이는

$\sqrt{5x^2}=\sqrt{5}x$이므로

(정육면체 Q의 부피)$=(\sqrt{5}x)^3=5\sqrt{5}x^3$

(직육면체 P의 부피)$=\dfrac{5\sqrt{5}x^3}{10}=\dfrac{\sqrt{5}}{2}x^3$

$\therefore$ (직육면체 P의 높이)$=\dfrac{\dfrac{\sqrt{5}}{2}x^3}{x^2}=\dfrac{\sqrt{5}}{2}x$

이때 직육면체 P의 겉넓이는

$2\times x^2+4\times\dfrac{\sqrt{5}}{2}x\times x=2x^2+2\sqrt{5}x^2=2(1+\sqrt{5})x^2$

또, 정육면체 Q의 겉넓이는 $6\times 5x^2=30x^2$이다.

$\dfrac{\text{(Q의 겉넓이)}}{\text{(P의 겉넓이)}}=\dfrac{30x^2}{2(1+\sqrt{5})x^2}=\dfrac{15}{1+\sqrt{5}}$

$\qquad\qquad\qquad =\dfrac{15(1-\sqrt{5})}{(1+\sqrt{5})(1-\sqrt{5})}$

$\qquad\qquad\qquad =\dfrac{15}{4}(\sqrt{5}-1)$

따라서 정육면체 Q의 겉넓이는 직육면체 P의 겉넓이의

$\dfrac{15}{4}(\sqrt{5}-1)$배이다.   답 $\dfrac{15}{4}(\sqrt{5}-1)$배

직육면체와 정육면체의 부피

① (직육면체의 부피)=(밑넓이)×(높이)

② 한 모서리의 길이가 a인 정육면체의 부피는 a^3이다.

05

$\dfrac{\sqrt{1\times2\times4+2\times4\times8+3\times6\times12+\cdots+k\times2k\times4k}}{\sqrt{2\times4\times6+4\times8\times12+6\times12\times18+\cdots+2k\times4k\times6k}}$

$=\dfrac{\sqrt{1\times2\times4(1+2^3+3^3+\cdots+k^3)}}{\sqrt{2\times4\times6(1+2^3+3^3+\cdots+k^3)}}$

$=\sqrt{\dfrac{1\times2\times4}{2\times4\times6}}=\dfrac{1}{\sqrt{6}}=\dfrac{\sqrt{6}}{6}$ 답 $\dfrac{\sqrt{6}}{6}$

06

$4<\sqrt{20}\ (\sim\sqrt{24})<5$, $\sqrt{25}=5$

$5<\sqrt{26}\ (\sim\sqrt{35})<6$, $\sqrt{36}=6$

$6<\sqrt{37}\ (\sim\sqrt{48})<7$, $\sqrt{49}=7$

$7<\sqrt{50}\ (\sim\sqrt{55})<8$

$f(n)=(\sqrt{n}+2$의 정수 부분$)$은 다음과 같다.

$f(20)=\cdots=f(24)=6$

$f(25)=\cdots=f(35)=7$

$f(36)=\cdots=f(48)=8$

$f(49)=\cdots=f(55)=9$

$\therefore f(20)+f(21)+f(22)+\cdots+f(55)$

$\qquad =6\times5+7\times11+8\times13+9\times7$

$\qquad =30+77+104+63=274$ 답 274

Ⅱ 다항식의 곱셈과 인수분해

01. 다항식의 곱셈

01 $2x^2+10xy-5x-35y-7$ **02** -2 **03** 1

04 ④   **05** ①   **06** -4 **07** ①

08 $10x^2-14x-12$ **09** -2 **10** ②

11 $54a^2-15a+1$ **12** $12\pi ab$

13 $x^2+2xy+y^2-4xz-4yz+4z^2$ **14** 0

15 $x^4+4x^3-7x^2-22x+24$ **16** ②   **17** 2025

18 $-11+7\sqrt{5}$ **19** $15+4\sqrt{14}$ **20** -13

21 6 **22** $5-6\sqrt{6}$ **23** 4 **24** -1

25 (1) 25 (2) 37 (3) $-\dfrac{17}{4}$ **26** 4 **27** 2

28 ⑤   **29** ①   **30** 10

01

$(2x-7)(x+5y+1)$
$=2x^2+10xy+2x-7x-35y-7$
$=2x^2+10xy-5x-35y-7$

답 $2x^2+10xy-5x-35y-7$

02

$(a-3b+4)(2a+b-5)$
$=2a^2+ab-5a-6ab-3b^2+15b+8a+4b-20$
$=2a^2-5ab+3a-3b^2+19b-20$

따라서 $m=-5$, $n=3$이므로 $m+n=-5+3=-2$

답 -2

03

xy항이 나오는 부분만 계산하면
$ax\times(-by)+5y\times(-x)=(-ab-5)xy$
즉 $-ab-5=-3$ $\therefore ab=-2$ …… 40 %
x항이 나오는 부분만 계산하면
$ax\times6=6ax$이므로 $6a=12$ $\therefore a=2$ …… 40 %
$a=2$를 $ab=-2$에 대입하면 $b=-1$
$\therefore a+b=2-1=1$ …… 20 %

답 1

채점기준	배점
ab의 값 구하기	40 %
a의 값 구하기	40 %
$a+b$의 값 구하기	20 %

04

④ $(2x-1)(2x-9)=4x^2-20x+9$ 답 ④

05

$\left(-\dfrac{1}{2}x-3y\right)^2=\left\{-\dfrac{1}{2}(x+6y)\right\}^2=\dfrac{1}{4}(x+6y)^2$

답 ①

06

$(Ax+3)(5x+B)=5Ax^2+(AB+15)x+3B$
즉 $5Ax^2+(AB+15)x+3B=10x^2+Cx-21$에서
$5A=10$, $AB+15=C$, $3B=-21$
따라서 $A=2$, $B=-7$, $C=1$이므로
$A+B+C=2-7+1=-4$ 답 -4

07

① $(4a+1)(3-a)=-4a^2+\boxed{11}a+3$
② $(x-2y)(x-4y)=x^2-\boxed{6}xy+8y^2$
③ $(x+3)(5x+1)=\boxed{5}x^2+16x+3$
④ $(a-3b)^2=a^2-6ab+\boxed{9}b^2$
⑤ $(3x+5y)(2x-y)=6x^2+\boxed{7}xy-5y^2$
따라서 □ 안에 들어갈 수가 가장 큰 것은 ①이다.   답 ①

08

$(5x+a)(4x-2)=20x^2+(4a-10)x-2a$이므로
$4a-10=2$, $-2a=-6$ $\therefore a=3$ …… 50 %
따라서 바르게 계산하면
$(5x+3)(2x-4)=10x^2-14x-12$ …… 50 %

답 $10x^2-14x-12$

채점기준	배점
a의 값 구하기	50 %
바르게 계산한 답 구하기	50 %

09

$(x+2)(x-2)+(2x-3)(x+6)$
$=x^2-4+2x^2+9x-18$
$=3x^2+9x-22$
따라서 $a=3$, $b=9$, $c=-22$이므로
$a-3b-c=3-3\times9-(-22)=-2$ 답 -2

10

색칠한 직사각형의 가로의 길이는 $6x+4$,

세로의 길이는 $5x-1$이므로
(색칠한 직사각형의 넓이)$=(6x+4)(5x-1)$
$$=30x^2+14x-4 \qquad \text{답 } ②$$

11

주어진 그림을 변형하면 오른쪽 그림
과 같으므로 길을 제외한 땅의 넓이는
가로의 길이가 $9a-1$, 세로의 길이가
$6a-1$인 직사각형의 넓이와 같다.

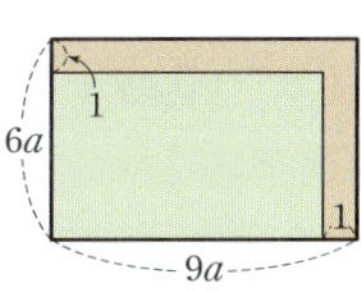

$\therefore$ (길을 제외한 땅의 넓이)$=(9a-1)(6a-1)$
$$=54a^2-15a+1$$
$$\text{답 } 54a^2-15a+1$$

12

(원의 넓이)$=\pi\times$(반지름의 길이)^{2}임을 이용하여 색칠한 부분의 넓
이를 구한다.

가장 큰 원의 반지름의 길이는 $3a+2b$이므로
(색칠한 부분의 넓이)
$=\pi\times(3a+2b)^2-\pi\times(3a)^2-\pi\times(2b)^2$
$=\pi(9a^2+12ab+4b^2)-9\pi a^2-4\pi b^2$
$=12\pi ab \qquad \text{답 } 12\pi ab$

13

$x+y=A$로 놓으면
$(x+y-2z)^2=(A-2z)^2=A^2-4Az+4z^2$
$$=(x+y)^2-4(x+y)z+4z^2$$
$$=x^2+2xy+y^2-4xz-4yz+4z^2$$
$$\text{답 } x^2+2xy+y^2-4xz-4yz+4z^2$$

14

$2x+1=A$로 놓으면
$(2x-3y+1)(2x+y+1)$
$=(A-3y)(A+y)$
$=A^2-2Ay-3y^2$
$=(2x+1)^2-2(2x+1)y-3y^2$
$=4x^2+4x+1-4xy-2y-3y^2$
따라서 상수항을 포함한 모든 항의 계수의 합은
$4+4+1+(-4)+(-2)+(-3)=0 \qquad \text{답 } 0$

15

공통부분이 나오도록 두 개의 일차식을 묶어 전개한다.

$(x-2)(x-1)(x+3)(x+4)$
$=\{(x-2)(x+4)\}\{(x-1)(x+3)\}$
$=(x^2+2x-8)(x^2+2x-3)$
$x^2+2x=A$로 놓으면
$(A-8)(A-3)=A^2-11A+24$
$$=(x^2+2x)^2-11(x^2+2x)+24$$
$$=x^4+4x^3+4x^2-11x^2-22x+24$$
$$=x^4+4x^3-7x^2-22x+24$$
$$\text{답 } x^4+4x^3-7x^2-22x+24$$

16

① $201^2=(200+1)^2$

② $301\times303=(300+1)(300+3)$

③ $98^2=(100-2)^2$

④ $151\times149=(150+1)(150-1)$

⑤ $205\times207=(200+5)(200+7) \qquad \text{답 } ②$

17

$$\frac{2021\times2029+16}{2025}=\frac{(2025-4)(2025+4)+16}{2025}$$
$$=\frac{2025^2-16+16}{2025}$$
$$=\frac{2025^2}{2025}=2025 \qquad \text{답 } 2025$$

18

$(\sqrt{5}+2)(\sqrt{5}-1)-(\sqrt{5}-3)^2$
$=\{(\sqrt{5})^2+(2-1)\times\sqrt{5}+2\times(-1)\}$
$\quad -\{(\sqrt{5})^2-2\times\sqrt{5}\times3+3^2\}$
$=(5+\sqrt{5}-2)-(5-6\sqrt{5}+9)$
$=(3+\sqrt{5})-(14-6\sqrt{5})$
$=3+\sqrt{5}-14+6\sqrt{5}=-11+7\sqrt{5} \qquad \text{답 } -11+7\sqrt{5}$

19

$$\frac{2\sqrt{2}+\sqrt{7}}{2\sqrt{2}-\sqrt{7}}=\frac{(2\sqrt{2}+\sqrt{7})(2\sqrt{2}+\sqrt{7})}{(2\sqrt{2}-\sqrt{7})(2\sqrt{2}+\sqrt{7})}$$
$$=\frac{8+4\sqrt{14}+7}{8-7}$$
$$=15+4\sqrt{14} \qquad \text{답 } 15+4\sqrt{14}$$

20

$$\frac{3}{\sqrt{5}+2}-\frac{4}{\sqrt{5}-2}$$
$$=\frac{3(\sqrt{5}-2)}{(\sqrt{5}+2)(\sqrt{5}-2)}-\frac{4(\sqrt{5}+2)}{(\sqrt{5}-2)(\sqrt{5}+2)}$$

II
다항식의 곱셈과 인수분해

$$=\frac{3\sqrt{5}-6}{5-4}-\frac{4\sqrt{5}+8}{5-4}$$
$$=3\sqrt{5}-6-4\sqrt{5}-8$$
$$=-14-\sqrt{5} \qquad \cdots\cdots\ 60\ \%$$
따라서 $a=-14$, $b=-1$이므로 $\qquad \cdots\cdots\ 20\ \%$
$a-b=-14+1=-13 \qquad \cdots\cdots\ 20\ \%$

팁 -13

채점기준	배점
주어진 식의 좌변의 분모를 유리화하기	60 %
a, b의 값 구하기	20 %
$a-b$의 값 구하기	20 %

21

$$x=\frac{\sqrt{2}+1}{\sqrt{2}-1}=\frac{(\sqrt{2}+1)^2}{(\sqrt{2}-1)(\sqrt{2}+1)}$$
$$=\frac{2+2\sqrt{2}+1}{2-1}=3+2\sqrt{2}$$
$$y=\frac{\sqrt{2}-1}{\sqrt{2}+1}=\frac{(\sqrt{2}-1)^2}{(\sqrt{2}+1)(\sqrt{2}-1)}$$
$$=\frac{2-2\sqrt{2}+1}{2-1}=3-2\sqrt{2}$$
$$\therefore\ x+y=(3+2\sqrt{2})+(3-2\sqrt{2})=6$$

팁 6

22

$$(x+y)(x-y)=x^2-y^2=(\sqrt{6}-2)^2-(\sqrt{3}+\sqrt{2})^2$$
$$=(6-4\sqrt{6}+4)-(3+2\sqrt{6}+2)$$
$$=10-4\sqrt{6}-5-2\sqrt{6}$$
$$=5-6\sqrt{6}$$

팁 $5-6\sqrt{6}$

23

$x=5-2\sqrt{3}$ 에서 $x-5=-2\sqrt{3}$
이 식의 양변을 제곱하면
$(x-5)^2=(-2\sqrt{3})^2$, $x^2-10x+25=12$,
$x^2-10x=-13$
$\therefore\ x^2-10x+17=-13+17=4$

팁 4

24

$3\sqrt{5}=\sqrt{45}$ 에서 $6<\sqrt{45}<7$이므로
$4<3\sqrt{5}-2<5$
이때 $x=(3\sqrt{5}-2)-4=3\sqrt{5}-6$이므로
$x+6=3\sqrt{5}$
$(x+6)^2=(3\sqrt{5})^2$, $x^2+12x+36=45$
$x^2+12x=9$

$\therefore\ x^2+12x-10=9-10=-1 \qquad$ 팁 -1

25

(1) $(x-y)^2=(x+y)^2-4xy=3^2-4\times(-4)$
$$=9+16=25$$
(2) $x^2-5xy+y^2=(x+y)^2-7xy=3^2-7\times(-4)$
$$=9+28=37$$
(3) $\dfrac{y}{x}+\dfrac{x}{y}=\dfrac{x^2+y^2}{xy}=\dfrac{(x+y)^2-2xy}{xy}$
$$=\frac{3^2-2\times(-4)}{-4}$$
$$=\frac{9+8}{-4}=-\frac{17}{4}$$

팁 (1) 25   (2) 37   (3) $-\dfrac{17}{4}$

26

$(x-y)^2=x^2-2xy+y^2$에서
$x-y=2$, $x^2+y^2=12$를 대입하면
$2^2=12-2xy$, $2xy=8$
$\therefore\ xy=4$

팁 4

27

$$x^2+\frac{1}{x^2}=\left(x+\frac{1}{x}\right)^2-2=5^2-2=23$$
$$\left(x-\frac{1}{x}\right)^2=\left(x+\frac{1}{x}\right)^2-4=5^2-4=21$$
따라서 $a=23$, $b=21$이므로
$a-b=23-21=2$

팁 2

28

전략

주어진 식을 먼저 전개하여 $x-y$의 값을 구한다.
$(x-3)(y+3)=15$에서
$xy+3x-3y-9=3(x-y)-3=15$이므로
$x-y=6$
$\therefore\ x^2+xy+y^2=(x-y)^2+3xy=6^2+3\times6=54$

팁 ⑤

29

전략

$x^2-5x-1=0$의 양변을 x로 나누어 $x-\dfrac{1}{x}$의 값을 구한다.

$x^2-5x-1=0$에서 양변을 x로 나누면 $x-5-\dfrac{1}{x}=0$

$x-\dfrac{1}{x}=5$이므로

$$x^2-3+\frac{1}{x^2}=\left(x-\frac{1}{x}\right)^2-1=5^2-1=24 \qquad \text{답 } ①$$

30

$x^2-3x+1=0$에서 양변을 x로 나누면

$$x-3+\frac{1}{x}=0 \qquad \therefore x+\frac{1}{x}=3 \qquad \cdots\cdots 40\,\%$$

$$\therefore x^2+x+\frac{1}{x}+\frac{1}{x^2}=x^2+\frac{1}{x^2}+x+\frac{1}{x}$$
$$=\left(x+\frac{1}{x}\right)^2-2+x+\frac{1}{x}$$
$$=3^2-2+3=10 \qquad \cdots\cdots 60\,\%$$

답 10

채점기준	배점
$x+\dfrac{1}{x}$의 값 구하기	40 %
$x^2+x+\dfrac{1}{x}+\dfrac{1}{x^2}$의 값 구하기	60 %

01 25	**02** $-\dfrac{5}{3}$	**03** 3	**04** ③	**05** 9
06 -12	**07** -1	**08** 4	**09** 36	
10 $2x^2-16x+32-8y^2$			**11** ②	
12 $\dfrac{8+\sqrt{55}}{3}$		**13** $-66-17\sqrt{10}$	**14** 195	
15 -6	**16** 256	**17** 5	**18** 1154	**19** -161
20 $x^4-3x^3-28x^2+36x+24$			**21** 25	**22** $\sqrt{5}$
23 55	**24** 4			

01

$(2x-Ay+B)(x+2Ay-3B)$에서

xy항이 나오는 부분만 전개하면

$4Axy-Axy=3Axy$이므로

$3A=6 \qquad \therefore A=2$

y항이 나오는 부분만 전개하면

$3ABy+2ABy=5ABy$이므로

$5AB=-50$

이때 $A=2$이므로 $10B=-50$

$\therefore B=-5$

즉 $(2x-2y-5)(x+4y+15)$에서

x항이 나오는 부분만 전개하면

$$30x-5x=25x$$

따라서 x의 계수는 25이다. 　　　　답 25

02

$(3x-a)\left(x+\dfrac{1}{4}\right)=3x^2+\left(\dfrac{3}{4}-a\right)x-\dfrac{1}{4}a$이므로

$$\frac{3}{4}-a=-\frac{1}{4}a+2,\ -\frac{3}{4}a=\frac{5}{4}$$

$$\therefore a=-\frac{5}{3} \qquad \text{답 } -\frac{5}{3}$$

03

$2x^2+3x=A$로 놓으면

$$(2x^2+3x+a)^2$$
$$=(A+a)^2=A^2+2aA+a^2$$
$$=(2x^2+3x)^2+2a(2x^2+3x)+a^2$$
$$=4x^4+12x^3+9x^2+4ax^2+6ax+a^2$$
$$=4x^4+12x^3+(4a+9)x^2+6ax+a^2$$

이때 상수항을 제외한 모든 항의 계수의 총합이 55이므로

$$4+12+(4a+9)+6a=55$$
$$10a+25=55,\ 10a=30$$
$$\therefore a=3 \qquad \text{답 } 3$$

같은문제 다른풀이

$(2x^2+3x+a)^2$을 전개하였을 때, 모든 항의 계수와 상수항의 총합은 주어진 식에 $x=1$을 대입한 값과 같다.

따라서 모든 항의 계수와 상수항의 총합은

$$(2+3+a)^2=(a+5)^2=a^2+10a+25$$

이때 주어진 식의 상수항은 a^2이고 상수항을 제외한 모든 항의 계수의 총합이 55이므로

$$10a+25=55,\ 10a=30$$
$$\therefore a=3$$

04

$(x+a)(x+b)=x^2+(a+b)x+ab=x^2+Ax+45$

$\therefore a+b=A,\ ab=45$

이때 a, b는 정수이므로 $ab=45$를 만족시키는 순서쌍 (a, b) 또는 (b, a)는 $(-1, -45)$, $(-3, -15)$, $(-5, -9)$, $(1, 45)$, $(3, 15)$, $(5, 9)$

따라서 가능한 A의 값은 -46, -18, -14, 46, 18, 14 이므로 A의 값이 될 수 없는 것은 ③이다. 　　　　답 ③

05

$(4x-y)(-x+3y)-3(x-2y)^2+(2x-y)(2x+y)$

$$= -4x^2+13xy-3y^2-3x^2+12xy-12y^2+4x^2-y^2$$
$$= -3x^2+25xy-16y^2$$

따라서 xy의 계수는 25, y^2의 계수는 -16이므로 그 합은
$25-16=9$ 답 9

06

$$\overline{PA}=\overline{PQ}=\sqrt{3^2+2^2}=\sqrt{13},$$
$$\overline{PB}=\overline{PS}=\sqrt{2^2+3^2}=\sqrt{13}$$
$$a=1-\sqrt{13},\ b=1+\sqrt{13}$$
$$\therefore\ ab=(1-\sqrt{13})(1+\sqrt{13})=1-13=-12 \qquad 답\ -12$$

07

전략

전개하려는 식에 잘못 본 계수를 대입하여 식을 전개한 후 계수를 비교한다.

$$(2x+3)(ax-1)=2ax^2+(3a-2)x-3$$
$$=8x^2+bx-3\text{에서}$$
$$2a=8,\ 3a-2=b \qquad \therefore\ a=4,\ b=10$$
$$(x+c)(x+2)=x^2+(c+2)x+2c$$
$$=x^2-3x+d\text{에서}$$
$$c+2=-3,\ 2c=d \qquad \therefore\ c=-5,\ d=-10$$
$$\therefore\ a+b+c+d=4+10-5-10=-1 \qquad 답\ -1$$

08

$$(3\sqrt{2}-\sqrt{3})^2-(\sqrt{6}+5)(a-2\sqrt{6})$$
$$=(18-6\sqrt{6}+3)-(a\sqrt{6}-12+5a-10\sqrt{6})$$
$$=21-6\sqrt{6}+12-5a-a\sqrt{6}+10\sqrt{6}$$
$$=(33-5a)+(4-a)\sqrt{6}$$

이것이 유리수가 되려면 $4-a=0$이어야 하므로
$a=4$ 답 4

09

$$(\sqrt{5}-2)^9(\sqrt{5}+2)^{11}$$
$$=\{(\sqrt{5}-2)(\sqrt{5}+2)\}^9(\sqrt{5}+2)^2$$
$$=\{(\sqrt{5})^2-2^2\}^9(\sqrt{5}+2)^2$$
$$=(\sqrt{5}+2)^2=5+4\sqrt{5}+4$$
$$=9+4\sqrt{5}$$

따라서 $a=9$, $b=4$이므로 $ab=9\times4=36$ 답 36

10

직육면체의 밑면의 가로의 길이와 세로의 길이는 각각
$x+2y-4$, $x-2y-4$이고 높이는 2이므로

직육면체의 부피는 $2(x+2y-4)(x-2y-4)$이다.
$x-4=A$로 놓으면
$$2(x+2y-4)(x-2y-4)$$
$$=2(A+2y)(A-2y)$$
$$=2(A^2-4y^2)$$
$$=2\{(x-4)^2-4y^2\}$$
$$=2(x^2-8x+16-4y^2)$$
$$=2x^2-16x+32-8y^2 \qquad 답\ 2x^2-16x+32-8y^2$$

11

전략

주어진 식의 좌변에 적당한 수를 곱하여 곱셈 공식을 이용할 수 있는 꼴로 바꾼다.

$$(5+1)(5^2+1)(5^4+1)(5^8+1)$$
$$=\frac{1}{4}(5-1)(5+1)(5^2+1)(5^4+1)(5^8+1)$$
$$=\frac{1}{4}(5^2-1)(5^2+1)(5^4+1)(5^8+1)$$
$$=\frac{1}{4}(5^4-1)(5^4+1)(5^8+1)$$
$$=\frac{1}{4}(5^8-1)(5^8+1)$$
$$=\frac{1}{4}(5^{16}-1) \qquad 답\ ②$$

12

$(\sqrt{a}+3)(\sqrt{a}-2)=a-6+\sqrt{a}$이므로
$$a-6=5 \qquad \therefore\ a=11$$
$(\sqrt{b}-2)^2=b+4-4\sqrt{b}$이므로
$$b+4=9 \qquad \therefore\ b=5$$
$$\therefore\ \frac{\sqrt{a}+\sqrt{b}}{\sqrt{a}-\sqrt{b}}=\frac{\sqrt{11}+\sqrt{5}}{\sqrt{11}-\sqrt{5}}=\frac{(\sqrt{11}+\sqrt{5})^2}{(\sqrt{11}-\sqrt{5})(\sqrt{11}+\sqrt{5})}$$
$$=\frac{11+2\sqrt{55}+5}{6}=\frac{16+2\sqrt{55}}{6}$$
$$=\frac{8+\sqrt{55}}{3} \qquad 답\ \frac{8+\sqrt{55}}{3}$$

13

$$(\sqrt{10}-3)^7(\sqrt{10}+3)^6-(\sqrt{5}-\sqrt{2})^2(\sqrt{5}+\sqrt{2})^4$$
$$=\{(\sqrt{10}-3)(\sqrt{10}+3)\}^6(\sqrt{10}-3)$$
$$\quad -\{(\sqrt{5}-\sqrt{2})(\sqrt{5}+\sqrt{2})\}^2(\sqrt{5}+\sqrt{2})^2$$
$$=(10-9)^6(\sqrt{10}-3)-(5-2)^2(\sqrt{5}+\sqrt{2})^2$$
$$=\sqrt{10}-3-3^2\times(5+2\sqrt{10}+2)$$
$$=\sqrt{10}-3-9(7+2\sqrt{10})$$
$$=\sqrt{10}-3-63-18\sqrt{10}$$

$$=-66-17\sqrt{10}$$

답 $-66-17\sqrt{10}$

14

$$x=\frac{2-\sqrt{3}}{2+\sqrt{3}}=\frac{(2-\sqrt{3})^2}{(2+\sqrt{3})(2-\sqrt{3})}$$

$$=\frac{4-4\sqrt{3}+3}{4-3}=7-4\sqrt{3}$$ ······ 30 %

$$y=\frac{2+\sqrt{3}}{2-\sqrt{3}}=\frac{(2+\sqrt{3})^2}{(2-\sqrt{3})(2+\sqrt{3})}$$

$$=\frac{4+4\sqrt{3}+3}{4-3}=7+4\sqrt{3}$$ ······ 30 %

$x+y=14$, $xy=1$이므로 ······ 20 %

$$x^2+xy+y^2=(x+y)^2-xy$$
$$=14^2-1=195$$ ······ 20 %

답 195

채점기준	배점
x의 분모를 유리화하기	30 %
y의 분모를 유리화하기	30 %
$x+y$, xy의 값 구하기	20 %
x^2+xy+y^2의 값 구하기	20 %

15

$$x=\frac{3}{2-\sqrt{5}}=\frac{3(2+\sqrt{5})}{(2-\sqrt{5})(2+\sqrt{5})}$$

$$=\frac{6+3\sqrt{5}}{4-5}=-6-3\sqrt{5}$$

$x=-6-3\sqrt{5}$ 에서 $x+6=-3\sqrt{5}$

이 식의 양변을 제곱하면

$$(x+6)^2=(-3\sqrt{5})^2$$

$x^2+12x+36=45$ ∴ $x^2+12x=9$

∴ $x^2+12x-15=9-15=-6$

답 -6

16

$$10002\times9998\times(10^8+4)$$
$$=(10000+2)(10000-2)(10^8+4)$$
$$=(10000^2-4)(10^8+4)$$
$$=(10^8-4)(10^8+4)$$
$$=10^{16}-16$$

따라서 $x=16$, $y=16$이므로

$$xy=256$$

답 256

17

$5^2=A$, $7^5=B$로 놓으면

(주어진 식)

$$=\frac{(2A+B)(A+2B)+(A-2B)(3A+B)-5}{A^2-1}$$

$$=\frac{2A^2+5AB+2B^2+3A^2-5AB-2B^2-5}{A^2-1}$$

$$=\frac{5A^2-5}{A^2-1}=\frac{5(A^2-1)}{A^2-1}=5$$

답 5

18

$$x^2+\frac{1}{x^2}=\left(x-\frac{1}{x}\right)^2+2=2^2+2=6$$

$$x^4+\frac{1}{x^4}=\left(x^2+\frac{1}{x^2}\right)^2-2=6^2-2=34$$

∴ $x^8+\frac{1}{x^8}=\left(x^4+\frac{1}{x^4}\right)^2-2=34^2-2=1154$

답 1154

19

$x-\frac{5}{x}=3$의 양변에 x를 곱하면

$x^2-5=3x$ ∴ $x^2-3x=5$

∴ $(x-7)(x-2)(x-1)(x+4)$

$$=\{(x-7)(x+4)\}\{(x-2)(x-1)\}$$
$$=(x^2-3x-28)(x^2-3x+2)$$
$$=(5-28)\times(5+2)$$
$$=(-23)\times7$$
$$=-161$$

답 -161

20

$$(x-6)(x-3)(x+2)(x+4)-120$$
$$=\{(x-6)(x+2)\}\{(x-3)(x+4)\}-120$$
$$=(x^2-4x-12)(x^2+x-12)-120$$

$x^2-12=A$로 놓으면

$$(A-4x)(A+x)-120$$
$$=A^2-3Ax-4x^2-120$$
$$=(x^2-12)^2-3(x^2-12)x-4x^2-120$$
$$=x^4-24x^2+144-3x^3+36x-4x^2-120$$
$$=x^4-3x^3-28x^2+36x+24$$

답 $x^4-3x^3-28x^2+36x+24$

21

두 정사각형의 둘레의 길이의 합이 68 cm이므로

$4x+4y=68$ ∴ $x+y=17$ ······ 30 %

또 두 정사각형의 넓이의 합이 157 cm²이므로

$$x^2+y^2=157$$

$(x+y)^2=x^2+2xy+y^2$이므로

$17^2=157+2xy$ $\therefore xy=66$ ······ 30 %

$\therefore (x-y)^2=(x+y)^2-4xy$

$\qquad =17^2-4\times66$

$\qquad =25$ ······ 40 %

답 25

채점기준	배점
$x+y$의 값 구하기	30 %
xy의 값 구하기	30 %
$(x-y)^2$의 값 구하기	40 %

22

$(x+y)^2=x^2+y^2+2xy=28+2\times4=36$

$\therefore x+y=6 \ (\because x+y>0)$

$(x-y)^2=x^2+y^2-2xy=28-2\times4=20$

$\therefore x-y=2\sqrt5 \ (\because x-y>0)$

$\therefore \dfrac{\sqrt x+\sqrt y}{\sqrt x-\sqrt y}=\dfrac{(\sqrt x+\sqrt y)^2}{(\sqrt x-\sqrt y)(\sqrt x+\sqrt y)}$

$\qquad =\dfrac{x+y+2\sqrt{xy}}{x-y}=\dfrac{6+2\sqrt4}{2\sqrt5}$

$\qquad =\dfrac{10}{2\sqrt5}=\dfrac{5}{\sqrt5}=\sqrt5$

답 $\sqrt5$

23

$\sqrt x-\dfrac{1}{\sqrt x}=\sqrt2$의 양변을 제곱하면

$\left(\sqrt x-\dfrac{1}{\sqrt x}\right)^2=(\sqrt2)^2, \ x+\dfrac{1}{x}-2=2$

$\therefore x+\dfrac{1}{x}=4$

$x^2+\dfrac{1}{x^2}=\left(x+\dfrac{1}{x}\right)^2-2=4^2-2=14$

$x^4+\dfrac{1}{x^4}=\left(x^2+\dfrac{1}{x^2}\right)^2-2=14^2-2=194$

$\therefore \dfrac{x^4}{2}+\dfrac{1}{2x^4}-3x^2-\dfrac{3}{x^2}=\dfrac{1}{2}\left(x^4+\dfrac{1}{x^4}\right)-3\left(x^2+\dfrac{1}{x^2}\right)$

$\qquad =\dfrac{1}{2}\times194-3\times14$

$\qquad =97-42=55$

답 55

24

전략

분모의 유리화를 이용하여 $\dfrac{1}{f(x)}$을 간단히 한다.

$\dfrac{1}{f(x)}=\dfrac{1}{\sqrt x+\sqrt{x+1}}$

$\qquad =\dfrac{\sqrt x-\sqrt{x+1}}{(\sqrt x+\sqrt{x+1})(\sqrt x-\sqrt{x+1})}$

$\qquad =\dfrac{\sqrt x-\sqrt{x+1}}{x-(x+1)}$

$\qquad =\sqrt{x+1}-\sqrt x$

$\therefore \dfrac{1}{f(1)}+\dfrac{1}{f(2)}+\dfrac{1}{f(3)}+\cdots+\dfrac{1}{f(27)}$

$\qquad =(\sqrt2-1)+(\sqrt3-\sqrt2)+(\sqrt4-\sqrt3)+\cdots$

$\qquad\quad +(\sqrt{28}-\sqrt{27})$

$\qquad =\sqrt{28}-1=2\sqrt7-1$

이때 $5<\sqrt{28}<6$이므로

$4<\sqrt{28}-1<5$

따라서 구하는 최대의 정수는 4이다.

답 4

STEP A 최고난도문제

본문 49~50쪽

01 3	**02** 3	**03** $x^8-14x^6+49x^4-1$
04 4	**05** $a=\dfrac{1}{2}, b=16$	**06** $4+2\sqrt2$

01

$x^2+4x-1=0$의 양변을 x로 나누면

$x+4-\dfrac{1}{x}=0$ $\therefore x-\dfrac{1}{x}=-4$

$y^2-5y+2=0$의 양변을 y로 나누면

$y-5+\dfrac{2}{y}=0$ $\therefore y+\dfrac{2}{y}=5$

$\left(x+\dfrac{1}{x}\right)^2=\left(x-\dfrac{1}{x}\right)^2+4=(-4)^2+4=20$

$\left(y-\dfrac{2}{y}\right)^2=\left(y+\dfrac{2}{y}\right)^2-8=5^2-8=17$

$\therefore \left(x+\dfrac{1}{x}\right)^2-\left(y-\dfrac{2}{y}\right)^2=20-17=3$

답 3

02

전략

자연수 N을 p로 나누었을 때 몫이 q이고, 나머지가 r이면

$N=pq+r$ (단, $0\le r<p$)로 나타낸다.

$A=4a+3, \ B=8b+5$ (a, b는 0 이상의 정수)라 하면

$AB=(4a+3)(8b+5)$

$\qquad =32ab+20a+24b+15$

$\qquad =4(8ab+5a+6b+3)+3$

따라서 AB를 4로 나누었을 때의 나머지는 3이다.   **답** 3

03

$x^2+1=A$로 놓으면
$$(x^2+3x+1)(x^2-3x+1)=(A+3x)(A-3x)$$
$$=A^2-9x^2$$
$$=(x^2+1)^2-9x^2$$
$$=x^4-7x^2+1$$
즉, 주어진 식은 $(x^4-7x^2+1)(x^4-7x^2-1)$이므로
$x^4-7x^2=B$로 놓으면
$$(x^4-7x^2+1)(x^4-7x^2-1)=(B+1)(B-1)$$
$$=B^2-1$$
$$=(x^4-7x^2)^2-1$$
$$=x^8-14x^6+49x^4-1$$
   답 $x^8-14x^6+49x^4-1$

04

$$x=\frac{1}{\sqrt{3}+\sqrt{4}}=\frac{\sqrt{3}-\sqrt{4}}{(\sqrt{3}+\sqrt{4})(\sqrt{3}-\sqrt{4})}=\sqrt{4}-\sqrt{3},$$
$$y=\frac{1}{\sqrt{3}-\sqrt{4}}=\frac{\sqrt{3}+\sqrt{4}}{(\sqrt{3}-\sqrt{4})(\sqrt{3}+\sqrt{4})}=-\sqrt{3}-\sqrt{4}$$
이므로 $x+y=-2\sqrt{3}$, $xy=-1$
$(x-1)^n=A$, $(y-1)^n=B$로 놓으면
$$\{(x-1)^n+(y-1)^n\}^2-\{(x-1)^n-(y-1)^n\}^2$$
$$=(A+B)^2-(A-B)^2=4AB$$
$$=4(x-1)^n(y-1)^n$$
$$=4\{(x-1)(y-1)\}^n$$
$$=4\{xy-(x+y)+1\}^n$$
$$=4\times(-1+2\sqrt{3}+1)^n$$
$$=4\times(2\sqrt{3})^n$$
$4\times(2\sqrt{3})^n=576$이므로
$(2\sqrt{3})^n=144$, $(\sqrt{12})^n=144$
$$\therefore n=4$$
   답 4

05

$$(x+y)(x^2+y^2)(x^4+y^4)(x^8+y^8)$$
$$=\frac{1}{x-y}(x-y)(x+y)(x^2+y^2)(x^4+y^4)(x^8+y^8)$$
$$=\frac{1}{x-y}(x^2-y^2)(x^2+y^2)(x^4+y^4)(x^8+y^8)$$
$$=\frac{1}{x-y}(x^4-y^4)(x^4+y^4)(x^8+y^8)$$
$$=\frac{1}{x-y}(x^8-y^8)(x^8+y^8)$$
$$=\frac{1}{x-y}(x^{16}-y^{16})$$
이때 $y=x-2$에서 $x-y=2$이므로
$$(x+y)(x^2+y^2)(x^4+y^4)(x^8+y^8)=\frac{1}{2}(x^{16}-y^{16})$$
$$\therefore a=\frac{1}{2},\ b=16$$
   답 $a=\frac{1}{2}$, $b=16$

06

$$\left(x^2-\frac{1}{x^2}\right)^2=x^4+\frac{1}{x^4}-2=34-2=32$$
$x>1$이므로 $x^2-\dfrac{1}{x^2}>0$
$$\therefore x^2-\frac{1}{x^2}=4\sqrt{2}$$
$$\left(x^2+\frac{1}{x^2}\right)^2=x^4+\frac{1}{x^4}+2=34+2=36$$
$x^2+\dfrac{1}{x^2}>0$
$$\therefore x^2+\frac{1}{x^2}=6$$
$$\left(x+\frac{1}{x}\right)^2=x^2+\frac{1}{x^2}+2=6+2=8$$
$x>1$이므로 $x+\dfrac{1}{x}>0$
$$\therefore x+\frac{1}{x}=2\sqrt{2}$$
$$\left(x-\frac{1}{x}\right)^2=x^2+\frac{1}{x^2}-2=6-2=4$$
$x>1$이므로 $x-\dfrac{1}{x}>0$
$$\therefore x-\frac{1}{x}=2$$
$a=4\sqrt{2}$, $b=2\sqrt{2}$, $c=2$이므로
$$\frac{a}{b-c}=\frac{4\sqrt{2}}{2\sqrt{2}-2}=\frac{2\sqrt{2}}{\sqrt{2}-1}$$
$$=\frac{2\sqrt{2}(\sqrt{2}+1)}{(\sqrt{2}-1)(\sqrt{2}+1)}$$
$$=4+2\sqrt{2}$$
   답 $4+2\sqrt{2}$

02. 인수분해

01 ②	**02** $ab(5x+y)$	**03** ②	**04** ⑤
05 $\dfrac{2}{3}$	**06** 94	**07** $2a-3$	**08** $\dfrac{4}{5}x$ **09** -4
10 ③	**11** ③	**12** -16	**13** 3 **14** -4
15 $(x-4)(x-3)(x+3)$		**16** -1	
17 ㉡, ㉣, ㉤, ㉥	**18** 3	**19** ③	**20** ③
21 ②	**22** ②, ③		**23** 6
24 $(a+1)(a+b-2)$		**25** ③, ⑤	
26 $2x+y-1$	**27** -35600		**28** 212
29 540	**30** $8\sqrt{3}$	**31** 5	**32** -16

01

$12x^2y-4xy^2=4xy(3x-y)$

⑤ $6x^2-2xy=2x(3x-y)$이므로 주어진 식의 인수이다.

따라서 주어진 식의 인수가 아닌 것은 ②이다.

답 ②

02

$ab(x-y)+2ab(2x+y)$
$=ab(x-y+4x+2y)$
$=ab(5x+y)$

답 $ab(5x+y)$

03

$x(a-b)+y(b-a)=x(a-b)-y(a-b)$
$\qquad\qquad\qquad\quad=(a-b)(x-y)$
$a(x+y)-b(x+y)=(a-b)(x+y)$

따라서 두 다항식의 공통인 인수는 $a-b$이다.

답 ②

04

① $x^2-6x+\square$에서 $\square=\left(-\dfrac{6}{2}\right)^2=9$

② $x^2+\square x+1$에서 $1=\left(\dfrac{\square}{2}\right)^2$, $\square^2=4$

　이때 $\square$ 안에 들어갈 수는 양수이므로 $\square=2$

③ $\dfrac{1}{4}x^2-\square x+36=\left(\dfrac{1}{2}x\right)^2-\square x+6^2$에서

　$\square x=\pm2\times\dfrac{1}{2}x\times6=\pm6x$

　이때 $\square$ 안에 들어갈 수는 양수이므로 $\square=6$

④ $49x^2-28x+\square=(7x)^2-2\times7x\times2+\square$에서

　$\square=2^2=4$

⑤ $9x^2+\square x+25=(3x)^2+\square x+5^2$에서

　$\square x=\pm2\times3x\times5=\pm30$

　이때 $\square$ 안에 들어갈 수는 양수이므로 $\square=30$

따라서 $\square$ 안에 들어갈 양수가 가장 큰 것은 ⑤이다.

답 ⑤

05

$9x^2+(3k-1)x+49=(3x)^2+(3k-1)x+7^2$에서
$(3k-1)x=\pm2\times3x\times7=\pm42x$이므로
$3k-1=\pm42$

$\therefore k=\dfrac{43}{3}$ 또는 $k=-\dfrac{41}{3}$

따라서 모든 상수 k의 값의 합은

$\dfrac{43}{3}-\dfrac{41}{3}=\dfrac{2}{3}$

답 $\dfrac{2}{3}$

06

$ax^2=(2x)^2=4x^2$이므로 $a=4$
$36x=2\times2x\times c$이므로 $c=9$
$b=c^2=9^2=81$
$\therefore a+b+c=4+81+9=94$

답 94

07

$-2<a<5$에서

$a+2>0$, $a-5<0$ ······ 20 %

$\sqrt{a^2+4a+4}-\sqrt{a^2-10a+25}$

$=\sqrt{(a+2)^2}-\sqrt{(a-5)^2}$ ······ 40 %

$=a+2-\{-(a-5)\}$

$=a+2+a-5=2a-3$ ······ 40 %

답 $2a-3$

채점기준	배점
$a+2$, $a-5$의 부호 각각 구하기	20 %
a^2+4a+4, $a^2-10a+25$를 각각 인수분해하기	40 %
주어진 식을 간단히 하기	40 %

08

$\dfrac{4}{25}x^2-\dfrac{1}{9}y^2=\left(\dfrac{2}{5}x\right)^2-\left(\dfrac{1}{3}y\right)^2$

$\qquad\qquad\qquad=\left(\dfrac{2}{5}x+\dfrac{1}{3}y\right)\left(\dfrac{2}{5}x-\dfrac{1}{3}y\right)$

따라서 두 일차식의 합은

$\left(\dfrac{2}{5}x+\dfrac{1}{3}y\right)+\left(\dfrac{2}{5}x-\dfrac{1}{3}y\right)=\dfrac{4}{5}x$

답 $\dfrac{4}{5}x$

09

$$-12x^2+27y^2=-3(4x^2-9y^2)$$
$$=-3(2x+3y)(2x-3y)$$

따라서 $a=-3$, $b=3$, $c=2$이므로
$$a-b+c=-3-3+2=-4$$
답 -4

10

$$x^{16}-1=(x^8+1)(x^8-1)=(x^8+1)(x^4+1)(x^4-1)$$
$$=(x^8+1)(x^4+1)(x^2+1)(x^2-1)$$
$$=(x^8+1)(x^4+1)(x^2+1)(x+1)(x-1)$$

따라서 $x^{16}-1$의 인수가 아닌 것은 ③이다.
답 ③

11

③ $3x^2-x-10=(x-2)(3x+5)$
답 ③

12

$$3x^2+(3a+2)x-8=(3x+2)(x-b)$$
$$=3x^2+(2-3b)x-2b$$이므로
$$3a+2=2-3b, \quad -8=-2b$$
따라서 $a=-4$, $b=4$이므로
$$ab=-16$$
답 -16

13

$$x^2-4=(x+2)(x-2)$$
$$5x^2-12x+4=(x-2)(5x-2)$$

즉 두 다항식에 공통으로 들어 있는 인수는 $x-2$이므로
$x^2+ax-10$도 $x-2$를 인수로 가져야 한다.
$x^2+ax-10=(x-2)(x+m)$으로 놓으면
$$-2m=-10 \quad \therefore m=5$$
따라서 $(x-2)(x+5)=x^2+3x-10$이므로
$$a=3$$
답 3

14

전략

$4x^2+ax-3$이 $2x-3$을 인수로 갖고 x^2의 계수가 4이므로 다른 인수를 $2x+k$로 놓는다.
$4x^2+ax-3=(2x-3)(2x+k)$라고 하면
$$4x^2+ax-3=4x^2+(2k-6)x-3k$$
$-3=-3k$에서 $k=1$
$$\therefore a=2k-6=2-6=-4$$
답 -4

15

$$x^2(x-4)-9x+36=x^2(x-4)-9(x-4)$$

$$=(x-4)(x^2-9)$$
$$=(x-4)(x-3)(x+3)$$
답 $(x-4)(x-3)(x+3)$

16

$2x-1=A$로 치환하면
$$(2x-1)^2-5(2x-1)-14$$
$$=A^2-5A-14$$
$$=(A-7)(A+2)$$
$$=(2x-1-7)(2x-1+2)$$
$$=(2x-8)(2x+1)$$
$$=2(x-4)(2x+1)$$

따라서 $a=-4$, $b=2$, $c=1$이므로
$$a+b+c=-4+2+1=-1$$
답 -1

17

$x^2+2x=A$로 놓으면
$$4(x^2+2x)^2-(x^2+2x)-3$$
$$=4A^2-A-3$$
$$=(4A+3)(A-1)$$
$$=(4x^2+8x+3)(x^2+2x-1)$$
$$=(2x+1)(2x+3)(x^2+2x-1)$$

따라서 인수인 것은 ㉡, ㉣, ㉤, ㉥이다.
답 ㉡, ㉣, ㉤, ㉥

18

$x+3=A$, $y-2=B$로 치환하면 ⋯⋯ 20 %
$$4(x+3)^2+11(x+3)(y-2)-3(y-2)^2$$
$$=4A^2+11AB-3B^2$$
$$=(A+3B)(4A-B)$$
$$=\{(x+3)+3(y-2)\}\{4(x+3)-(y-2)\}$$
$$=(x+3y-3)(4x-y+14)$$ ⋯⋯ 40 %
$$\therefore a=3, b=-3, c=4, d=-1$$
$$\therefore a+b+c+d=3-3+4-1=3$$ ⋯⋯ 40 %
답 3

채점기준	배점
$x+3$, $y-2$를 각각 다른 문자로 치환하기	20 %
주어진 식을 인수분해하기	40 %
$a+b+c+d$의 값 구하기	40 %

19

$$(x-2)(x-1)(x+5)(x+6)-120$$

$= (x-2)(x+6)(x-1)(x+5)-120$
$= (x^2+4x-12)(x^2+4x-5)-120$
$x^2+4x=A$로 치환하면
$(x^2+4x-12)(x^2+4x-5)-120$
$= (A-12)(A-5)-120$
$= A^2-17A+60-120$
$= A^2-17A-60$
$= (A+3)(A-20)$
$= (x^2+4x+3)(x^2+4x-20)$
$= (x+1)(x+3)(x^2+4x-20)$ 답 ③

20

$(a+2)(a+3)(a+4)(a+5)+1$
$= (a+2)(a+5)(a+3)(a+4)+1$
$= (a^2+7a+10)(a^2+7a+12)+1$
$a^2+7a=A$로 치환하면
$(a^2+7a+10)(a^2+7a+12)+1$
$= (A+10)(A+12)+1$
$= A^2+22A+121=(A+11)^2$
$= (a^2+7a+11)^2$
$\therefore m=7,\ n=11$
$\therefore m+n=18$ 답 ③

21

$a^2-b^2-a+b=(a^2-b^2)-(a-b)$
$\qquad\qquad = (a+b)(a-b)-(a-b)$
$\qquad\qquad = (a-b)(a+b-1)$
$a^3-a^2b-a+b=a^2(a-b)-(a-b)$
$\qquad\qquad = (a^2-1)(a-b)$
$\qquad\qquad = (a+1)(a-1)(a-b)$
따라서 두 다항식에 공통으로 들어 있는 인수는 $a-b$이다.   답 ②

22

$x^2-y^2+z^2+2xz=x^2+2xz+z^2-y^2$
$\qquad\qquad = (x+z)^2-y^2$
$\qquad\qquad = (x+y+z)(x-y+z)$ 답 ②, ③

23

$9x^2+12xy+4y^2-25z^2$
$= (3x+2y)^2-(5z)^2$
$= (3x+2y+5z)(3x+2y-5z)$이므로

$a=3,\ b=5,\ c=3,\ d=-5$
또는 $a=3,\ b=-5,\ c=3,\ d=5$
$\therefore a+b+c+d=3+5+3+(-5)=6$ 답 6

24

주어진 식을 b에 대하여 내림차순으로 정리하면
$a^2+ab-a+b-2=ab+b+(a^2-a-2)$
$\qquad\qquad = b(a+1)+(a-2)(a+1)$
$\qquad\qquad = (a+1)(a+b-2)$
   답 $(a+1)(a+b-2)$

25

주어진 식을 x에 대하여 내림차순으로 정리하면
$x^2-3xy+2y^2+4x-11y-21$
$= x^2-(3y-4)x+2y^2-11y-21$
$= x^2-(3y-4)x+(y-7)(2y+3)$
$= (x-y+7)(x-2y-3)$
따라서 인수인 것은 ③, ⑤이다.   답 ③, ⑤

26

주어진 식을 x에 대하여 내림차순으로 정리하면
$x^2-2y^2+xy-x+y=x^2+(y-1)x-2y^2+y$
$\qquad\qquad = x^2+(y-1)x-y(2y-1)$
$\qquad\qquad = (x-y)(x+2y-1)$
따라서 두 일차식의 합은
$(x-y)+(x+2y-1)=2x+y-1$ 답 $2x+y-1$

27

$24=a,\ 76=b$로 치환하면
$24^2-4\times24\times76-5\times76^2=a^2-4ab-5b^2$
$\qquad\qquad = (a+b)(a-5b)$
$\qquad\qquad = (24+76)(24-380)$
$\qquad\qquad = 100\times(-356)$
$\qquad\qquad = -35600$ 답 -35600

28

$216=t$로 치환하면
$\dfrac{216^2-3\times216-4}{217}=\dfrac{t^2-3t-4}{t+1}$
$\qquad\qquad = \dfrac{(t+1)(t-4)}{t+1}$
$\qquad\qquad = t-4$
$\qquad\qquad = 216-4=212$ 답 212

29

$$A=24.5^2-9\times24.5+4.5^2$$
$$=24.5^2-2\times24.5\times4.5+4.5^2$$
$$=(24.5-4.5)^2$$
$$=20^2=400$$
$$B=\sqrt{149^2-51^2}=\sqrt{(149+51)\times(149-51)}$$
$$=\sqrt{200\times98}=\sqrt{19600}$$
$$=\sqrt{140^2}=140$$
$$\therefore A+B=400+140=540$$

답 540

30

$$x=\frac{1}{\sqrt{3}-2}=\frac{\sqrt{3}+2}{(\sqrt{3}-2)(\sqrt{3}+2)}=-\sqrt{3}-2,$$
$$y=\frac{1}{\sqrt{3}+2}=\frac{\sqrt{3}-2}{(\sqrt{3}+2)(\sqrt{3}-2)}=-\sqrt{3}+2$$이므로
$$xy=(-\sqrt{3}-2)(-\sqrt{3}+2)$$
$$=3-4=-1$$
$$y+x=(-\sqrt{3}+2)+(-\sqrt{3}-2)$$
$$=-2\sqrt{3}$$
$$y-x=(-\sqrt{3}+2)-(-\sqrt{3}-2)$$
$$=4$$
$$\therefore xy^3-x^3y=xy(y^2-x^2)$$
$$=xy(y+x)(y-x)$$
$$=-1\times(-2\sqrt{3})\times4$$
$$=8\sqrt{3}$$

답 $8\sqrt{3}$

31

$2<\sqrt{5}<3$에서 $\sqrt{5}$ 의 정수 부분이 2이므로

소수 부분은 $x=\sqrt{5}-2$

주어진 식에서 $x-1=t$로 치환하면

$$(x-1)^2+6(x-1)+9=t^2+6t+9=(t+3)^2$$
$$=(x-1+3)^2=(x+2)^2$$
$$=(\sqrt{5}-2+2)^2$$
$$=(\sqrt{5})^2=5$$

답 5

32

$$a^2-b^2-5a-5b=(a+b)(a-b)-5(a+b)$$
$$=(a+b)(a-b-5)$$
$$=8\times(3-5)$$
$$=-16$$

답 -16

01 $-10,\ 18$	**02** 17	**03** $(2x+1)(x-3)$
04 ⑤	**05** ②	**06** 36	**07** $7,\ 19$
08 $6x+10$	**09** -14	**10** $8,\ -2$ **11** -2
12 $-(a+c)(a-3b)$	**13** 8개	**14** $2x+6$
15 -7	**16** ①, ④	**17** 75	**18** -77
19 $12a\pi$ cm^2	**20** $\frac{1}{a}+\frac{1}{2}$	**21** 33
22 $4\sqrt{3}$	**23** 108	**24** 90000 **25** -32 **26** 4개
27 -81	**28** $\frac{1}{5}$	**29** 54	**30** $x-y-2$

01

$x^2-ax+49$에서

$$49=\left(-\frac{a}{2}\right)^2,\ a^2=196 \qquad \therefore a=\pm14$$

$9x^2+12x+b=(3x)^2+2\times3x\times2+b$에서

$$b=2^2=4$$

따라서 $a+b$의 값은

$14+4=18$ 또는 $-14+4=-10$

답 $-10,\ 18$

02

$$(x+2)^2+(8-Ax)=x^2+4x+4+8-Ax$$
$$=x^2+(4-A)x+12$$

위의 식이 $x-1$을 인수로 가지므로

$x^2+(4-A)x+12=(x-1)(x-m)$ (m은 상수)이라

하면

$$x^2+(4-A)x+12=x^2-(m+1)x+m$$

따라서 $4-A=-m-1,\ 12=m$에서

$$A=17$$

답 17

03

선미는 x의 계수와 상수항을 제대로 보았으므로

$(4x-3)(3x+1)=12x^2-5x-3$에서

x의 계수는 -5, 상수항은 -3 …… 30 %

희수는 x^2의 계수와 x의 계수를 제대로 보았으므로

$(2x-1)(x-2)=2x^2-5x+2$에서

x^2의 계수는 2, x의 계수는 -5 …… 30 %

따라서 처음 이차식은 $2x^2-5x-3$이므로

$2x^2-5x-3=(2x+1)(x-3)$ …… 40 %

답 $(2x+1)(x-3)$

채점기준	배점
x의 계수와 상수항 구하기	30 %
x^2의 계수와 x의 계수 구하기	30 %
처음 이차식을 바르게 인수분해하기	40 %

04

$(x^2+2ax+5b)+(2ax+b)=x^2+4ax+6b$

이 식이 완전제곱식이 되려면 $6b=\left(\dfrac{4a}{2}\right)^2$

즉 $6b=4a^2$

이를 만족시키는 10보다 작은 자연수 a, b는

$a=3$, $b=6$이므로 $a+b=9$ 답 ⑤

05

$\sqrt{a^2-51}=b$의 양변을 제곱하면

$a^2-51=b^2$, $a^2-b^2=51$

$\therefore (a+b)(a-b)=51$

a, b는 자연수이므로 $\begin{cases}a+b=51\\a-b=1\end{cases}$ 또는 $\begin{cases}a+b=17\\a-b=3\end{cases}$

또 a, b는 두 자리 자연수이므로 $a=26$, $b=25$

$\therefore ab=26\times25=650$ 답 ②

06

$x^2+12x+k=(x+a)(x+b)=x^2+(a+b)x+ab$

$\therefore 12=a+b$, $k=ab$

이때 합이 12인 두 자연수 a, b는 1과 11, 2와 10, 3과 9, 4와 8, 5와 7, 6과 6이므로 k의 값이 될 수 있는 수는

$1\times11=11$, $2\times10=20$, $3\times9=27$, $4\times8=32$,

$5\times7=35$, $6\times6=36$

따라서 이 중에서 가장 큰 수는 36이다. 답 36

07

$n^2+6n-72=(n+12)(n-6)$이고

$n^2+6n-72$가 소수가 되려면

$n+12=1$ 또는 $n-6=1$

$\therefore n=7$ ($\because n$은 자연수)

따라서 그때의 소수는 $(7+12)(7-6)=19$이다.

답 7, 19

08

모든 직사각형의 넓이의 합은 $2x^2+7x+6$이고, 이것은 새로 만든 직사각형의 넓이와 같으므로

$2x^2+7x+6=(x+2)(2x+3)$

따라서 새로 만든 직사각형의 이웃하는 두 변의 길이는

$x+2$, $2x+3$이므로

구하는 둘레의 길이는

$2\{(x+2)+(2x+3)\}=2(3x+5)=6x+10$

답 $6x+10$

09

$2x^2+ax-15=(x+3)(2x+m)$이라 하면

$2x^2+ax-15=2x^2+(m+6)x+3m$

$-15=3m$에서 $m=-5$

$\therefore a=m+6=-5+6=1$

$5x^2+10x+b=(x+3)(5x+n)$이라 하면

$5x^2+10x+b=5x^2+(n+15)x+3n$

$10=n+15$에서 $n=-5$

$\therefore b=3n=3\times(-5)=-15$

$\therefore a+b=1-15=-14$ 답 -14

10

$x^2-(k+3)x+3k=(x-3)(x-k)$

(i) 공통인 인수가 $x-3$일 때

$x^2-(k-1)x+k+4=(x-3)(x+a)$ (단, a는 상수)라 하면

$x^2-(k-1)x+k+4=x^2+(-3+a)x-3a$이므로

$-(k-1)=-3+a$, $k+4=-3a$

$\therefore a=-4$, $k=8$

(ii) 공통인 인수가 $x-k$일 때

$x^2-(k-1)x+k+4=(x-k)(x+b)$ (단, b는 상수)라 하면

$x^2-(k-1)x+k+4=x^2+(-k+b)x-bk$

$-(k-1)=-k+b$, $k+4=-bk$

$\therefore b=1$, $k=-2$

(i), (ii)에서 상수 k의 값은 8, -2이다. 답 8, -2

11

$(x^2-2x)(x^2+4x+3)+8$

$=x(x-2)(x+1)(x+3)+8$

$=\{x(x+1)\}\{(x-2)(x+3)\}+8$

$=(x^2+x)(x^2+x-6)+8$

$x^2+x=A$로 치환하면

$(주어진 식)=A(A-6)+8$

$\qquad\qquad\quad=A^2-6A+8$

$\qquad\qquad\quad=(A-2)(A-4)$

$$=(x^2+x-2)(x^2+x-4)$$
$$=(x-1)(x+2)(x^2+x-4)$$
$$\therefore a+b+c+d=-1+2+1-4=-2 \qquad \boxed{\text{답}}\ -2$$

12

$$[a,\ b,\ -c]-2[a,\ 2b,\ -c]$$
$$=(a-b)(a+c)-2(a-2b)(a+c)$$
$$=a^2+ac-ab-bc-2(a^2+ac-2ab-2bc)$$
$$=a^2+ac-ab-bc-2a^2-2ac+4ab+4bc$$
$$=-a^2-ac+3ab+3bc$$
$$=-a(a+c)+3b(a+c)$$
$$=-(a+c)(a-3b) \qquad \boxed{\text{답}}\ -(a+c)(a-3b)$$

13

$x+y=A$로 놓으면
$$(x+y)^2-4(x+y)-32=A^2-4A-32$$
$$=(A+4)(A-8)$$
$$=(x+y+4)(x+y-8)$$
$$\cdots\cdots 40\ \%$$

이때 $x,\ y$는 자연수이고 $x+y+4>x+y-8$이므로 $(x+y+4)(x+y-8)$이 소수가 되려면 $x+y-8=1$이 어야 한다.
즉, $x+y-8=1$에서 $x+y=9$이므로 $\cdots\cdots 20\ \%$
$$(x+y+4)(x+y-8)=13\times1=13$$
따라서 주어진 식의 값은 13이고, 소수이므로 구하는 자연수 $x,\ y$의 순서쌍 $(x,\ y)$는 $(1,\ 8),\ (2,\ 7),\ (3,\ 6),$ $(4,\ 5),\ (5,\ 4),\ (6,\ 3),\ (7,\ 2),\ (8,\ 1)$의 8개이다.
$$\cdots\cdots 40\ \%$$
$$\boxed{\text{답}}\ 8개$$

채점기준	배점
주어진 식 인수분해하기	40 %
$x+y$의 값 구하기	20 %
순서쌍 (x, y)의 개수 구하기	40 %

14

윗변의 길이를 X라 하면 사다리꼴의 넓이는
$$\frac{1}{2}\times\{X+(X+6)\}\times(x-4)=(X+3)(x-4)$$
이때 주어진 사다리꼴의 넓이는
$$2x^2+x-36=(2x+9)(x-4)$$
즉 $X+3=2x+9$이므로 $X=2x+6$
따라서 윗변의 길이는 $2x+6$이다. $\qquad \boxed{\text{답}}\ 2x+6$

15

$$x^2+y^2-2xy-5x+5y+4$$
$$=x^2+(-2y-5)x+y^2+5y+4$$
$$=x^2+(-2y-5)x+(y+1)(y+4)$$
$$=\{x-(y+1)\}\{x-(y+4)\}$$
$$=(x-y-1)(x-y-4) \qquad\cdots\cdots 60\ \%$$
즉, 두 일차식은 $x-y-1,\ x-y-4$이므로 그 합은
$$(x-y-1)+(x-y-4)=2x-2y-5 \qquad\cdots\cdots 20\ \%$$
따라서 $m=-2,\ n=-5$이므로
$$m+n=(-2)+(-5)=-7 \qquad\cdots\cdots 20\ \%$$
$$\boxed{\text{답}}\ -7$$

채점기준	배점
주어진 식 인수분해하기	60 %
두 일차식의 합 구하기	20 %
$m+n$의 값 구하기	20 %

16

$$x^4-8x^2+16=(x^2-4)^2=\{(x+2)(x-2)\}^2$$
$$=(x+2)^2(x-2)^2$$
이때 삼차식인 인수는 $(x+2)^2(x-2),\ (x+2)(x-2)^2$ 이고 사차식인 인수는 $(x+2)^2(x-2)^2$이므로
$$A=(x+2)^2(x-2)+(x+2)(x-2)^2$$
$$+(x+2)^2(x-2)^2$$
$$=(x+2)(x-2)(x^2+2x-4)$$
따라서 A의 인수가 아닌 것은 ①, ④이다. $\qquad \boxed{\text{답}}\ ①,\ ④$

17

$10=x$로 놓으면 연속하는 네 자연수는 $x,\ x+1,\ x+2,\ x+3$임을 이용한다.

$10=x$로 놓으면
$$10\times11\times12\times13+1$$
$$=x(x+1)(x+2)(x+3)+1$$
$$=\{x(x+3)\}\{(x+1)(x+2)\}+1$$
$$=(x^2+3x)(x^2+3x+2)+1$$
$x^2+3x=A$로 치환하면
$$(x^2+3x)(x^2+3x+2)+1=A(A+2)+1$$
$$=A^2+2A+1$$
$$=(A+1)^2$$
$$=(x^2+3x+1)^2$$
$$=(10^2+3\times10+1)^2$$
$$=131^2$$

$$\therefore \sqrt{10\times11\times12\times13+1}-56=\sqrt{131^2}-56$$
$$=131-56=75 \qquad \text{답 } 75$$

18

$$\sqrt{91+\frac{25}{81}}=\sqrt{\frac{91\times81+25}{81}}$$
$$=\sqrt{\frac{(81+10)\times81+25}{81}}$$
$$=\sqrt{\frac{81^2+2\times81\times5+5^2}{81}}$$
$$=\sqrt{\frac{(81+5)^2}{81}} \qquad \cdots\cdots 70\%$$
$$=\sqrt{\frac{86^2}{9^2}}=\frac{86}{9} \qquad \cdots\cdots 20\%$$

$a=9$, $b=86$이므로 $a-b=9-86=-77$ $\quad\cdots\cdots 10\%$

$$\text{답 } -77$$

채점기준	배점
인수분해 공식을 이용하여 인수분해 하기	70 %
$\frac{b}{a}$의 값 구하기	20 %
$a-b$의 값 구하기	10 %

19

$\overline{\text{BD}}$를 지름으로 하는 원의 반지름의 길이를 r cm라 하면
$2\pi r=2a\pi \qquad \therefore r=a$
즉 $\overline{\text{BD}}=2r=2a$ (cm)
이때 색칠한 부분의 넓이는 $\overline{\text{AD}}$를 지름으로 하는 원의
넓이에서 $\overline{\text{CD}}$를 지름으로 하는 원의 넓이를 뺀 것과 같
다.
$\therefore$ (색칠한 부분의 넓이)
$$=\pi\left(\frac{2a+6}{2}\right)^2-\pi\left(\frac{2a-6}{2}\right)^2$$
$$=\pi\left(\frac{2a+6}{2}+\frac{2a-6}{2}\right)\left(\frac{2a+6}{2}-\frac{2a-6}{2}\right)$$
$$=\pi\times2a\times6$$
$$=12a\pi \ (\text{cm}^2) \qquad \text{답 } 12a\pi \ \text{cm}^2$$

20

$0<a<\frac{1}{2}$이므로 $a+\frac{1}{a}>0$, $a-\frac{1}{a}<0$

$$\therefore \sqrt{\left(a-\frac{1}{a}\right)^2+4}+\sqrt{\left(a+\frac{1}{2}\right)^2-2a}$$
$$=\sqrt{a^2-2+\frac{1}{a^2}+4}+\sqrt{a^2+a+\frac{1}{4}-2a}$$

$$=\sqrt{\left(a+\frac{1}{a}\right)^2}+\sqrt{\left(a-\frac{1}{2}\right)^2}$$
$$=\left(a+\frac{1}{a}\right)-\left(a-\frac{1}{2}\right)=\frac{1}{a}+\frac{1}{2} \qquad \text{답 } \frac{1}{a}+\frac{1}{2}$$

21

$$60\left(\frac{2^2-1}{2^2}\right)\times\left(\frac{3^2-1}{3^2}\right)\times\left(\frac{4^2-1}{4^2}\right)\times\cdots\times\left(\frac{10^2-1}{10^2}\right)$$
$$=60\left\{\frac{(2-1)(2+1)}{2\times2}\right\}\times\left\{\frac{(3-1)(3+1)}{3\times3}\right\}$$
$$\times\left\{\frac{(4-1)(4+1)}{4\times4}\right\}\times\cdots\times\left\{\frac{(10-1)(10+1)}{10\times10}\right\}$$
$$=60\times\frac{1\times3}{2\times2}\times\frac{2\times4}{3\times3}\times\frac{3\times5}{4\times4}\times\cdots\times\frac{9\times11}{10\times10}$$
$$=60\times\frac{1}{2}\times\frac{11}{10}=33 \qquad \text{답 } 33$$

22

$$\left(x-\frac{1}{x}\right)^2=\left(x+\frac{1}{x}\right)^2-4=4^2-4=12$$

이때 $0<x<1$에서 $\frac{1}{x}>1$이므로 $0<x<\frac{1}{x}$

즉, $x-\frac{1}{x}<0$이므로 $x-\frac{1}{x}=-\sqrt{12}=-2\sqrt{3}$

$$\therefore x^2-6x+\frac{6}{x}-\frac{1}{x^2}=x^2-\frac{1}{x^2}-6x+\frac{6}{x}$$
$$=\left(x+\frac{1}{x}\right)\left(x-\frac{1}{x}\right)-6\left(x-\frac{1}{x}\right)$$
$$=\left(x-\frac{1}{x}\right)\left(x+\frac{1}{x}-6\right)$$
$$=(-2\sqrt{3})\times(4-6)$$
$$=4\sqrt{3} \qquad \text{답 } 4\sqrt{3}$$

23

$3^{12}-1$이 자연수 n에 의하여 나누어떨어지므로 자연수 n
은 $3^{12}-1$의 약수이어야 한다.
$3^{12}-1=(3^6+1)(3^6-1)=(3^6+1)(3^3+1)(3^3-1)$
$$=730\times28\times26$$
$$=2^4\times5\times7\times13\times73$$
$3^{12}-1$의 약수 중 50보다 크고 60보다 작은 자연수는
$2^2\times13=52$, $2^3\times7=56$의 2개뿐이다.
따라서 구하는 자연수 n은 52, 56이므로
그 합은 $52+56=108$이다. $\qquad \text{답 } 108$

24

$5^8-1=(5^4+1)(5^4-1)$
$$=(5^4+1)(5^2+1)(5^2-1)$$

$$\begin{aligned}
&=(5^4+1)(5^2+1)(5+1)(5-1)\\
&=626\times26\times6\times4\\
&=2^5\times3\times13\times313
\end{aligned}$$

따라서 $x=313$이므로

$$\begin{aligned}
x^2-26x+169&=(x-13)^2=(313-13)^2\\
&=300^2=90000
\end{aligned}$$

답 90000

25

$$\begin{aligned}
&(x^3+y^3)^2-(x^3-y^3)^2\\
&=\{(x^3+y^3)+(x^3-y^3)\}\{(x^3+y^3)-(x^3-y^3)\}\\
&=2x^3\times2y^3=4(xy)^3
\end{aligned}$$

이때 $xy=(\sqrt{7}+3)(\sqrt{7}-3)=-2$이므로

$$4(xy)^3=4\times(-2)^3=-32$$

답 -32

26

$$\begin{aligned}
2xy-6x+y-3&=2x(y-3)+(y-3)\\
&=(2x+1)(y-3)
\end{aligned}$$

$(2x+1)(y-3)=-5$를 만족시키는 경우를 구하면 다음 표와 같다.

$2x+1$	1	-1	5	-5
$y-3$	-5	5	-1	1

x	0	-1	2	-3
y	-2	8	2	4

따라서 정수 x, y의 순서쌍 $(x,\ y)$의 개수는 $(0,\ -2)$, $(-1,\ 8)$, $(2,\ 2)$, $(-3,\ 4)$의 4개이다.

답 4개

27

$$\begin{aligned}
&(x-8)(x-5)(x-2)(x+1)-k\\
&=\{(x-8)(x+1)\}\{(x-5)(x-2)\}-k\\
&=(x^2-7x-8)(x^2-7x+10)-k
\end{aligned}$$

$x^2-7x=A$로 치환하면

$$\begin{aligned}
(\text{주어진 식})&=(A-8)(A+10)-k\\
&=A^2+2A-80-k
\end{aligned}$$

위의 식이 완전제곱식이 되어야 하므로

$$-80-k=1^2\qquad\therefore k=-81$$

답 -81

28

$$\begin{aligned}
4x^2y+4xy^2-2x-2y&=4xy(x+y)-2(x+y)\\
&=(x+y)(4xy-2)\\
&=2(x+y)(2xy-1)
\end{aligned}$$

$2(x+y)(2xy-1)=30$이고, $x+y=5$이므로

$$2xy-1=3,\ 2xy=4\qquad\therefore xy=2$$

$$\begin{aligned}
\therefore\ \frac{x^2y-x-xy^2+y}{x^2-y^2}&=\frac{x(xy-1)-y(xy-1)}{(x+y)(x-y)}\\
&=\frac{(x-y)(xy-1)}{(x+y)(x-y)}=\frac{xy-1}{x+y}\\
&=\frac{2-1}{5}=\frac{1}{5}
\end{aligned}$$

답 $\dfrac{1}{5}$

29

$$\begin{aligned}
a^3-3a^2b-9ab^2+27b^3&=a^2(a-3b)-9b^2(a-3b)\\
&=(a-3b)(a^2-9b^2)\\
&=(a-3b)(a+3b)(a-3b)\\
&=(a-3b)^2(a+3b)\\
&=3^2\times6=54
\end{aligned}$$

답 54

30

$$\begin{aligned}
&x^2+y^2-5x+5y-2xy+6\\
&=x^2-(2y+5)x+y^2+5y+6\\
&=x^2-(2y+5)x+(y+2)(y+3)\\
&=\{x-(y+2)\}\{x-(y+3)\}\\
&=(x-y-2)(x-y-3)
\end{aligned}$$

$(x-y)(x-y+1)-6$에서 $x-y=A$로 치환하면

$$\begin{aligned}
(x-y)(x-y+1)-6&=A(A+1)-6\\
&=A^2+A-6\\
&=(A+3)(A-2)\\
&=(x-y+3)(x-y-2)
\end{aligned}$$

$$\begin{aligned}
&x^2+y^2-2xy-4x+4y+4\\
&=(x^2-2xy+y^2)-4(x-y)+4\\
&=(x-y)^2-4(x-y)+4\\
&=(x-y-2)^2
\end{aligned}$$

따라서 공통인 인수는 $x-y-2$이다.

답 $x-y-2$

STEP **A** 최고난도문제   본문 63~64쪽

01 1176   **02** 8   **03** 5개   **04** $\dfrac{1}{9}$ **05** 44

06 $2a-2$

01

$$\begin{aligned}
8n^3+12n^2+4n&=2n(4n^2+6n+2)\\
&=2n(2n+1)(2n+2)\text{이므로}
\end{aligned}$$

$n=1$일 때, $2\times3\times4=24$

$n=2$일 때, $4\times5\times6=120$

$n=3$일 때, $6\times7\times8=336$

$n=4$일 때, $8\times9\times10=720$

$n=5$일 때, $10\times11\times12=1320$

따라서 세 자리 자연수의 합은 $120+336+720=1176$이다.

답 1176

02

전략

다항식 $x^2-3x-10$의 인수 중 x의 계수가 1인 두 일차식이 다항식 $x^2+kx-20$의 인수가 될 수 있다.

$x^2-3x-10=(x+2)(x-5)$

(i) $x^2+kx-20$이 $x+2$를 인수로 가질 때

$x^2+kx-20=(x+2)(x+m)$ (단, m은 상수)으로 놓으면

$x^2+kx-20=x^2+(m+2)x+2m$이므로

$k=m+2$, $-20=2m$

$\therefore m=-10$, $k=-8$

(ii) $x^2+kx-20$이 $x-5$를 인수로 가질 때

$x^2+kx-20=(x-5)(x+n)$ (단, n은 상수)으로 놓으면

$x^2+kx-20=x^2+(n-5)x-5n$이므로

$k=n-5$, $-20=-5n$

$\therefore n=4$, $k=-1$

따라서 (i), (ii)에 의해 k의 값으로 가능한 수는 -8, -1이므로 그 곱은 8이다.

답 8

03

주어진 다항식이 $(x+a)(x+b)$로 인수분해된다고 하면 $x^2+(a+b)x+ab$에서 $a+b=-3$, $-50\le ab\le-1$이므로 이를 만족시키는 두 정수 a, b를 순서쌍 (a, b)로 나타내면

$(1, -4)$, $(2, -5)$, $(3, -6)$, $(4, -7)$, $(5, -8)$

따라서 구하는 다항식의 개수는 5개이다.

답 5개

04

모든 경우의 수는 $6\times6=36$

$$\sqrt{xy-3x-y+3}=\sqrt{x(y-3)-(y-3)}$$
$$=\sqrt{(x-1)(y-3)}$$

이 식이 자연수가 되려면 근호 안의 수가 (자연수)^2 꼴이어야 한다.

(i) $(x-1)(y-3)=1$일 때, $(x, y)=(2, 4)$

(ii) $(x-1)(y-3)=4$일 때, $(x, y)=(3, 5)$, $(5, 4)$

(iii) $(x-1)(y-3)=9$일 때, $(x, y)=(4, 6)$

따라서 구하는 확률은 $\dfrac{4}{36}=\dfrac{1}{9}$이다.

답 $\dfrac{1}{9}$

05

m이 소수이므로

$mx^2+43x+12=(x+a)(mx+b)$ (단, a, b는 자연수)

즉, $ab=12$이고 $am+b=43$

조건을 만족시키는 a, b의 값과 m의 값은 다음과 같다.

(i) $a=1$, $b=12$일 때, $m+12=43$

$\quad\therefore m=31$

(ii) $a=2$, $b=6$일 때, $2m+6=43$, $2m=37$

$\quad\therefore m=\dfrac{37}{2}$

(iii) $a=3$, $b=4$일 때, $3m+4=43$, $3m=39$

$\quad\therefore m=13$

(iv) $a=4$, $b=3$일 때, $4m+3=43$, $4m=40$

$\quad\therefore m=10$

(v) $a=6$, $b=2$일 때, $6m+2=43$, $6m=41$

$\quad\therefore m=\dfrac{41}{6}$

(vi) $a=12$, $b=1$일 때, $12m+1=43$, $12m=42$

$\quad\therefore m=\dfrac{7}{2}$

(i)~(vi)에서 조건을 만족시키는 소수 m의 값은 31, 13이므로 그 합은 $31+13=44$이다.

답 44

06

$\sqrt{x}=a+2$의 양변을 제곱하면

$x=(a+2)^2=a^2+4a+4$

$\therefore \sqrt{x-2a-3}-\sqrt{x-10a+5}$
$=\sqrt{a^2+4a+4-2a-3}-\sqrt{a^2+4a+4-10a+5}$
$=\sqrt{a^2+2a+1}-\sqrt{a^2-6a+9}$
$=\sqrt{(a+1)^2}-\sqrt{(a-3)^2}$
$=(a+1)-\{-(a-3)\}$ ($\because a+1>0$, $a-3<0$)
$=a+1+a-3=2a-2$

답 $2a-2$

III 이차방정식

01. 이차방정식의 풀이

01 ㉡, ㉤   **02** ③   **03** ③, ④   **04** ③   **05** ②, ④

06 -2 **07** 8   **08** $x=\dfrac{2}{3}$

09 $x=-5$ 또는 $x=1$ **10** ③, ④   **11** -15

12 -10 **13** 11   **14** ⑤   **15** $x=5-\sqrt{2}$

16 ②   **17** $\dfrac{29}{2}$ **18** -1

01

㉠ $-x+5=x+2$에서 $-2x+3=0$이므로 일차방정식이다.

㉡ 분모에 x가 있으므로 이차방정식이 아니다.

㉢ 이차식

㉣ $x^3+2x^2=x(x^2+1)$에서 $2x^2-x=0$이므로 이차방정식이다.

㉤ $(.x+1)(2x+2)=2x^2-5$에서 $4x+7=0$이므로 일차방정식이다.   답 ㉡, ㉤

02

$(ax+1)(2x-1)=4x^2$에서

$2ax^2+(2-a)x-1=4x^2$

$(2a-4)x^2+(2-a)x-1=0$

이 식이 x에 대한 이차방정식이 되려면 $2a-4\neq0$이어야 한다.

$2a\neq4$ $\therefore a\neq2$ 답 ③

03

$x=-1$을 각 이차방정식에 대입한다.

① $(-1)^2-(-1)\neq0$

② $(-2)\times4\neq0$

③ $(-1)^2-3\times(-1)-4=0$

④ $4\times(-1)^2+7\times(-1)+3=0$

⑤ $2\times(-1)^2-3\times(-1)+1\neq0$

따라서 $x=-1$을 해로 갖는 것은 ③, ④이다.   답 ③, ④

04

① $x=-\dfrac{1}{4}$ 또는 $x=-3$

② $x=-1$ 또는 $x=3$

③ $x=-\dfrac{1}{4}$ 또는 $x=3$

④ $x=\dfrac{1}{4}$ 또는 $x=-3$

⑤ $x=-3$ 또는 $x=1$ 답 ③

05

① $x=0$ 또는 $x=-3$이므로 $0+(-3)=-3$

② $x=-2$ 또는 $x=5$이므로 $-2+5=3$

③ $x=\dfrac{1}{3}$ 또는 $x=2$이므로 $\dfrac{1}{3}+2=\dfrac{7}{3}$

④ $x=\dfrac{1}{4}$ 또는 $x=\dfrac{11}{4}$이므로 $\dfrac{1}{4}+\dfrac{11}{4}=\dfrac{12}{4}=3$

⑤ $x=7$ 또는 $x=10$이므로 $7+10=17$

따라서 두 근의 합이 3인 것은 ②, ④이다.   답 ②, ④

06

$3x^2-x+5=8-x^2$에서 $4x^2-x-3=0$

$(4x+3)(x-1)=0$

$\therefore x=-\dfrac{3}{4}$ 또는 $x=1$

$a<b$이므로 $a=-\dfrac{3}{4}$, $b=1$

$\therefore 4a+b=4\times\left(-\dfrac{3}{4}\right)+1=-2$ 답 -2

07

$x:(4x-6)=2:x$에서

$x^2=2(4x-6)$

$x^2-8x+12=0$, $(x-2)(x-6)=0$

$\therefore x=2$ 또는 $x=6$

따라서 모든 x의 값의 합은 $2+6=8$이다.   답 8

08

$x=-1$을 $6x^2+a(a+1)x-4a=0$에 대입하면

$6-a(a+1)-4a=0$, $-a^2-a-4a+6=0$

$a^2+5a-6=0$, $(a-1)(a+6)=0$

$\therefore a=1\ (\because a>0)$ …… 50 %

$a=1$을 $6x^2+a(a+1)x-4a=0$에 대입하면

$6x^2+2x-4=0$, $3x^2+x-2=0$

$(x+1)(3x-2)=0$

$\therefore x=-1$ 또는 $x=\dfrac{2}{3}$ …… 40 %

따라서 다른 한 근은 $x=\dfrac{2}{3}$이다.   …… 10 %

$$\text{답}\ x=\frac{2}{3}$$

채점기준	배점
a의 값 구하기	50 %
이차방정식 풀기	40 %
다른 한 근 구하기	10 %

09

$x^2-4x=-x^2+5x-10$에서 $2x^2-9x+10=0$

$(2x-5)(x-2)=0$

$\therefore\ x=\dfrac{5}{2}$ 또는 $x=2$

이때 $a<b$이므로 $a=2,\ b=\dfrac{5}{2}$

즉, $x^2+4x-5=0,\ (x+5)(x-1)=0$

$\therefore\ x=-5$ 또는 $x=1$ $\qquad$ 답 $x=-5$ 또는 $x=1$

10

① $x^2-6x=0,\ x(x-6)=0$

$\quad\therefore\ x=0$ 또는 $x=6$

② $x^2+4x-12=0,\ (x-2)(x+6)=0$

$\quad\therefore\ x=2$ 또는 $x=-6$

③ $x^2-x+4=x+3,\ x^2-2x+1=0,\ (x-1)^2=0$

$\quad\therefore\ x=1$ (중근)

④ $\dfrac{1}{4}x^2+x+1=0,\ \left(\dfrac{1}{2}x+1\right)^2=0$

$\quad\therefore\ x=-2$ (중근)

⑤ $25x^2-25x+4=0,\ (5x-4)(5x-1)=0$

$\quad\therefore\ x=\dfrac{4}{5}$ 또는 $x=\dfrac{1}{5}$

따라서 중근을 갖는 것은 ③, ④이다. $\qquad$ 답 ③, ④

11

전략

이차방정식 $x^2+ax+b=0$이 중근을 가지려면 $b=\left(\dfrac{a}{2}\right)^2$

$x^2+6x+1=-2x+k,$ 즉 $x^2+8x+1-k=0$이 중근을 가지려면

$1-k=\left(\dfrac{8}{2}\right)^2$이어야 하므로 $1-k=16$

$\therefore\ k=-15$ $\qquad$ 답 -15

12

$x^2-2ax=10a-24,$ 즉 $x^2-2ax-10a+24=0$이 중근을 가지려면

$-10a+24=\left(\dfrac{-2a}{2}\right)^2$이어야 하므로

$a^2+10a-24=0,\ (a+12)(a-2)=0$

$\therefore\ a=-12$ 또는 $a=2$

따라서 모든 a의 값의 합은 $-12+2=-10$이다.

답 -10

13

$3(x+a)^2=b$에서 $(x+a)^2=\dfrac{b}{3}$이므로 $x+a=\pm\sqrt{\dfrac{b}{3}}$

$\therefore\ x=-a\pm\sqrt{\dfrac{b}{3}}$

따라서 $-a=-4,\ \dfrac{b}{3}=5$이므로 $a=4,\ b=15$

$\therefore\ b-a=15-4=11$ $\qquad$ 답 11

14

$2(x+1)^2=5-a$에서

$(x+1)^2=\dfrac{5-a}{2}$

이때 서로 다른 두 근을 가지려면

$\dfrac{5-a}{2}>0 \qquad \therefore\ a<5$

따라서 정수 a의 값이 될 수 없는 것은 ⑤이다. $\qquad$ 답 ⑤

15

$(x-5)^2=2$에서 $x-5=\pm\sqrt{2} \qquad \therefore\ x=5\pm\sqrt{2}$

$2x-5<-x+10$에서

$3x<15 \qquad \therefore\ x<5$

따라서 주어진 일차부등식을 만족하는 이차방정식의 해는

$x=5-\sqrt{2}$ 이다. $\qquad$ 답 $x=5-\sqrt{2}$

16

$4x^2+8x-3=0$의 양변을 4로 나누면

$x^2+2x-\dfrac{3}{4}=0,\ x^2+2x=\dfrac{3}{4}$

$x^2+2x+1^2=\dfrac{3}{4}+1^2 \qquad \therefore\ (x+1)^2=\dfrac{7}{4}$

따라서 $p=-1,\ q=\dfrac{7}{4}$이므로

$p+q=\dfrac{3}{4}$ $\qquad$ 답 ②

17

$2x^2+16x-5=0$의 양변을 2로 나누면

$$x^2+8x-\frac{5}{2}=0,\ x^2+8x=\frac{5}{2}$$

$$x^2+8x+\left(\frac{8}{2}\right)^2=\frac{5}{2}+16$$

$$(x+4)^2=\frac{37}{2},\ x+4=\pm\sqrt{\frac{37}{2}}$$

$$\therefore\ x=-4\pm\sqrt{\frac{37}{2}}$$

따라서 $A=8$, $B=16$, $C=4$, $D=\frac{37}{2}$이므로

$$A-B+C+D=\frac{29}{2}$$

답 $\frac{29}{2}$

18

$x^2+4x+7k=0$에서 $x^2+4x+4=-7k+4$

$(x+2)^2=-7k+4$, $x+2=\pm\sqrt{-7k+4}$

$\therefore\ x=-2\pm\sqrt{-7k+4}$

$-7k+4=11$이므로 $-7k=7$

$\therefore\ k=-1$

답 -1

STEP B 실력완성문제
본문 70~73쪽

01 $x=1$	**02** -3	**03** $a=3,\ b=\frac{3}{2}$	**04** $a\neq\frac{1}{3}$
05 -3	**06** -2	**07** 4	**08** $x=1$ 또는 $x=3$
09 8	**10** 26	**11** $x=\frac{4}{5}$	**12** -8	**13** $-4,\ 1$
14 $4,\ 9,\ 25$	**15** 7	**16** $\frac{5}{2}$	**17** ②
18 ③	**19** $\frac{13}{6}$	**20** $\frac{1}{18}$	**21** 16	**22** $\frac{15}{16}$
23 -24	**24** -20		

01

x의 값이 -1, 0, 1이므로 이차방정식에 대입하면

$x=-1$일 때, $2\times(-1)^2-(-1)-1\neq0$

$x=0$일 때, $2\times0^2-0-1\neq0$

$x=1$일 때, $2\times1^2-1-1=0$

따라서 구하는 해는 $x=1$이다.

답 $x=1$

02

$x=-2$를 $x^2-2x+a=0$에 대입하면

$4+4+a=0$ $\quad\therefore\ a=-8$

03

$x=3$을 $2x^2-5x-2a+3=0$에 대입하면

$18-15-2a+3=0$, $-2a=-6$ $\quad\therefore\ a=3$

$x=3$을 $x^2-3bx-(3-5b)=0$에 대입하면

$9-9b-(3-5b)=0$, $-4b=-6$ $\quad\therefore\ b=\frac{3}{2}$

답 $a=3,\ b=\frac{3}{2}$

04

$(9a^2+1)x^2-x=6a(x+1)^2$에서

$9a^2x^2+x^2-x=6a(x^2+2x+1)$

$(9a^2-6a+1)x^2-(1+12a)x-6a=0$

이 식이 x에 대한 이차방정식이 되려면

$9a^2-6a+1\neq0$이어야 한다.

즉, $(3a-1)^2\neq0$ $\quad\therefore\ a\neq\frac{1}{3}$

답 $a\neq\frac{1}{3}$

05

$x=a$를 $3x^2-2x-1=0$에 대입하면

$3a^2-2a-1=0$ $\quad\therefore\ 3a^2-2a=1$ $\quad\cdots\cdots$ 30 %

$x=b$를 $x^2-3x-5=0$에 대입하면

$b^2-3b-5=0$ $\quad\therefore\ b^2-3b=5$ $\quad\cdots\cdots$ 30 %

$\therefore\ 3a^2-b^2-2a+3b+1=3a^2-2a-(b^2-3b)+1$

$\qquad\qquad\qquad\qquad\quad =1-5+1=-3$ $\quad\cdots\cdots$ 40 %

답 -3

채점기준	배점
$3a^2-2a$의 값 구하기	30 %
b^2-3b의 값 구하기	30 %
$3a^2-b^2-2a+3b+1$의 값 구하기	40 %

06

전략

주어진 이차방정식에 $x=a$를 대입하여 a에 대한 식으로 변형한다.

$x^2-x=-x^2+x+2$에서 $2x^2-2x-2=0$

$\therefore\ x^2-x-1=0$

$x=a$를 $x^2-x-1=0$에 대입하면

$a^2-a-1=0$

$a^2-a-1=0$의 양변을 a로 나누면

$\alpha-1-\dfrac{1}{\alpha}=0 \qquad \therefore \alpha-\dfrac{1}{\alpha}=1$

$\therefore \alpha^2-5\alpha+\dfrac{5}{\alpha}+\dfrac{1}{\alpha^2}=\left(\alpha^2+\dfrac{1}{\alpha^2}\right)-5\left(\alpha-\dfrac{1}{\alpha}\right)$

$\qquad\qquad =\left(\alpha-\dfrac{1}{\alpha}\right)^2+2-5\left(\alpha-\dfrac{1}{\alpha}\right)$

$\qquad\qquad =1^2+2-5\times 1$

$\qquad\qquad =-2$ $\qquad$ 🖪 -2

Sub 노트

(1) $a^2+\dfrac{1}{a^2}=\left(a+\dfrac{1}{a}\right)^2-2=\left(a-\dfrac{1}{a}\right)^2+2$

(2) $\left(a+\dfrac{1}{a}\right)^2=\left(a-\dfrac{1}{a}\right)^2+4,\ \left(a-\dfrac{1}{a}\right)^2=\left(a+\dfrac{1}{a}\right)^2-4$

07

$(2x+1)^2=x^2-3x-1$에서

$4x^2+4x+1=x^2-3x-1$

$3x^2+7x+2=0$

$(3x+1)(x+2)=0 \qquad \therefore x=-\dfrac{1}{3}$ 또는 $x=-2$

따라서 $a=-\dfrac{1}{3}$이므로

$(3a-1)^2=(-1-1)^2=4$ $\qquad$ 🖪 4

08

$x^2+2kx-(k-1)=0$의 일차항의 계수와 상수항을 바꾸면

$x^2-(k-1)x+2k=0$ $\qquad\qquad$ ……30 %

$x=1$을 대입하면

$1-k+1+2k=0,\ k=-2$ $\qquad\qquad$ ……30 %

즉, $x^2-4x+3=0,\ (x-1)(x-3)=0$

$\therefore x=1$ 또는 $x=3$ $\qquad\qquad$ ……40 %

🖪 $x=1$ 또는 $x=3$

채점기준	배점
일차항의 계수와 상수항이 바뀐 이차방정식 구하기	30 %
k의 값 구하기	30 %
처음 이차방정식의 해 구하기	40 %

09

$x=1$을 $x^2+a(b-3)x-b-1=0$에 대입하면

$1+a(b-3)-b-1=0$이므로

$ab-3a-b=0$

$\therefore (a-1)(b-3)=3$

이때 $a,\ b$는 자연수이므로

$a-1=1,\ b-3=3$ 또는 $a-1=3,\ b-3=1$

$\therefore a=2,\ b=6$ 또는 $a=4,\ b=4$

$\therefore a+b=8$ $\qquad$ 🖪 8

10

$x=-2$를 $x^2-ax+18=0$에 대입하면

$4+2a+18=0,\ 2a=-22$

$\therefore a=-11$

즉, $x^2+11x+18=0,\ (x+2)(x+9)=0$

$\therefore x=-2$ 또는 $x=-9$

이때 $x^2+4x-3b=0$의 한 근이 $x=-9$이므로

$81-36-3b=0,\ 3b=45 \qquad \therefore b=15$

$\therefore b-a=15-(-11)=26$ $\qquad$ 🖪 26

11

$x=3$을 $(a+3)x^2+(a-4)x-3=0$에 대입하면

$9a+27+3a-12-3=0,\ 12a+12=0 \qquad \therefore a=-1$

$x=-1$을 $5x^2+bx-4b=0$에 대입하면

$5-b-4b=0 \qquad \therefore b=1$

$5x^2+x-4=0$에서 $(x+1)(5x-4)=0$

$\therefore x=-1$ 또는 $x=\dfrac{4}{5}$

따라서 구하는 다른 한 근은 $x=\dfrac{4}{5}$이다. $\qquad$ 🖪 $x=\dfrac{4}{5}$

12

$5x^2+7x-6=0$에서 $(x+2)(5x-3)=0$

$\therefore x=-2$ 또는 $x=\dfrac{3}{5}$

(i) 공통인 해가 $x=-2$일 때

$\quad x=-2$를 $x^2-2x+k=0$에 대입하면

$\quad 4+4+k=0 \qquad \therefore k=-8$

(ii) 공통인 해가 $x=\dfrac{3}{5}$일 때

$\quad x=\dfrac{3}{5}$을 $x^2-2x+k=0$에 대입하면

$\quad \dfrac{9}{25}-\dfrac{6}{5}+k=0 \qquad \therefore k=\dfrac{21}{25}$

(i), (ii)에서 $k<0$이므로 $k=-8$ $\qquad$ 🖪 -8

13

$x^2-(2a-3)x-6a=0$에서 $(x-2a)(x+3)=0$

$\therefore x=2a$ 또는 $x=-3$

(i) $2a<-3$일 때

두 근 사이에 있는 정수가 -4, -5, -6, -7의 4개
이어야 하므로
$$2a=-8 \qquad \therefore a=-4$$
(ii) $2a>-3$일 때
두 근 사이에 있는 정수가 -2, -1, 0, 1의 4개이어
야 하므로
$$2a=2 \qquad \therefore a=1$$
(i), (ii)에 의해 구하는 a의 값은 -4, 1이다. 　답 -4, 1

14

전략

$\langle x \rangle$에 대한 이차방정식을 인수분해를 이용하여 푼다.
$$2\langle x \rangle^2-5\langle x \rangle-3=0$$
$$(2\langle x \rangle+1)(\langle x \rangle-3)=0$$
$$\therefore \langle x \rangle=-\frac{1}{2} \ \text{또는} \ \langle x \rangle=3$$

이때 $\langle x \rangle$는 자연수 x의 약수의 개수이므로 $\langle x \rangle=3$
약수가 3개인 자연수는 (소수)^{2}인 수이고 이 중 30 이하의
자연수는 4, 9, 25이다. 　답 4, 9, 25

15

$P+Q=0$에서
$$(x^2-x-12)+(x^2-7x-30)=0$$
$$2x^2-8x-42=0, \ x^2-4x-21=0$$
$$(x+3)(x-7)=0 \qquad \therefore x=-3 \ \text{또는} \ x=7$$
$PQ\neq 0$에서 $P\neq 0$이고 $Q\neq 0$이어야 하므로
(i) $P\neq 0$일 때, $x^2-x-12\neq 0$, $(x-4)(x+3)\neq 0$
$\qquad \therefore x\neq 4$이고 $x\neq -3$
(ii) $Q\neq 0$일 때, $x^2-7x-30\neq 0$, $(x-10)(x+3)\neq 0$
$\qquad \therefore x\neq 10$이고 $x\neq -3$
(i), (ii)에서 $x\neq -3$이고 $x\neq 4$이고 $x\neq 10$
따라서 조건을 만족하는 x의 값은 7이다. 　답 7

16

$x^2+(a-4)x-a+3=0$에서
$$(x-1)(x+a-3)=0$$
$$\therefore x=1 \ \text{또는} \ x=-a+3 \qquad \cdots\cdots \ 30 \%$$
$x^2-(a+3)x+3a=0$에서
$$(x-3)(x-a)=0 \qquad \therefore x=3 \ \text{또는} \ x=a \qquad \cdots\cdots \ 30 \%$$
(i) 공통인 근이 $x=1$일 때, $a=1$
(ii) 공통인 근이 $x=3$일 때, $-a+3=3$
$\qquad \therefore a=0$

(iii) 공통인 근이 $x=a$일 때$(a\neq 1, \ a\neq 3)$,
$$-a+3=a, \ 2a=3$$
$$\therefore a=\frac{3}{2}$$
(i), (ii), (iii)에서 모든 a의 값의 합은
$$1+0+\frac{3}{2}=\frac{5}{2} \qquad\qquad\qquad \cdots\cdots \ 40 \%$$
답 $\dfrac{5}{2}$

채점기준	배점
$x^2+(a-4)x-a+3=0$의 해 구하기	30 %
$x^2-(a+3)x+3a=0$의 해 구하기	30 %
모든 a의 값의 합 구하기	40 %

17

$y=ax-1$에 주어진 점의 좌표를 대입하면
$$a^2+3a-13=a(-a+1)-1$$
$$a^2+a-6=0, \ (a+3)(a-2)=0$$
$$\therefore a=-3 \ \text{또는} \ a=2$$
일차함수 $y=ax-1$의 그래프가 제1사분면을 지나지 않
으므로 $a<0$
$$\therefore a=-3 \qquad\qquad\qquad\qquad \text{답} \ ②$$

Sub 노트

일차함수 $y=ax+b$의 그래프가 지나는 사분면은 다음과 같
다.
(1) $a>0, \ b>0 \Rightarrow$ 제1, 2, 3사분면
(2) $a>0, \ b<0 \Rightarrow$ 제1, 3, 4사분면
(3) $a<0, \ b>0 \Rightarrow$ 제1, 2, 4사분면
(4) $a<0, \ b<0 \Rightarrow$ 제2, 3, 4사분면

18

$16x^2+(k-1)x+25=0$의 양변을 16으로 나누면
$$x^2+\frac{k-1}{16}x+\frac{25}{16}=0$$
이 이차방정식이 중근을 가지므로 $\left(\dfrac{k-1}{32}\right)^2=\dfrac{25}{16}$
$$(k-1)^2=\frac{25}{16}\times 32^2, \ k^2-2k-1599=0$$
$$(k-41)(k+39)=0$$
$$\therefore k=-39 \ (\because k<0) \qquad\qquad \text{답} \ ③$$

19

$3x^2-12ax+2a=0$의 양변을 3으로 나누면
$$x^2-4ax+\frac{2}{3}a=0$$

이 이차방정식이 중근을 가지려면

$\dfrac{2}{3}a=\left(\dfrac{-4a}{2}\right)^2,\ \dfrac{2}{3}a=4a^2$

$4a=\dfrac{2}{3}\ (\because\ a\neq 0)\qquad \therefore\ a=\dfrac{1}{6}$

$a=\dfrac{1}{6}$ 을 $3x^2-12ax+2a=0$에 대입하면

$3x^2-2x+\dfrac{1}{3}=0,\ 9x^2-6x+1=0$

$(3x-1)^2=0\qquad \therefore\ x=\dfrac{1}{3}$

즉 $ak=\dfrac{1}{3}$ 이므로 $\dfrac{1}{6}k=\dfrac{1}{3}\qquad \therefore\ k=2$

$\therefore\ a+k=\dfrac{1}{6}+2=\dfrac{13}{6}$ $\qquad$ 답 $\dfrac{13}{6}$

20

모든 경우의 수는 $6\times 6=36$

$x^2+ax+b=0$이 중근을 가지려면

$b=\left(\dfrac{a}{2}\right)^2=\dfrac{a^2}{4}$, 즉 $a^2=4b$이어야 한다.

$a^2=4b$를 만족시키는 $a,\ b$의 순서쌍 $(a,\ b)$는

$(2,\ 1),\ (4,\ 4)$의 2가지

따라서 구하는 확률은 $\dfrac{2}{36}=\dfrac{1}{18}$ $\qquad$ 답 $\dfrac{1}{18}$

21

$(x+6)^2=5k+1,\ x+6=\pm\sqrt{5k+1}$

$\therefore\ x=-6\pm\sqrt{5k+1}$ $\qquad\qquad$ …… 40 %

$x=-6\pm\sqrt{5k+1}$ 이 유리수가 되려면 $\sqrt{5k+1}$ 이 유리수

이어야 한다.

이때 k는 자연수이므로 $5k+1$은 1보다 큰 제곱수이어야

한다.

즉, $5k+1=4,\ 9,\ 16,\ 25,\ 36,\ 49,\ 64,\ 81,\ \cdots$에서

$k=\dfrac{3}{5},\ \dfrac{8}{5},\ 3,\ \dfrac{24}{5},\ 7,\ \dfrac{48}{5},\ \dfrac{63}{5},\ 16,\ \cdots$ …… 40 %

따라서 가장 작은 두 자리 자연수 k의 값은 16이다.

$\qquad\qquad\qquad\qquad\qquad\qquad\qquad$ …… 20 %

$\qquad\qquad\qquad\qquad\qquad\qquad\qquad$ 답 16

채점기준	배점
$(x+6)^2=5k+1$의 해 구하기	40 %
k의 값이 될 수 있는 수 구하기	40 %
가장 작은 두 자리 자연수 k의 값 구하기	20 %

22

$3(x+1)^2=5k$에서 $(x+1)^2=\dfrac{5}{3}k$

$x+1=\pm\sqrt{\dfrac{5}{3}k}\qquad \therefore\ x=-1\pm\sqrt{\dfrac{5}{3}k}$

두 근의 차가 $\dfrac{5}{2}$이어야 하므로

$\left(-1+\sqrt{\dfrac{5}{3}k}\right)-\left(-1-\sqrt{\dfrac{5}{3}k}\right)=\dfrac{5}{2}$

$2\sqrt{\dfrac{5}{3}k}=\dfrac{5}{2}$에서 $\sqrt{\dfrac{5}{3}k}=\dfrac{5}{4}$

양변을 제곱하면 $\dfrac{5}{3}k=\dfrac{25}{16}$

$\therefore\ k=\dfrac{15}{16}$ $\qquad\qquad\qquad\qquad$ 답 $\dfrac{15}{16}$

23

$\dfrac{1}{4}x^2-3x+b=0$에서 $\dfrac{1}{4}(x^2-12x)+b=0$

$\dfrac{1}{4}(x^2-12x)=-b,\ \dfrac{1}{4}(x^2-12x+36-36)=-b$

$\dfrac{1}{4}(x-6)^2=-b+9$

따라서 $a=-6,\ b=4$이므로 $ab=-24$ $\qquad$ 답 -24

24

$2x^2+ax+b=0$에서 $2x^2+ax=-b$

$2\left(x^2+\dfrac{a}{2}x\right)=-b,\ 2\left(x^2+\dfrac{a}{2}x+\dfrac{a^2}{16}\right)=-b+\dfrac{a^2}{8}$

$2\left(x+\dfrac{a}{4}\right)^2=\dfrac{a^2-8b}{8},\ \left(x+\dfrac{a}{4}\right)^2=\dfrac{a^2-8b}{16}$

$x+\dfrac{a}{4}=\pm\dfrac{\sqrt{a^2-8b}}{4}\qquad \therefore\ x=-\dfrac{a}{4}\pm\dfrac{\sqrt{a^2-8b}}{4}$

$\qquad\qquad\qquad\qquad\qquad\qquad\qquad$ …… 40 %

따라서 $-\dfrac{a}{4}=-2$에서 $a=8$ $\qquad\qquad$ …… 20 %

$\dfrac{\sqrt{a^2-8b}}{4}=3\sqrt{2}$에서 $\sqrt{a^2-8b}=12\sqrt{2}$

양변을 제곱하면 $64-8b=288$

$-8b=224\qquad \therefore\ b=-28$ $\qquad\qquad$ …… 20 %

$\therefore\ a+b=8-28=-20$ $\qquad\qquad$ …… 20 %

$\qquad\qquad\qquad\qquad\qquad\qquad\qquad$ 답 -20

채점기준	배점
완전제곱식을 이용하여 해 구하기	40 %
a의 값 구하기	20 %
b의 값 구하기	20 %
$a+b$의 값 구하기	20 %

<table>
<tr><td>

본문 74~75쪽

01 $x=-\dfrac{3}{2}$ 또는 $x=-1$ **02** 1   **03** 1

04 $a=3,\ b=72$ **05** $\dfrac{28}{3}$

06 $x=-1+\dfrac{\sqrt{15}}{2}$ 또는 $x=1$

</td></tr>
</table>

01

$f(x)=ax^2+bx+c\ (a\neq0)$로 놓으면

$f(x+1)-f(x)$

$=a(x+1)^2+b(x+1)+c-(ax^2+bx+c)$

$=2ax+a+b$

$2ax+a+b=4x+5$에서 $2a=4,\ a+b=5$

$\therefore\ a=2,\ b=3$

$f(0)=-1$에서 $c=-1$

따라서 $f(x)=2x^2+3x-1$이므로

$2x^2+3x-1=-2x-4,\ 2x^2+5x+3=0$

$(2x+3)(x+1)=0$

$\therefore\ x=-\dfrac{3}{2}$ 또는 $x=-1$ 탑 $x=-\dfrac{3}{2}$ 또는 $x=-1$

02

$x=a$를 $7x^2-(k+6)x-7=0$에 대입하면

$7a^2-(k+6)a-7=0$

$a\neq0$이므로 양변을 a로 나누면

$7a-(k+6)-\dfrac{7}{a}=0$

$7\left(a-\dfrac{1}{a}\right)=k+6$

$a-\dfrac{1}{a}=\dfrac{k+6}{7}$

$\dfrac{k+6}{7}=k$이므로 $k+6=7k,\ 6k=6$

$\therefore\ k=1$ 탑 1

03

연립방정식 $\begin{cases}(a^2+6a+11)x-2y=2a+1\\ -3x+2y=7\end{cases}$ 의 해가 없으려면

$\dfrac{a^2+6a+11}{-3}=\dfrac{-2}{2}\neq\dfrac{2a+1}{7}$

즉, $a^2+6a+11=3$이고 $2a+1\neq-7$이어야 한다.

(i) $a^2+6a+11=3$에서 $a^2+6a+8=0$

$\quad(a+2)(a+4)=0$ $\therefore\ a=-2$ 또는 $a=-4$

(ii) $2a+1\neq-7,\ 2a\neq-8$ $\therefore\ a\neq-4$

(i), (ii)에서 $a=-2$

$\therefore\ 2a+5=2\times(-2)+5=1$ 탑 1

Sub 노트

해가 특수한 연립방정식

연립방정식 $\begin{cases}ax+by=c\\ a'x+b'y=c'\end{cases}$ 에 대하여

(1) 해가 무수히 많을 조건 $\dfrac{a}{a'}=\dfrac{b}{b'}=\dfrac{c}{c'}$

(2) 해가 없을 조건 $\dfrac{a}{a'}=\dfrac{b}{b'}\neq\dfrac{c}{c'}$

(3) 해가 한 개일 조건 $\dfrac{a}{a'}\neq\dfrac{b}{b'}$

04

$x^2+4ax+\dfrac{b}{2}=0$이 중근을 가지려면

$\dfrac{b}{2}=\left(\dfrac{4a}{2}\right)^2,\ \dfrac{b}{2}=4a^2$

$\therefore\ a^2=\dfrac{b}{8}=\dfrac{b}{2^3}$

이때 $\dfrac{b}{8}$가 제곱수가 되려면 $b=2^3\times(자연수)^2$의 꼴이어야 한다.

따라서 자연수 a의 값이 최대가 되도록 하는 두 자리 자연수 b의 값은 $b=2^3\times3^2=72$이므로 $a^2=\dfrac{72}{8}=9$이다.

$\therefore\ a=3,\ b=72$ 탑 $a=3,\ b=72$

05

전략

$(x-c)^2=0$을 전개한 후 주어진 이차방정식과 계수를 비교한다.

$x^2-3ax+2b=(x-c)^2=x^2-2cx+c^2$이므로

$-3a=-2c$에서 $a=\dfrac{2}{3}c,\ 2b=c^2$

이때 $b+c=4$이므로 $2(4-c)=c^2$

$c^2+2c-8=0,\ (c+4)(c-2)=0$

$\therefore\ c=-4$ 또는 $c=2$

(i) $c=-4$일 때,

$\quad b=\dfrac{1}{2}\times(-4)^2=8,\ a=\dfrac{2}{3}\times(-4)=-\dfrac{8}{3}$

(ii) $c=2$일 때,

$\quad b=\dfrac{1}{2}\times2^2=2,\ a=\dfrac{2}{3}\times2=\dfrac{4}{3}$

따라서 $a<0$이므로

$a+b-c=-\dfrac{8}{3}+8-(-4)=\dfrac{28}{3}$ 탑 $\dfrac{28}{3}$

06

전략

$-1<x<0$, $0\le x<1$, $1\le x<2$로 범위를 나누어 구한다.

$-8x+11=4x^2-[x]$에서 $4x^2+8x-[x]-11=0$

(i) $-1<x<0$일 때

$[x]=-1$이므로 $4x^2+8x-10=0$, $2x^2+4x-5=0$

$2(x^2+2x+1)=5+2$, $2(x+1)^2=7$, $(x+1)^2=\dfrac{7}{2}$

$x+1=\pm\dfrac{\sqrt{14}}{2}$ $\therefore x=-1\pm\dfrac{\sqrt{14}}{2}$

그런데 $-1<x<0$이므로 조건을 만족시키지 않는다.

(ii) $0\le x<1$일 때

$[x]=0$이므로 $4x^2+8x-11=0$,

$4(x^2+2x+1)=11+4$, $4(x+1)^2=15$,

$(x+1)^2=\dfrac{15}{4}$

$x+1=\pm\dfrac{\sqrt{15}}{2}$ $\therefore x=-1\pm\dfrac{\sqrt{15}}{2}$

그런데 $0\le x<1$이므로 $x=-1+\dfrac{\sqrt{15}}{2}$

(iii) $1\le x<2$일 때

$[x]=1$이므로 $4x^2+8x-12=0$, $x^2+2x-3=0$

$(x+3)(x-1)=0$ $\therefore x=-3$ 또는 $x=1$

$1\le x<2$이므로 $x=1$

(i), (ii), (iii)에서 $x=-1+\dfrac{\sqrt{15}}{2}$ 또는 $x=1$

답 $x=-1+\dfrac{\sqrt{15}}{2}$ 또는 $x=1$

02. 이차방정식의 활용

STEP C 주제별필수문제   본문 77~80쪽

01 -4 **02** 3 **03** 3 **04** -10

05 $x=\dfrac{6\pm2\sqrt{15}}{3}$ **06** $x=2$ **07** -12 **08** $-\dfrac{5}{4}$

09 $x=4,\ y=3$ **10** ② **11** $\dfrac{2}{3},\ -2$

12 1 **13** 0 **14** $4x^2-24x+32=0$

15 $\dfrac{1}{3}x^2-\dfrac{1}{3}x-\dfrac{5}{4}=0$ **16** $3x^2-63x+312=0$

17 $x=\dfrac{1\pm\sqrt{17}}{6}$ **18** 230 **19** 십오각형

20 9 **21** 8살 **22** 10초 후 **23** 3 m

24 8 cm

01

$4x^2+10x+3A=0$에서

$x=\dfrac{-5\pm\sqrt{5^2-12A}}{4}=\dfrac{B\pm\sqrt{13}}{4}$

$-5=B$, $25-12A=13$, $-12A=-12$ $\therefore A=1$

$\therefore A+B=-4$

답 -4

02

$x^2+8x+3k=0$에서

$x=-4\pm\sqrt{4^2-3k}=-4\pm\sqrt{16-3k}=-4\pm\sqrt{7}$

$16-3k=7$, $-3k=-9$ $\therefore k=3$

답 3

03

$Ax^2-7x+2=0$에서

$x=\dfrac{-(-7)\pm\sqrt{(-7)^2-4\times A\times2}}{2A}$

$\quad=\dfrac{7\pm\sqrt{49-8A}}{2A}=\dfrac{7\pm\sqrt{B}}{8}$ ······ 50 %

$2A=8$에서 $A=4$

$49-8A=B$에서 $B=49-32=17$ ······ 30 %

$\therefore 5A-B=20-17=3$ ······ 20 %

답 3

채점기준	배점
주어진 이차방정식의 해 구하기	50 %
A, B의 값 각각 구하기	30 %
$5A-B$의 값 구하기	20 %

04

$\dfrac{1}{4}x+\dfrac{1}{2}x^2=-\dfrac{1}{8}x^2+3$의 양변에 8을 곱하면

$2x+4x^2=-x^2+24$, $5x^2+2x-24=0$

$(5x+12)(x-2)=0$ $\therefore x=-\dfrac{12}{5}$ 또는 $x=2$

따라서 $a=-\dfrac{12}{5}$, $b=2$이므로

$5a+b=-12+2=-10$

답 -10

05

$(3x+1)(2x-5)=3(x+1)^2-7x$에서

$6x^2-13x-5=3(x^2+2x+1)-7x$

$6x^2-13x-5=3x^2+6x+3-7x$

$3x^2-12x-8=0$

$\therefore x=\dfrac{-(-6)\pm\sqrt{(-6)^2-3\times(-8)}}{3}$

$$=\frac{6\pm\sqrt{36+24}}{3}=\frac{6\pm2\sqrt{15}}{3}$$ 답 $x=\frac{6\pm2\sqrt{15}}{3}$

06

$0.2x^2+0.3x-1.4=0$의 양변에 10을 곱하면
$2x^2+3x-14=0$, $(2x+7)(x-2)=0$
$\therefore x=-\dfrac{7}{2}$ 또는 $x=2$ ...... 40 %

$\dfrac{x^2-3x}{2}=\dfrac{x-5}{3}$의 양변에 6을 곱하면
$3(x^2-3x)=2(x-5)$, $3x^2-11x+10=0$
$(3x-5)(x-2)=0$
$\therefore x=\dfrac{5}{3}$ 또는 $x=2$ ...... 40 %
따라서 두 이차방정식의 공통인 근은 $x=2$이다.
...... 20 %

답 $x=2$

채점기준	배점
첫 번째 이차방정식의 해 구하기	40 %
두 번째 이차방정식의 해 구하기	40 %
두 이차방정식의 공통인 해 구하기	20 %

07

$\dfrac{1}{2}x^2+1.3x-6=0$의 양변에 10을 곱하면
$5x^2+13x-60=0$
$(x+5)(5x-12)=0$
$\therefore x=-5$ 또는 $x=\dfrac{12}{5}$
$\therefore$ (두 근의 곱)$=-5\times\dfrac{12}{5}=-12$ 답 -12

08

$(4x+1)^2+3(4x+1)-10=0$에서
$4x+1=A$로 놓으면
$A^2+3A-10=0$, $(A+5)(A-2)=0$
$\therefore A=-5$ 또는 $A=2$
$4x+1=-5$ 또는 $4x+1=2$이므로
$x=-\dfrac{3}{2}$ 또는 $x=\dfrac{1}{4}$
따라서 두 근의 합은 $-\dfrac{3}{2}+\dfrac{1}{4}=-\dfrac{5}{4}$ 답 $-\dfrac{5}{4}$

09

$(x+y)(x+y-8)=-7$에서
$x+y=A$로 치환하면
$A(A-8)=-7$, $A^2-8A+7=0$

$(A-1)(A-7)=0$
$\therefore A=1$ 또는 $A=7$
즉, $x+y=1$ 또는 $x+y=7$
x, y는 자연수이므로
$x+y=7$, $x-y=1$에서
$x=4$, $y=3$ 답 $x=4$, $y=3$

10

① $4x^2+3x-5=0$에서
  $3^2-4\times4\times(-5)>0$ ➡ 서로 다른 두 근
② $-3x^2+5x=4$, $-3x^2+5x-4=0$에서
  $5^2-4\times(-3)\times(-4)<0$ ➡ 근이 없다.
③ $x^2+3=8x$, $x^2-8x+3=0$에서
  $(-4)^2-1\times3>0$ ➡ 서로 다른 두 근
④ $20-x^2=0$, $x=\pm2\sqrt{5}$ ➡ 서로 다른 두 근
⑤ $2x^2-4=-(x+3)$, $2x^2+x-1=0$에서
  $1^2-4\times2\times(-1)>0$ ➡ 서로 다른 두 근
따라서 근이 없는 것은 ②이다. 답 ②

11

주어진 이차방정식이 중근을 가지므로
$(2+3m)^2-4\times2\times2=0$
$4+12m+9m^2-16=0$, $9m^2+12m-12=0$
$3m^2+4m-4=0$, $(3m-2)(m+2)=0$
$\therefore m=\dfrac{2}{3}$ 또는 $m=-2$ 답 $\dfrac{2}{3}$, -2

12

주어진 이차방정식이 서로 다른 두 근을 가지므로
$\{-(2k-3)\}^2-4(k^2-1)>0$
$4k^2-12k+9-4k^2+4>0$
$-12k>-13$ $\therefore k<\dfrac{13}{12}$
따라서 자연수 k는 1이다. 답 1

13

$12\left(x+\dfrac{1}{3}\right)\left(x-\dfrac{1}{4}\right)=0$, $12\left(x^2+\dfrac{1}{12}x-\dfrac{1}{12}\right)=0$
$12x^2+x-1=0$이므로 $p=1$, $q=-1$
$\therefore p+q=1+(-1)=0$ 답 0

14

$x^2+8x-4=0$에서 $x^2+8x+16=4+16$

$(x+4)^2=20$이므로 $p=4$, $q=20$

$\therefore \dfrac{p}{2}=2$, $\dfrac{q}{5}=4$

두 근이 2, 4이고 x^2의 계수가 4인 이차방정식은

$4(x-2)(x-4)=0$, $4(x^2-6x+8)=0$

$\therefore 4x^2-24x+32=0$ ⊟ $4x^2-24x+32=0$

15

$2x^2-5x-3=0$에서

$(2x+1)(x-3)=0$ $\therefore x=-\dfrac{1}{2}$ 또는 $x=3$

$\cdots\cdots$ 30 %

$\alpha=-\dfrac{1}{2}$, $\beta=3$ 또는 $\alpha=3$, $\beta=-\dfrac{1}{2}$이므로

$\alpha+\beta=\dfrac{5}{2}$, $\alpha\beta=-\dfrac{3}{2}$ $\cdots\cdots$ 30 %

따라서 구하는 이차방정식은

$\dfrac{1}{3}\left(x-\dfrac{5}{2}\right)\left(x+\dfrac{3}{2}\right)=0$, $\dfrac{1}{3}\left(x^2-x-\dfrac{15}{4}\right)=0$

$\therefore \dfrac{1}{3}x^2-\dfrac{1}{3}x-\dfrac{5}{4}=0$ $\cdots\cdots$ 40 %

⊟ $\dfrac{1}{3}x^2-\dfrac{1}{3}x-\dfrac{5}{4}=0$

채점기준	배점
주어진 이차방정식의 해 구하기	30 %
$\alpha+\beta$, $\alpha\beta$의 값 구하기	30 %
x^2의 계수가 $\dfrac{1}{3}$인 이차방정식 구하기	40 %

16

$2x^2-20x+5k=0$이 중근을 가지므로

$(-10)^2-2\times5k=0$, $100-10k=0$, $k=10$

두 근이 8, 13이고 이차항의 계수가 3인 이차방정식은

$3(x-8)(x-13)=0$, $3(x^2-21x+104)=0$

$\therefore 3x^2-63x+312=0$ ⊟ $3x^2-63x+312=0$

17

중근이 -3이고 x^2의 계수가 1인 이차방정식은

$(x+3)^2=0$

즉 $x^2+6x+9=0$이므로 $m=3$, $n=9$

따라서 이차방정식 $9x^2-3x-4=0$의 근은

$x=\dfrac{-(-3)\pm\sqrt{(-3)^2-4\times9\times(-4)}}{2\times9}$

$=\dfrac{3\pm\sqrt{153}}{18}=\dfrac{3\pm3\sqrt{17}}{18}$

$=\dfrac{1\pm\sqrt{17}}{6}$ ⊟ $x=\dfrac{1\pm\sqrt{17}}{6}$

18

전략

계수가 유리수인 이차방정식에서 한 근이 $p+q\sqrt{m}$이면 다른 한 근은 $p-q\sqrt{m}$이다. (단, p, q는 유리수, $\sqrt{m}$은 무리수)

$x^2-ax+b=0$의 한 근이 $5-\sqrt{2}$이므로 다른 한 근은 $5+\sqrt{2}$이다.

$\{x-(5-\sqrt{2})\}\{x-(5+\sqrt{2})\}=0$에서

$x^2-10x+23=0$이므로 $-10=-a$, $23=b$

$\therefore a=10$, $b=23$

$\therefore ab=10\times23=230$ ⊟ 230

19

$\dfrac{n(n-3)}{2}=90$, $n^2-3n-180=0$

$(n-15)(n+12)=0$ $\therefore n=15$ ($\because n$은 자연수)

따라서 구하는 다각형은 십오각형이다. ⊟ 십오각형

20

어떤 자연수를 x라 하면

$6x=x^2-27$, $x^2-6x-27=0$, $(x-9)(x+3)=0$

$\therefore x=9$ ($\because x$는 자연수) ⊟ 9

21

영은이의 나이를 x살이라 하면 수현이의 나이는 $(x+4)$살이다.

$x^2=5(x+4)+4$

$x^2=5x+24$

$x^2-5x-24=0$

$(x-8)(x+3)=0$ $\therefore x=8$ ($\because x$는 자연수)

따라서 영은이는 8살이다. ⊟ 8살

22

물체가 다시 지면에 떨어지면 높이가 0 m이므로

$50t-5t^2=0$, $t^2-10t=0$, $t(t-10)=0$

$\therefore t=10$ ($\because t>0$)

따라서 물체가 지면에 떨어지는 것은 쏘아 올린 지 10초 후이다. ⊟ 10초 후

23

산책로의 폭을 x m라 하면 산책로를 제외한 나머지 부분의 넓이는 가로의 길이가

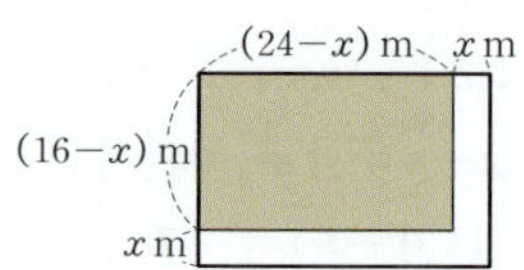

$(24-x)$ m, 세로의 길이가 $(16-x)$ m인 직사각형의 넓이와 같으므로

$(24-x)(16-x)=273$, $384-40x+x^2=273$

$x^2-40x+111=0$

$(x-3)(x-37)=0$ $\quad \therefore x=3 \ (\because 0<x<16)$

따라서 산책로의 폭은 3 m이다. ⊟ 3 m

24

처음 원의 반지름의 길이를 x cm라 하면 늘어난 원의 반지름의 길이는 $(x+4)$ cm이므로

$\pi(x+4)^2=\dfrac{9}{4}\pi x^2$

$\dfrac{5}{4}x^2-8x-16=0$, $5x^2-32x-64=0$,

$(5x+8)(x-8)=0$

$\therefore x=8 \ (\because x>0)$

따라서 처음 원의 반지름의 길이는 8 cm이다. ⊟ 8 cm

STEP B 실력완성문제   본문 81~84쪽

01 21	**02** -1	**03** 4	**04** 12	**05** $\dfrac{85}{18}$
06 3	**07** -1	**08** $x=1,\ y=3$		
09 $-3-\sqrt{15}$		**10** $x=1$ 또는 $x=6$		**11** 60
12 $x=\pm2\sqrt{2}$		**13** 20, 45, 80		
14 540π cm^3		**15** 6월 5일		**16** 1초
17 18 cm	**18** 304개	**19** 12 cm	**20** 2 cm	**21** 6 cm
22 100	**23** 30	**24** $(-12+12\sqrt{3})$ cm		

01

$\dfrac{(x-1)^2}{2}-1.2x^2=\dfrac{(2x-1)(3+x)}{5}$의 양변에 10을 곱하면

$5(x-1)^2-12x^2=2(2x-1)(3+x)$

$-7x^2-10x+5=4x^2+10x-6$

$11x^2+20x-11=0$

$\therefore x=\dfrac{-10\pm\sqrt{10^2-11\times(-11)}}{11}$

$\qquad =\dfrac{-10\pm\sqrt{221}}{11}$

따라서 $A=-10$, $B=221$이므로

$20A+B=-200+221=21$ ⊟ 21

02

$0.2x^2-0.5=0.3x$의 양변에 10을 곱하면

$2x^2-5=3x$, $2x^2-3x-5=0$, $(2x-5)(x+1)=0$

$\therefore x=\dfrac{5}{2}$ 또는 $x=-1$

$\dfrac{3}{4}(x-1)>2x+0.3$의 양변에 20을 곱하면

$15(x-1)>40x+6$

$-25x>21$ $\quad \therefore x<-\dfrac{21}{25}$

따라서 $x=-1$이다. ⊟ -1

03

$(3x+1)(x-4)=2(x-3)^2$에서

$3x^2-11x-4=2x^2-12x+18$, $x^2+x-22=0$

$\therefore x=\dfrac{-1\pm\sqrt{1^2-4\times1\times(-22)}}{2\times1}=\dfrac{-1\pm\sqrt{89}}{2}$

따라서 $a=\dfrac{-1+\sqrt{89}}{2}$이고 $9<\sqrt{89}<10$이므로

$8<-1+\sqrt{89}<9$, $4<\dfrac{-1+\sqrt{89}}{2}<\dfrac{9}{2}$

$4<a<5$이므로 $n=4$ ⊟ 4

04

$2(x^2-6x)^2+11(x^2-6x)-40=0$에서 $x^2-6x=A$로 놓으면

$2A^2+11A-40=0$, $(A+8)(2A-5)=0$

$\therefore A=-8$ 또는 $A=\dfrac{5}{2}$

(ⅰ) $A=-8$, 즉 $x^2-6x=-8$일 때

$\quad x^2-6x+8=0$, $(x-2)(x-4)=0$

$\quad \therefore x=2$ 또는 $x=4$

(ⅱ) $A=\dfrac{5}{2}$, 즉 $x^2-6x=\dfrac{5}{2}$일 때

$\quad 2x^2-12x-5=0$

$\quad \therefore x=\dfrac{-(-6)\pm\sqrt{(-6)^2-2\times(-5)}}{2}=\dfrac{6\pm\sqrt{46}}{2}$

(ⅰ), (ⅱ)에서 주어진 방정식의 해는 $x=2$ 또는 $x=4$ 또는 $x=\dfrac{6\pm\sqrt{46}}{2}$이므로 구하는 합은 12이다. ⊟ 12

05

$3x(x-1)+2=x^2+8x-7$

$3x^2-3x+2=x^2+8x-7$
$2x^2-11x+9=0$
이차항의 계수가 2이고 두 근이 α, β인 이차방정식은
$2(x-\alpha)(x-\beta)=0$, $2\{x^2-(\alpha+\beta)x+\alpha\beta\}=0$
$-2(\alpha+\beta)=-11$ $\therefore \alpha+\beta=\dfrac{11}{2}$
$2\alpha\beta=9$ $\therefore \alpha\beta=\dfrac{9}{2}$

$$\dfrac{\beta}{\alpha}+\dfrac{\alpha}{\beta}=\dfrac{\alpha^2+\beta^2}{\alpha\beta}=\dfrac{(\alpha+\beta)^2-2\alpha\beta}{\alpha\beta}$$
$$=\dfrac{\dfrac{121}{4}-9}{\dfrac{9}{2}}=\dfrac{85}{18}$$

달 $\dfrac{85}{18}$

06

$x^2+6x-m=0$이 중근을 가지므로
$3^2-(-m)=0$ $\therefore m=-9$
$x=-9$를 $x^2+2nx-3n^2=0$에 대입하면
$(-9)^2+2n\times(-9)-3n^2=0$, $3n^2+18n-81=0$
$n^2+6n-27=0$, $(n+9)(n-3)=0$
$\therefore n=3\ (\because n>0)$

달 3

07

두 근을 α, $\alpha+5$라 하면 $(x-\alpha)\{x-(\alpha+5)\}=0$
$x^2-(2\alpha+5)x+\alpha(\alpha+5)=0$
즉, $-(2\alpha+5)=7$이고 $\alpha(\alpha+5)=-2m+4$이다.
$-(2\alpha+5)=7$에서
$-2\alpha=12$ $\therefore \alpha=-6$
$-6\times(-1)=-2m+4$에서
$2m=-2$ $\therefore m=-1$

달 -1

08

$x^2-2xy+y^2-4x+4y-12=0$에서
$(x-y)^2-4(x-y)-12=0$
$x-y=A$로 치환하면
$A^2-4A-12=0$, $(A-6)(A+2)=0$
$\therefore A=6$ 또는 $A=-2$
즉, $x-y=6$ 또는 $x-y=-2$
(i) $x-y=6$일 때, $x+y=4$이므로 $x=5$, $y=-1$
(ii) $x-y=-2$일 때, $x+y=4$이므로 $x=1$, $y=3$
(i), (ii)에서 x, y는 자연수이므로 $x=1$, $y=3$

달 $x=1$, $y=3$

09

$\sqrt{m}$이 무리수이고 n이 정수일 때, $n\leq\sqrt{m}<n+1$이면 $\sqrt{m}$의 정수 부분은 n, 소수 부분은 $\sqrt{m}-n$이다.
$3<\sqrt{15}<4$이므로 $1<-2+\sqrt{15}<2$
따라서 $-2+\sqrt{15}$의 소수 부분은
$(-2+\sqrt{15})-1=-3+\sqrt{15}$이므로
다른 한 근은 $-3-\sqrt{15}$이다.

달 $-3-\sqrt{15}$

10

민지가 푼 방정식은
$(x+2)(x+3)=0$에서 $x^2+5x+6=0$
이때 민지는 상수항을 바르게 보았으므로 상수항은 6이다.
정은이가 푼 방정식은
$(x-3)(x-4)=0$에서 $x^2-7x+12=0$
이때 정은이는 x의 계수를 바르게 보았으므로 x의 계수는 -7이다.
따라서 처음에 주어진 이차방정식은 $x^2-7x+6=0$이다.
$(x-1)(x-6)=0$
$\therefore x=1$ 또는 $x=6$

달 $x=1$ 또는 $x=6$

11

$12x^2+kx+75=0$이 중근을 가지려면
$k^2-4\times12\times75=0$, $k^2=3600$ $\therefore k=\pm60$
(i) $k=60$일 때, $12x^2+60x+75=0$
  $4x^2+20x+25=0$, $(2x+5)^2=0$
  $\therefore x=-\dfrac{5}{2}$ (중근)
(ii) $k=-60$일 때, $12x^2-60x+75=0$
  $4x^2-20x+25=0$, $(2x-5)^2=0$
  $\therefore x=\dfrac{5}{2}$ (중근)
따라서 음수인 중근을 갖도록 하는 k의 값은 60이다.

달 60

12

두 근의 절댓값이 같고 부호가 서로 반대이므로 두 근을 α, $-\alpha$로 놓는다.
$x^2-(m^2+m-20)x+m-3=0$의 두 근을 α, $-\alpha$라고 하면
$(x-\alpha)(x+\alpha)=0$, $x^2-\alpha^2=0$이므로

$m^2+m-20=0$
$(m-4)(m+5)=0$
$\therefore m=4$ 또는 $m=-5$ ····· 50 %
(i) $m=4$일 때,
　$x^2+1=0$에서 $x^2=-1$ ➡ 근이 없다.
(ii) $m=-5$일 때,
　$x^2-8=0$에서 $x^2=8$ 　$\therefore x=\pm2\sqrt{2}$
(i), (ii)에 의하여 조건을 만족하는 m의 값은 -5이고, 이때 두 근은 $x=\pm2\sqrt{2}$ 이다. ····· 50 %

答 $x=\pm2\sqrt{2}$

채점기준	배점
m의 값 구하기	50 %
이차방정식의 두 근 구하기	50 %

13

전략

이차방정식의 해가 유리수가 되려면 근의 공식에서 근호 안의 수가 0 또는 제곱수이어야 한다.

$x^2-4kx+4k^2-5k=0$에서
$$x=\frac{-(-2k)\pm\sqrt{(-2k)^2-(4k^2-5k)}}{1}$$
$$=2k\pm\sqrt{4k^2-4k^2+5k}$$
$$=2k\pm\sqrt{5k}$$

이때 주어진 이차방정식의 해가 모두 정수이려면 k는 0 또는 $5\times$(자연수)^{2}의 꼴이어야 한다.
$\therefore k=0,\ 5\times1^2,\ 5\times2^2,\ 5\times3^2,\ 5\times4^2,\ 5\times5^2,\ \cdots$
이때 k는 두 자리의 자연수이므로
$k=20,\ 45,\ 80$이다. 　答 20, 45, 80

14

원기둥의 높이와 밑면의 반지름의 길이를 각각 $5x$ cm, $2x$ cm라 하면
$2\pi\times2x\times5x=180\pi,\ x^2=9$
$\therefore x=3\ (\because x>0)$
따라서 원기둥의 높이는 $5\times3=15\ (\text{cm})$, 밑면인 원의 반지름의 길이는 $2\times3=6\ (\text{cm})$이므로 원기둥의 부피는
$\pi\times6^2\times15=540\pi\ (\text{cm}^3)$ 　答 540π cm³

15

수련회의 출발 날짜를 6월 x일이라 하면
$x^2+(x+1)^2+(x+2)^2+(x+3)^2=174$
$x^2+x^2+2x+1+x^2+4x+4+x^2+6x+9=174$

$4x^2+12x-160=0$
$x^2+3x-40=0$
$(x+8)(x-5)=0$
$\therefore x=5\ (\because x>0)$
따라서 수련회의 출발 날짜는 6월 5일이다. 　答 6월 5일

16

$40t-8t^2=48$에서
$8t^2-40t+48=0$
$t^2-5t+6=0$
$(t-2)(t-3)=0$
$\therefore t=2$ 또는 $t=3$
따라서 물체가 48 m 이상의 높이에서 머무는 시간은 2초에서 3초까지이므로 1초 동안이다. 　答 1초

17

처음 종이의 한 변의 길이를 x cm라 하면 직육면체의 밑면의 한 변의 길이는 $(x-10)$ cm이므로
$(x-10)\times(x-10)\times5=320,\ x^2-20x+36=0$
$(x-2)(x-18)=0$ 　$\therefore x=18\ (\because x>10)$
따라서 처음 종이의 한 변의 길이는 18 cm이다.

答 18 cm

18

전체 학생 수를 x명이라 하면
한 학생에게 나누어준 파란 구슬은 $(2x+1)$개이므로 ····· 20 %
$x(2x+1)=528,\ 2x^2+x-528=0$
$(x-16)(2x+33)=0$
$\therefore x=16$ 또는 $x=-\dfrac{33}{2}$ ····· 40 %
따라서 전체 학생 수는 16명이다.
한 학생에게 빨간 구슬을 19개씩 나누어주려면
총 $19\times16=304$(개)의 빨간 구슬이 필요하다. ····· 40 %

答 304개

채점기준	배점
전체 학생 수와 파란 구슬의 개수를 x에 관한 식으로 나타내기	20 %
이차방정식을 세워 해 구하기	40 %
필요한 빨간 구슬의 개수 구하기	40 %

19

$\overline{\text{AC}}=x$ cm라 하면 $\overline{\text{BC}}=(20-x)$ cm이므로

$x^2 : \dfrac{1}{2}(20-x)^2 = 9 : 2$, $2x^2 = \dfrac{9}{2}(20-x)^2$,

$x^2 - 72x + 720 = 0$, $(x-60)(x-12) = 0$

$\therefore x = 12 \ (\because \ 0 < x < 20)$

따라서 $\overline{AC}$의 길이는 12 cm이다. 　　　🔘 12 cm

20

$\overline{AD} = x$ cm라 하면 $\overline{BE} = 3x$ cm이므로

$\overline{EC} = (20-3x)$ cm, $\overline{DC} = (18-x)$ cm

$\dfrac{1}{2} \times (20-3x) \times (18-x) = 112$ 　　　……40 %

$3x^2 - 74x + 136 = 0$, $(3x-68)(x-2) = 0$

$\therefore x = 2 \left(\because \ 0 < x < \dfrac{20}{3} \right)$ 　　　……50 %

따라서 $\overline{AD} = 2$ cm이다. 　　　……10 %

🔘 2 cm

채점기준	배점
$\overline{AD}$의 길이를 x cm로 놓고 삼각형의 넓이 구하는 식 세우기	40 %
x의 값 구하기	50 %
$\overline{AD}$의 길이 구하기	10 %

21

가장 작은 반원의 반지름의 길이를 x cm라고 하면 두 번째로 큰 반원의 반지름의 길이는

$\dfrac{1}{2}(26-2x) = 13-x$ (cm)

이때 색칠한 부분의 넓이가 42π cm^{2}이므로

$\dfrac{1}{2}\pi \times 13^2 - \dfrac{1}{2}\pi(13-x)^2 - \dfrac{1}{2}\pi x^2 = 42\pi$

$x^2 - 13x + 42 = 0$, $(x-6)(x-7) = 0$

$\therefore x = 6$ 또는 $x = 7$

그런데 $0 < x < \dfrac{13}{2}$이므로 $x = 6$

따라서 가장 작은 반원의 반지름의 길이는 6 cm이다.

🔘 6 cm

22

처음 x g의 소금물을 퍼낸 다음 x g의 물을 넣었을 때 그릇에 들어 있는 소금의 양은 $\dfrac{16}{100} \times (200-x)$ g

$\dfrac{16}{100} \times (200-x) \times \dfrac{(200-x)}{200} = \dfrac{4}{100} \times 200$

$(200-x)^2 = 10000$, $200-x = \pm 100$

$-x = -200 \pm 100$ 　　$\therefore x = 100$ 또는 $x = 300$

$0 < x < 200$이므로 $x = 100$ 　　　🔘 100

23

물건의 원가를 a원이라 하면 정가는 $a\left(1 + \dfrac{x}{100}\right)$원이고, 정가의 x %를 할인하여 팔았을 때의 판매금액은

$a\left(1 + \dfrac{x}{100}\right)\left(1 - \dfrac{x}{100}\right)$원

또 이 금액은 원가에서 9 % 손해본 금액과 같으므로

$a\left(1 - \dfrac{9}{100}\right) = \dfrac{91}{100}a$(원)이다.

$a\left(1 + \dfrac{x}{100}\right)\left(1 - \dfrac{x}{100}\right) = \dfrac{91}{100}a$

$1 - \dfrac{x^2}{10000} = \dfrac{91}{100}$, $x^2 = 900$

$\therefore x = 30 \ (\because \ x > 0)$ 　　　🔘 30

> **Sub 노트**
>
> (1) 원가가 a원인 물건에 x %의 이익을 붙인 정가
>
> 　(정가)$= a + a \times \dfrac{x}{100} = a\left(1 + \dfrac{x}{100}\right)$(원)
>
> (2) 정가가 b원인 물건을 y % 할인한 판매금액
>
> 　(판매금액)$= b - b \times \dfrac{y}{100} = b\left(1 - \dfrac{y}{100}\right)$(원)

24

전략

작은 정삼각형의 한 변의 길이를 x cm라고 하고 큰 정삼각형의 한 변의 길이를 x에 대한 식으로 나타낸다.

작은 정삼각형의 한 변의 길이를 x cm라고 하면 큰 정삼각형의 한 변의 길이는

$\dfrac{24-3x}{3} = 8-x$ (cm)

두 정삼각형의 넓이의 비가 1 : 3이므로

$x^2 : (8-x)^2 = 1 : 3$

$3x^2 = (8-x)^2$, $3x^2 = x^2 - 16x + 64$

$2x^2 + 16x - 64 = 0$, $x^2 + 8x - 32 = 0$

$\therefore \ x = -4 \pm \sqrt{4^2 - 1 \times (-32)}$

$\qquad = -4 \pm \sqrt{48} = -4 \pm 4\sqrt{3}$

그런데 $0 < x < 4$이므로 $x = -4 + 4\sqrt{3}$

따라서 작은 정삼각형의 한 변의 길이는 $(-4 + 4\sqrt{3})$ cm이므로 둘레의 길이는 $(-12 + 12\sqrt{3})$ cm이다. 　　🔘 $(-12 + 12\sqrt{3})$ cm

같은문제 │ 다른풀이

작은 정삼각형의 한 변의 길이를 x cm라고 하면 큰 정삼각형의 한 변의 길이는 $(8-x)$ cm

두 정삼각형의 넓이의 비가 1 : 3이 되려면 닮음비는 1 : $\sqrt{3}$ 이어야 한다.

즉, $x:(8-x)=1:\sqrt{3}$

$\sqrt{3}x=8-x,\ (\sqrt{3}+1)x=8$

$\therefore x=\dfrac{8}{\sqrt{3}+1}=\dfrac{8(\sqrt{3}-1)}{(\sqrt{3}+1)(\sqrt{3}-1)}=4\sqrt{3}-4$

따라서 작은 정삼각형의 한 변의 길이는 $(4\sqrt{3}-4)$ cm이므로 둘레의 길이는 $(12\sqrt{3}-12)$ cm이다.

STEP A 최고난도문제   본문 85~86쪽

01 222π cm^3

02 $x=-1+\sqrt{10}$ 또는 $x=-1$ **03** 2개

04 40   **05** 12   **06** 590 m

01

처음 용기의 밑면인 원의 반지름의 길이를 x cm라 하면 높이는 $3x$ cm이고 바꾼 용기의 밑면인 원의 반지름의 길이는

$(x-2)$ cm, 높이는 $(3x+2)$ cm이므로

$\pi\times(x-2)^2\times2+2\pi\times(x-2)\times(3x+2)=120\pi$

$4x^2-8x-60=0,\ x^2-2x-15=0$

$(x-5)(x+3)=0 \qquad \therefore x=5\ (\because x>0)$

따라서 처음 용기의 밑면인 원의 반지름의 길이는 5 cm, 높이는 15 cm이고 바꾼 용기의 밑면인 원의 반지름의 길이는 3 cm, 높이는 17 cm이므로 부피의 차는

$\pi\times5^2\times15-\pi\times3^2\times17=375\pi-153\pi=222\pi\ (\text{cm}^3)$

이다.   답 222π cm^3

02

$3x^2-5x-2=0$에서 $(3x+1)(x-2)=0$

$\therefore x=-\dfrac{1}{3}$ 또는 $x=2$

$a=2$이므로 $x^2+|2x-3|=6$

(i) $2x-3\geq0$, 즉 $x\geq\dfrac{3}{2}$일 때,

    $x^2+2x-3=6,\ x^2+2x-9=0$

    $\therefore x=-1\pm\sqrt{1^2+9}=-1\pm\sqrt{10}$

    그런데 $x\geq\dfrac{3}{2}$이므로 $x=-1+\sqrt{10}$

(ii) $2x-3<0$, 즉 $x<\dfrac{3}{2}$일 때,

    $x^2-2x+3=6,\ x^2-2x-3=0$

$(x+1)(x-3)=0 \qquad \therefore x=-1$ 또는 $x=3$

그런데 $x<\dfrac{3}{2}$이므로 $x=-1$

(i), (ii)에 의해 주어진 이차방정식의 해는 $x=-1+\sqrt{10}$ 또는 $x=-1$ 답 $x=-1+\sqrt{10}$ 또는 $x=-1$

03

전략

이차방정식 $ax^2+bx+c=0$이 근을 가질 조건은 $b^2-4ac\geq0$이다.

$x^2-mx+n=0$이 근을 가지므로

$(-m)^2-4n\geq0 \qquad \therefore m^2\geq4n$

$x^2+2mx-n^2+4n-5=0$에서

$(2m)^2-4\times1\times(-n^2+4n-5)$

$=4m^2+4n^2-16n+20$

$\geq4\times4n+4n^2-16n+20$

$=4n^2+20>0$

따라서 서로 다른 두 근을 가지므로 근의 개수는 2개이다.   답 2개

04

주스의 가격을 a % 인상하였을 때 인상 후 주스의 가격은 $1500\left(1+\dfrac{a}{100}\right)$원, 판매량은 $400\left(1-\dfrac{a}{200}\right)$잔이다.

$1500\left(1+\dfrac{a}{100}\right)\times400\left(1-\dfrac{a}{200}\right)-1500\times400=72000$

$600000+3000a-30a^2-600000=72000$

$30a^2-3000a+72000=0$

$a^2-100a+2400=0$

$(a-40)(a-60)=0 \qquad \therefore a=40\ (\because a<50)$ 답 40

05

$4<\sqrt{21}<5$이므로 $-5<-\sqrt{21}<-4$

$\therefore 2<7-\sqrt{21}<3$

따라서 $7-\sqrt{21}$의 정수 부분은 2이므로 $a=2$

소수 부분은 $7-\sqrt{21}-2=5-\sqrt{21}$이므로 $b=5-\sqrt{21}$

$ax^2-mx-n=0$의 한 근이 b이므로 다른 한 근을 b'이라 하면

$a(x-b)(x-b')=0,\ a\{x^2-(b+b')x+bb'\}=0$

$ax^2-a(b+b')x+abb'=0$

이때 $b=5-\sqrt{21}$이므로 $b'=5+\sqrt{21}$이다.

$m=a(b+b')=2\times10=20$

$n=-abb'=-2\times(5-\sqrt{21})(5+\sqrt{21})$

$$= -2 \times (25-21) = -8$$
$$\therefore m+n = 20-8 = 12$$ 〔답〕 12

06

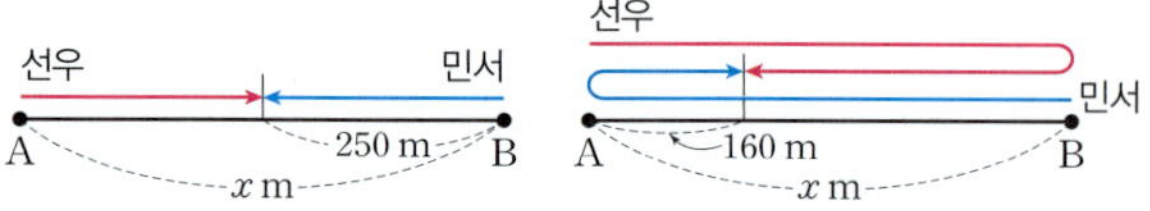

선우의 속력을 분속 a m, 민서의 속력을 분속 b m라 하고 두 점 A, B 사이의 거리를 x m라 하면 두 사람이 처음 만났을 때 민서가 이동한 거리는 250 m, 선우가 이동한 거리는 $(x-250)$ m이고 두 사람이 만날 때까지 걸린 시간은 서로 같으므로

$$\frac{x-250}{a} = \frac{250}{b} \qquad \therefore \frac{b}{a} = \frac{250}{x-250} \qquad \cdots\cdots \text{㉠}$$

두 사람이 두 번째로 만났을 때 민서가 이동한 거리는 $(x+160)$ m, 선우가 이동한 거리는 $x+(x-160) = 2x-160$ (m)이고 두 사람이 만날 때까지 걸린 시간은 서로 같으므로

$$\frac{2x-160}{a} = \frac{x+160}{b} \qquad \therefore \frac{b}{a} = \frac{x+160}{2x-160} \qquad \cdots\cdots \text{㉡}$$

㉠, ㉡에서 $\dfrac{250}{x-250} = \dfrac{x+160}{2x-160}$

$$(x-250)(x+160) = 250(2x-160)$$
$$x^2 - 590x = 0, \ x(x-590) = 0$$
$$\therefore x = 590 \ (\because x > 0)$$

따라서 구하는 산책로의 길이는 590 m이다. 〔답〕 590 m

Ⅳ 이차함수

01. 이차함수와 그 그래프

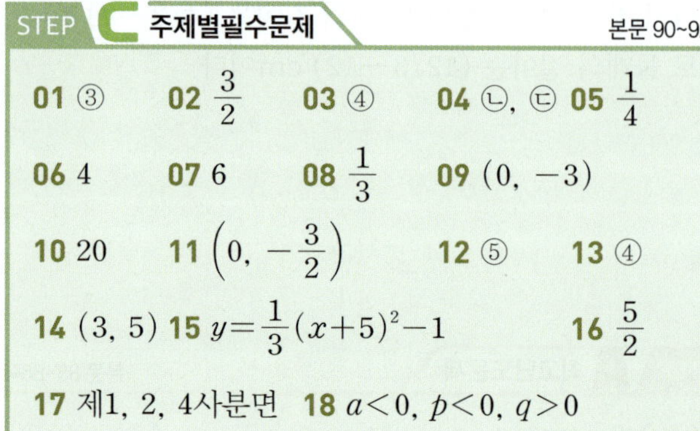

01

② $y = x^2(x-1) = x^3 - x^2$

③ $y = -x(x+1) - 2 = -x^2 - x - 2$

④ $y = (x+4)^2 - x^2 = x^2 + 8x + 16 - x^2 = 8x + 16$

따라서 이차함수인 것은 ③이다. 〔답〕 ③

02

$f(a) = 4a^2 - 5a + 1$

즉, $4a^2 - 5a + 1 = \dfrac{5}{2}$이므로

$$8a^2 - 10a - 3 = 0, \ (4a+1)(2a-3) = 0$$

$$\therefore a = \dfrac{3}{2} \ (\because a > 0)$$ 〔답〕 $\dfrac{3}{2}$

03

x^2의 계수의 절댓값을 각각 구해보면

① $\dfrac{2}{3}$ ② $\dfrac{1}{5}$ ③ 1 ④ $\dfrac{3}{2}$ ⑤ $\dfrac{4}{5}$

x^2의 계수의 절댓값이 클수록 그래프의 폭이 좁으므로 그래프의 폭이 가장 좁은 것은 ④이다. 〔답〕 ④

04

㉡ $y = \dfrac{1}{4}x^2$의 그래프와 폭이 같다.

㉢ $y = \dfrac{1}{4}x^2$의 그래프와 x축에 대하여 대칭이다.

따라서 옳지 않은 것은 ㉡, ㉢이다. 〔답〕 ㉡, ㉢

05

$y = \dfrac{1}{3}x^2$의 그래프가 점 $(a, 3)$을 지나므로

$3=\dfrac{1}{3}a^2$, $a^2=9$ $\quad\therefore a=3$ $(\because a>0)$

$y=\dfrac{1}{3}x^2$의 그래프가 점 $(-6,\,b)$를 지나므로

$b=\dfrac{1}{3}\times(-6)^2=12$

$\therefore \dfrac{a}{b}=\dfrac{3}{12}=\dfrac{1}{4}$ 目 $\dfrac{1}{4}$

06

$y=-2x^2$에 $x=-1$, $y=a$를 대입하면

$a=-2\times(-1)^2=-2$ …… 40 %

$y=-2x^2$의 그래프와 x축에 대하여 대칭인 그래프를 나타내는 이차함수의 식은 $y=2x^2$이므로 $b=2$ …… 40 %

$\therefore b-a=2-(-2)=4$ …… 20 %

目 4

채점기준	배점
a의 값 구하기	40 %
b의 값 구하기	40 %
$b-a$의 값 구하기	20 %

07

$y=ax^2+q$의 그래프의 꼭짓점의 좌표가 $(0,\,8)$이므로

$q=8$

$y=ax^2+8$의 그래프가 점 $(-2,\,0)$을 지나므로

$0=a\times(-2)^2+8$, $4a=-8$ $\quad\therefore a=-2$

$\therefore a+q=-2+8=6$ 目 6

08

$y=\dfrac{1}{3}x^2$의 그래프를 y축의 방향으로 q만큼 평행이동하면

$y=\dfrac{1}{3}x^2+q$

$y=\dfrac{1}{3}x^2+q$에 $x=3$, $y=-5$를 대입하면

$-5=\dfrac{1}{3}\times3^2+q$, $q+3=-5$ $\quad\therefore q=-8$

따라서 $y=\dfrac{1}{3}x^2-8$에 $x=-1$, $y=a$를 대입하면

$a=\dfrac{1}{3}\times(-1)^2-8=-\dfrac{23}{3}$

$\therefore a-q=-\dfrac{23}{3}-(-8)=\dfrac{1}{3}$ 目 $\dfrac{1}{3}$

09

$y=ax^2+q$의 그래프가 점 $(-2,\,5)$를 지나므로

$5=4a+q$ $\quad$…… ㉠

$y=ax^2+q$의 그래프가 점 $(3,\,15)$를 지나므로

$15=9a+q$ $\quad$…… ㉡

㉠, ㉡에서 $a=2$, $q=-3$

따라서 이차함수 $y=2x^2-3$의 그래프의 꼭짓점의 좌표는 $(0,\,-3)$이다. 目 $(0,\,-3)$

10

$y=x^2$의 그래프를 x축의 방향으로 3만큼 평행이동한 것이므로

$y=(x-3)^2$

따라서 $f(x)=(x-3)^2$이므로

$f(-1)+f(5)=(-1-3)^2+(5-3)^2$
$\qquad\qquad\quad=16+4=20$ 目 20

11

$y=a(x-p)^2$의 그래프의 꼭짓점의 좌표가 $(-1,\,0)$이므로

$p=-1$

$y=a(x+1)^2$의 그래프가 점 $(-3,\,-6)$을 지나므로

$-6=a(-3+1)^2$, $4a=-6$

$\therefore a=-\dfrac{3}{2}$

따라서 $y=-\dfrac{3}{2}(x+1)^2$에 $x=0$을 대입하면

$y=-\dfrac{3}{2}(0+1)^2=-\dfrac{3}{2}$이므로 y축과 만나는 점의 좌표는

$\left(0,\,-\dfrac{3}{2}\right)$이다. 目 $\left(0,\,-\dfrac{3}{2}\right)$

12

$y=-\dfrac{4}{3}x^2$의 그래프를 x축의 방향으로 2만큼 평행이동한 그래프를 나타내는 이차함수의 식은

$y=-\dfrac{4}{3}(x-2)^2$

이 그래프는 위로 볼록하고 축의 방정식이 $x=2$이므로 $x>2$일 때, x의 값이 증가하면 y의 값은 감소한다.

目 ⑤

13

$y=-(x-1)^2+2$의 그래프는 오른쪽 그림과 같다.

④ 모든 사분면을 지난다. 目 ④

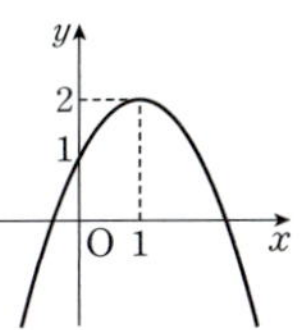

14

$y=-2(x-p)^2+q$의 그래프의 축의 방정식은 $x=3$이므로 $p=3$

$y=-2(x-3)^2+q$의 그래프가 점 $(1, -3)$을 지나므로

$-3=-2(1-3)^2+q$, $q-8=-3$ $\therefore q=5$

따라서 꼭짓점의 좌표는 $(3, 5)$이다.   **답** $(3, 5)$

15

전략

$y=\dfrac{1}{3}(x-1)^2-4$의 그래프를 어떻게 평행이동하면 구하는 이차함수의 그래프와 같은지 생각해 본다.

$y=\dfrac{1}{3}(x-1)^2-4$의 그래프를 x축의 방향으로 -6만큼, y축의 방향으로 3만큼 평행이동하면

$y=\dfrac{1}{3}(x+6-1)^2-4+3$

$\therefore y=\dfrac{1}{3}(x+5)^2-1$

따라서 어떤 이차함수의 식은 $y=\dfrac{1}{3}(x+5)^2-1$이다.

답 $y=\dfrac{1}{3}(x+5)^2-1$

> **Sub 노트**
>
> 이차함수 $y=a(x-p)^2+q$의 그래프의 평행이동
> 이차함수 $y=a(x-p)^2+q$의 그래프를 x축의 방향으로 m만큼, y축의 방향으로 n만큼 평행이동한 그래프의 식은
> $y=a(x-m-p)^2+q+n$이다.

16

꼭짓점의 좌표가 $(p, 2p^2)$이고, 이 점이 $y=-x+15$의 그래프 위에 있으므로

$2p^2=-p+15$, $2p^2+p-15=0$

$(p+3)(2p-5)=0$ $\therefore p=\dfrac{5}{2}$ $(\because p>0)$ **답** $\dfrac{5}{2}$

17

$y=a(x-p)^2+q$의 그래프의 꼭짓점의 좌표가 $(3, -2)$이므로 $p=3$, $q=-2$

$y=a(x-3)^2-2$

이 이차함수의 그래프가 점 $(5, 3)$을 지나므로

$3=a(5-3)^2-2$, $4a-2=3$ $\therefore a=\dfrac{5}{4}$ …… 40 %

즉 $y=\dfrac{5}{4}(x-3)^2-2$의 그래프는 오른쪽 그림과 같다.   …… 40 %

따라서 그래프가 지나는 사분면은 제1, 2, 4사분면이다.   …… 20 %

답 제1, 2, 4사분면

채점기준	배점
a, p, q의 값 구하기	40 %
그래프 그리기	40 %
지나는 사분면 구하기	20 %

18

$y=a(x-p)^2+q$의 그래프가 위로 볼록하므로 $a<0$

꼭짓점 (p, q)가 제2사분면 위에 있으므로 $p<0$, $q>0$

답 $a<0$, $p<0$, $q>0$

STEP B 실력완성문제   본문 93~95쪽

01 -4	**02** $\dfrac{13}{2}$	**03** 5	**04** 10	**05** -10
06 19	**07** $x<-3$		**08** $\dfrac{45}{4}$	**09** $-\dfrac{1}{2}$
10 4	**11** 12	**12** 9	**13** $\dfrac{2\sqrt{2}}{3}$	**14** -36
15 P$(4, 3)$		**16** $\dfrac{5}{2}$	**17** 5	
18 제2사분면				

01

$(a^2-1)x^2-(a^2+3a-4)y^2+4x-ay=0$에서 y가 x에 대한 이차함수이려면 x^2항은 반드시 존재해야 하고 y^2항은 없어야 한다.

$a^2-1\ne0$, $a^2+3a-4=0$

$a^2-1\ne0$에서 $(a+1)(a-1)\ne0$

$\therefore a\ne-1$이고 $a\ne1$ …… ㉠

$a^2+3a-4=0$에서 $(a+4)(a-1)=0$

$\therefore a=-4$ 또는 $a=1$ …… ㉡

㉠, ㉡에서 $a=-4$ **답** -4

02

$f(-3)=-\dfrac{1}{2}\times(-3)^2+a\times(-3)+b=-11$

$\therefore -3a+b=-\dfrac{13}{2}$ …… ㉠

$f(1)=-\dfrac{1}{2}\times 1^2+a\times 1+b=5$

$\therefore a+b=\dfrac{11}{2}$ …… ㉡

㉠, ㉡에서 $a=3$, $b=\dfrac{5}{2}$

따라서 $f(x)=-\dfrac{1}{2}x^2+3x+\dfrac{5}{2}$이므로

$f(4)=-\dfrac{1}{2}\times 4^2+3\times 4+\dfrac{5}{2}=\dfrac{13}{2}$ 답 $\dfrac{13}{2}$

03

포물선 ㉠은 아래로 볼록한 포물선 중 폭이 넓으므로 그 식은 $y=\dfrac{1}{2}x^2$이고 이 함수의 그래프가 점 $(-4,\ m)$을 지나므로

$m=\dfrac{1}{2}\times(-4)^2=8$

포물선 ㉡은 위로 볼록한 포물선 중 폭이 좁으므로 그 식은 $y=-3x^2$이고 이 함수의 그래프가 점 $(1,\ n)$을 지나므로

$n=-3\times 1^2=-3$

$\therefore m+n=8+(-3)=5$ 답 5

04

$y=\dfrac{1}{2}x^2$의 그래프와 x축에 대하여 대칭인 그래프를 나타내는 이차함수의 식은 $y=-\dfrac{1}{2}x^2$

$y=-\dfrac{1}{2}x^2$에 $x=a-2$, $y=6-3a$를 대입하면

$6-3a=-\dfrac{1}{2}(a-2)^2$, $-12+6a=a^2-4a+4$

$a^2-10a+16=0$, $(a-2)(a-8)=0$

$\therefore a=2$ 또는 $a=8$

따라서 모든 a의 값의 합은 $2+8=10$이다.   답 10

05

$y=a(x-p)^2$의 그래프의 꼭짓점의 좌표가 $(4,\ 0)$이므로 $p=4$

즉, $y=a(x-4)^2$의 그래프가 점 $(-1,\ 6)$을 지나므로

$6=a(-1-4)^2$ $\therefore a=\dfrac{6}{25}$

$\therefore 25a-4p=6-16=-10$ 답 -10

06

주어진 그래프의 식은 $y=ax^2-5$이다.

이때 $y=ax^2-5$의 그래프가 점 $(2,\ 3)$을 지나므로

$3=4a-5$ $\therefore a=2$

$\therefore f(x)=2x^2-5$ …… 40 %

즉, $f(-2)=2\times(-2)^2-5=3$,

$f(1)=2\times 1^2-5=-3$,

$f(3)=2\times 3^2-5=13$ …… 40 %

$\therefore f(-2)-f(1)+f(3)=3-(-3)+13=19$

        …… 20 %

     답 19

채점기준	배점
주어진 그래프의 식 구하기	40 %
$f(-2)$, $f(1)$, $f(3)$의 값 구하기	40 %
$f(-2)-f(1)+f(3)$의 값 구하기	20 %

07

$y=\dfrac{1}{2}(x-2)^2+3$의 그래프를 x축의 방향으로 -5만큼, y축의 방향으로 -11만큼 평행이동한 그래프의 식은 $y=\dfrac{1}{2}(x+3)^2-8$이므로 x의 값이 증가할 때 y의 값이 감소하는 x의 값의 범위는 $x<-3$이다.   답 $x<-3$

08

전략

▱ABCD가 정사각형이므로 $\overline{BC}=\overline{CD}$, 그래프가 y축에 대칭이므로 $\overline{BO}=\overline{OC}$이다.

평행이동한 그래프의 식은 $y=-x^2+q$이고, 정사각형의 넓이가 25이므로 $\overline{BC}=\overline{CD}=5$

$y=-x^2+q$의 그래프는 y축에 대칭이므로

$\overline{BO}=\overline{OC}=\dfrac{1}{2}\overline{BC}=\dfrac{5}{2}$

따라서 $D\left(\dfrac{5}{2},\ 5\right)$이고, 이 점이 $y=-x^2+q$의 그래프 위의 점이므로

$5=-\left(\dfrac{5}{2}\right)^2+q$ $\therefore q=\dfrac{45}{4}$ 답 $\dfrac{45}{4}$

09

$y=-2(x-1)^2+1$의 그래프를 x축의 방향으로 p만큼, y축의 방향으로 q만큼 평행이동한 그래프의 식은 $y=-2(x-p-1)^2+1+q$

이 그래프가 두 점 $(-8,\ 3)$, $(-5,\ -3)$을 지나므로

$3=-2(-8-p-1)^2+1+q$

$\therefore 2p^2+36p+164-q=0$ …… ㉠

$-3=-2(-5-p-1)^2+1+q$

$\therefore 2p^2+24p+68-q=0$ $\quad\cdots\cdots$ ㉡

㉠, ㉡에서 $p=-8$, $q=4$

$\therefore \dfrac{q}{p}=\dfrac{4}{-8}=-\dfrac{1}{2}$

답 $-\dfrac{1}{2}$

10

$y=x^2$의 그래프를 x축의 방향으로 p만큼, y축의 방향으로 q만큼 평행이동한 그래프의 식은 $y=(x-p)^2+q$이므로 꼭짓점의 좌표는 $(p,\ q)$이다.

ㄴ에서 $y=2x-7$에 $x=p$, $y=q$를 대입하면

$q=2p-7$ $\quad\cdots\cdots$ ㉠

ㄷ에서 $y=(x-p)^2+q$에 $x=5$, $y=3$을 대입하면

$3=(5-p)^2+q$ $\quad\cdots\cdots$ ㉡

㉡에 ㉠을 대입하면

$3=(5-p)^2+2p-7$, $p^2-8p+15=0$

$(p-3)(p-5)=0$

$\therefore p=3$ 또는 $p=5$

$p=3$일 때 $q=-1$, $p=5$일 때 $q=3$

ㄱ에서 $p>0$, $q<0$이므로 $p=3$, $q=-1$

$\therefore p-q=3-(-1)=4$

답 4

11

두 이차함수 $y=\dfrac{2}{3}x^2-1$,

$y=\dfrac{2}{3}x^2+2$의 그래프와 두 직선 $x=-1$, $x=3$의 교점을 각각 A, B, C, D라 하자.

$y=\dfrac{2}{3}x^2+2$의 그래프는

$y=\dfrac{2}{3}x^2-1$의 그래프를 y축의 방향으로 3만큼 평행이동한 것이므로 $\overline{AC}\,/\!/\,\overline{BD}$이고 $\overline{AC}=\overline{BD}$에서 $\square ABDC$는 평행사변형이다.

이때 $\overline{AC}=3$이고 두 직선 $x=-1$, $x=3$ 사이의 거리는 4이므로

$\square ABDC=3\times4=12$

답 12

12

점 A가 $y=x^2$의 그래프 위의 점이므로 x좌표를 $a\,(a>0)$라 하면

A$(a,\ a^2)$이고 $\overline{AB}=3$이므로 B$(a+3,\ a^2)$

점 B가 $y=\dfrac{1}{4}x^2$의 그래프 위의 점이므로

$a^2=\dfrac{1}{4}(a+3)^2$, $a^2-2a-3=0$

$(a-3)(a+1)=0$ $\quad\therefore a=3\ (\because a>0)$

$\therefore k=a^2=9$

답 9

13

두 점 A, B에서 y축에 내린 수선의 발을 각각 A′, B′이라 하면

$\triangle CAA' \backsim \triangle CBB'$ (AA 닮음)이므로

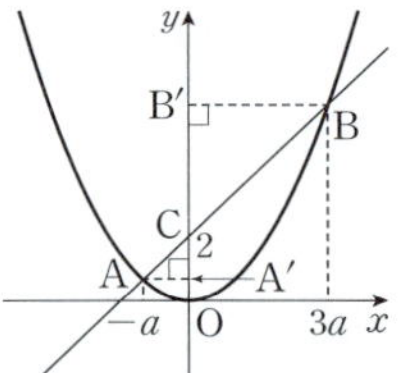

$\begin{aligned}\overline{AC}:\overline{BC}&=\overline{AA'}:\overline{BB'}\\&=\overline{A'C}:\overline{B'C}\\&=1:3 \quad\cdots\cdots ㉠\end{aligned}$

즉, 점 A의 x좌표를 $-a\,(a>0)$라 하면

A$\left(-a,\ \dfrac{1}{3}a^2\right)$, B$(3a,\ 3a^2)$

$\therefore \overline{OA'}=\dfrac{1}{3}a^2$, $\overline{OB'}=3a^2$

㉠에서 $\overline{A'C}:\overline{B'C}=\left(2-\dfrac{1}{3}a^2\right):(3a^2-2)=1:3$이므로

$3a^2-2=6-a^2$, $4a^2=8$, $a^2=2$

$\therefore a=\sqrt{2}\ (\because a>0)$

따라서 직선 l의 기울기는 $\dfrac{3a^2-\dfrac{1}{3}a^2}{3a-(-a)}=\dfrac{2}{3}a=\dfrac{2\sqrt{2}}{3}$이다.

답 $\dfrac{2\sqrt{2}}{3}$

14

$y=2(x-3)^2$의 그래프에서 $x=0$일 때 $y=18$이므로

A$(0,\ 18)$

꼭짓점의 좌표는 B$(3,\ 0)$

$y=ax^2+b$의 그래프가 두 점 A, B를 지나므로

$x=0$, $y=18$을 대입하면 $b=18$

$x=3$, $y=0$을 대입하면 $a=-2$

$\therefore ab=(-2)\times18=-36$

답 -36

15

$y=-\dfrac{1}{3}(x-1)^2+6$의 그래프의 축의 방정식은 $x=1$이므로 점 P$(a,\ b)$라 하면 $(a>0)$

점 P$(a,\ b)$에서 그래프의 축까지의 거리는 $a-1$, 점 P에서 x축까지의 거리는 $b=-\dfrac{1}{3}(a-1)^2+6$

즉, $a-1=-\dfrac{1}{3}(a-1)^2+6$에서

$a^2+a-20=0,\ (a+5)(a-4)=0$

$\therefore a=4\ (\because a>0)$

$\therefore b=-\dfrac{1}{3}(4-1)^2+6=3$

따라서 점 P의 좌표는 $(4,\ 3)$이다. **탑** P(4, 3)

16

$y=a(x+2)^2-9$의 그래프를 x축에 대하여 대칭이동한 그래프의 식은

$$-y=a(x+2)^2-9 \qquad \therefore y=-a(x+2)^2+9$$

이 그래프를 다시 y축에 대하여 대칭이동한 그래프의 식은

$$y=-a(-x+2)^2+9 \qquad \therefore y=-a(x-2)^2+9$$

이 그래프가 점 $(4,\ -1)$을 지나므로

$$-1=-a(4-2)^2+9,\ 4a=10$$

$$\therefore a=\dfrac{5}{2}$$

탑 $\dfrac{5}{2}$

> **Sub 노트**
>
> 이차함수 $y=a(x-p)^2+q$의 그래프의 대칭이동
> ① x축에 대하여 대칭이동한 그래프의 식
> $\quad -y=a(x-p)^2+q \Rightarrow y=-a(x-p)^2-q$
> ② y축에 대하여 대칭이동한 그래프의 식
> $\quad y=a(-x-p)^2+q \Rightarrow y=a(x+p)^2+q$

17

$y=\dfrac{1}{2}(x+3)^2-4$의 그래프를 x축에 대하여 대칭이동한 그래프의 식은

$$y=-\dfrac{1}{2}(x+3)^2+4$$

다시 y축의 방향으로 q만큼 평행이동한 그래프의 식은

$$y=-\dfrac{1}{2}(x+3)^2+4+q \qquad \cdots\cdots \text{㉠} \qquad \cdots\cdots\ 40\ \%$$

이때 ㉠의 그래프는 직선 $x=-3$에 대하여 대칭이므로 x축과 만나는 두 점의 좌표는 각각

$$(-3-3\sqrt{2},\ 0),\ (-3+3\sqrt{2},\ 0)$$이다. $\qquad \cdots\cdots\ 40\ \%$

따라서 ㉠에 $x=-3+3\sqrt{2}$, $y=0$을 대입하면

$$0=-\dfrac{1}{2}(-3+3\sqrt{2}+3)^2+4+q$$

$$\therefore q=5 \qquad\qquad\qquad \cdots\cdots\ 20\ \%$$

탑 5

채점기준	배점
평행이동한 그래프의 식 구하기	40 %
x축과 만나는 두 점의 좌표 구하기	40 %
q의 값 구하기	20 %

18

이차함수 $y=a(x+p)^2-pq$의 그래프가 제1사분면, 제2사분면, 제4사분면을 지나므로

$$a>0,\ -p>0,\ -pq<0$$

$$\therefore a>0,\ p<0,\ q<0 \qquad \cdots\cdots \text{㉠}$$

이때 이차함수 $y=ap(x-q)^2-aq-p$의 그래프의 꼭짓점의 좌표는 $(q,\ -aq-p)$이고

㉠에서 $q<0$, $-aq-p>0$이므로 이 이차함수의 그래프의 꼭짓점의 좌표는 제2사분면 위에 있다. **탑** 제2사분면

STEP A 최고난도문제 본문 96쪽

01 36 **02** $\dfrac{48}{5}$ **03** -2

01

두 이차함수의 그래프가 모두 점 $(-3,\ 0)$을 지나므로

$$0=-(-3)^2+m \qquad \therefore m=9$$

$$0=\dfrac{1}{3}\times(-3)^2+n \qquad \therefore n=-3$$

따라서 A$(0,\ 9)$, C$(0,\ -3)$, D$(3,\ 0)$이므로

$$\square ABCD=\triangle ABD+\triangle BCD$$

$$=\dfrac{1}{2}\times6\times9+\dfrac{1}{2}\times6\times3=36$$

탑 36

02

전략

$\overline{AD}$가 x축에 평행하므로 두 점 A, D의 y좌표가 같고 $\overline{CD}$가 y축에 평행하므로 두 점 C, D의 x좌표가 같다.

점 A의 x좌표를 $a(a>0)$라 하면

$$A(a,\ 4a^2),\ B\left(a,\ \dfrac{1}{4}a^2\right)$$

$\overline{BC}=\overline{AB}=\dfrac{15}{4}a^2$이므로

$$C\left(a+\dfrac{15}{4}a^2,\ \dfrac{1}{4}a^2\right),\ D\left(a+\dfrac{15}{4}a^2,\ 4a^2\right)$$

또 점 D는 $y=\dfrac{1}{4}x^2$의 그래프 위의 점이므로

$$4a^2=\dfrac{1}{4}x^2 \qquad \therefore x=\pm4a$$

이때 $x>0$이므로 $x=4a \qquad \therefore D(4a,\ 4a^2)$

즉, $a+\dfrac{15}{4}a^2=4a$이므로 $15a^2-12a=0$

IV 이차함수

$3a(5a-4)=0$　　$\therefore a=0$ 또는 $a=\dfrac{4}{5}$

이때 $a>0$이므로 $a=\dfrac{4}{5}$

따라서 $\overline{\mathrm{AD}}=4a-a=3a$이므로 □ABCD의 둘레의 길이는

$4\overline{\mathrm{AD}}=12a=12\times\dfrac{4}{5}=\dfrac{48}{5}$　　　　　目 $\dfrac{48}{5}$

03

$y=-(x+2)^2+9$에 $x=0$을 대입하면

$y=-4+9=5$

$\therefore \mathrm{B}(0,\ 5),\ k=5$

직선 $x=-2$에 대하여 점 A와 점 B는 대칭이므로

$\mathrm{A}(-4,\ 5)$

한편 $\overline{\mathrm{AB}}=2\overline{\mathrm{BC}}$에서 $\overline{\mathrm{BC}}=\dfrac{1}{2}\times 4=2$이므로

$\mathrm{C}(2,\ 5)$

이차함수 $y=-(x-p)^2+q$의 그래프가 두 점 $\mathrm{B}(0,\ 5)$, $\mathrm{C}(2,\ 5)$를 지나므로

$x=0$, $y=5$를 대입하면 $5=-p^2+q$

$\therefore q=p^2+5$ 　　　 …… ㉠

$x=2$, $y=5$를 대입하면 $5=-(2-p)^2+q$

$\therefore q=p^2-4p+9$ 　　　 …… ㉡

㉠, ㉡에서 $p^2+5=p^2-4p+9$

$\therefore p=1,\ q=6$

$\therefore k-(p+q)=5-(1+6)=-2$　　　　目 -2

02. 이차함수의 활용

<table><tr><td>STEP C 주제별필수문제</td><td colspan="4" style="text-align:right">본문 99~102쪽</td></tr><tr><td>01 ①, ⑤</td><td>02 ⑤</td><td>03 2</td><td>04 3</td><td>05 1</td></tr><tr><td>06 −2</td><td>07 $\dfrac{1}{2}$</td><td>08 6</td><td>09 (5, 0)</td><td>10 12</td></tr><tr><td>11 1</td><td>12 (2, 4), (4, 2)</td><td>13 ⑤</td><td>14 ②</td><td></td></tr><tr><td>15 $\dfrac{125}{8}$</td><td>16 ④</td><td>17 6</td><td>18 (0, −3)</td><td></td></tr><tr><td>19 13</td><td>20 (1, −1)</td><td>21 4</td><td>22 −4</td><td></td></tr></table>

01

$y=-3x^2-x-2$

$=-3\left(x^2+\dfrac{1}{3}x\right)-2$

$=-3\left(x^2+\dfrac{1}{3}x+\dfrac{1}{36}-\dfrac{1}{36}\right)-2$

$=-3\left(x^2+\dfrac{1}{3}x+\dfrac{1}{36}\right)+\dfrac{1}{12}-2$

$=-3\left(x+\dfrac{1}{6}\right)^2-\dfrac{23}{12}$

의 그래프는 오른쪽 그림과 같다.

② 위로 볼록한 포물선이다.

③ $y=-x^2+2x-1$의 그래프보다 폭이 좁다.

④ 제3, 4사분면을 지난다.

따라서 옳은 것은 ①, ⑤이다.　　　　目 ①, ⑤

02

① $y=x^2+2x-5=(x^2+2x+1)-1-5$

　$=(x+1)^2-6$

꼭짓점의 좌표가 $(-1,\ -6)$이므로 제3사분면에 있다.

② $y=2x^2-6x+11$

　$=2(x^2-3x)+11$

　$=2\left(x^2-3x+\dfrac{9}{4}-\dfrac{9}{4}\right)+11$

　$=2\left(x^2-3x+\dfrac{9}{4}\right)-\dfrac{9}{2}+11$

　$=2\left(x-\dfrac{3}{2}\right)^2+\dfrac{13}{2}$

꼭짓점의 좌표가 $\left(\dfrac{3}{2},\ \dfrac{13}{2}\right)$이므로 제1사분면에 있다.

③ $y=-3x^2+6x+1$

　$=-3(x^2-2x)+1$

　$=-3(x^2-2x+1-1)+1$

　$=-3(x^2-2x+1)+3+1$

　$=-3(x-1)^2+4$

꼭짓점의 좌표가 $(1,\ 4)$이므로 제1사분면에 있다.

④ $y=x^2+8x+20$

　$=(x^2+8x+16)-16+20$

　$=(x+4)^2+4$

꼭짓점의 좌표가 $(-4,\ 4)$이므로 제2사분면에 있다.

⑤ $y=\dfrac{1}{5}x^2-x-2$

　$=\dfrac{1}{5}(x^2-5x)-2$

$$=\frac{1}{5}\left(x^2-5x+\frac{25}{4}-\frac{25}{4}\right)-2$$

$$=\frac{1}{5}\left(x^2-5x+\frac{25}{4}\right)-\frac{5}{4}-2$$

$$=\frac{1}{5}\left(x-\frac{5}{2}\right)^2-\frac{13}{4}$$

꼭짓점의 좌표가 $\left(\frac{5}{2},\ -\frac{13}{4}\right)$이므로 제4사분면에 있다.

따라서 꼭짓점이 제4사분면에 있는 것은 ⑤이다.   답 ⑤

03

$y=-2x^2+4kx+k^2-2=-2(x-k)^2+3k^2-2$

그래프의 축의 방정식은 $x=k$이므로

$k=2$ 답 2

04

$y=x^2-4x+5=(x-2)^2+1$의 그래프를 x축의 방향으로 2만큼, y축의 방향으로 -3만큼 평행이동한 그래프의 식은

$y=(x-2-2)^2+1-3$

$\quad=(x-4)^2-2$

따라서 $a=1$, $b=-4$, $c=-2$이므로

$a-b+c=1-(-4)+(-2)=3$ 답 3

05

$y=2x^2-4x+7=2(x-1)^2+5$의 그래프를 x축의 방향으로 m만큼, y축의 방향으로 n만큼 평행이동한 그래프의 식은

$y=2(x-m-1)^2+5+n$ …… 40 %

이 그래프의 꼭짓점의 좌표가 $(m+1,\ 5+n)$이므로

$m+1=-2$, $5+n=1$

$\therefore\ m=-3$, $n=-4$ …… 40 %

따라서 $m-n=-3+4=1$ …… 20 %

답 1

채점기준	배점
평행이동한 그래프의 식 구하기	40 %
m, n의 값 구하기	40 %
$m-n$의 값 구하기	20 %

06

$y=-\frac{2}{3}x^2+4x-2=-\frac{2}{3}(x-3)^2+4$

이 그래프를 x축의 방향으로 -5만큼 평행이동한 그래프의 식은

$y=-\frac{2}{3}(x+5-3)^2+4=-\frac{2}{3}(x+2)^2+4$

이 그래프가 점 $(1,\ m)$을 지나므로

$m=-\frac{2}{3}(1+2)^2+4=-2$ 답 -2

07

$y=2x^2-7x+3$에 $y=0$을 대입하면

$2x^2-7x+3=0$, $(2x-1)(x-3)=0$

$\therefore\ x=\frac{1}{2}$ 또는 $x=3$

$\therefore\ p=\frac{1}{2}$, $q=3$ 또는 $p=3$, $q=\frac{1}{2}$

$y=2x^2-7x+3$에 $x=0$을 대입하면 $y=3$ $\therefore\ r=3$

$\therefore\ p+q-r=\frac{1}{2}+3-3=\frac{1}{2}$ 답 $\frac{1}{2}$

08

$y=-2x^2+8x+10$에 $y=0$을 대입하면

$-2x^2+8x+10=0$에서 $x^2-4x-5=0$

$(x+1)(x-5)=0$

$\therefore\ x=-1$ 또는 $x=5$

따라서 $A(-1,\ 0)$, $B(5,\ 0)$ 또는 $A(5,\ 0)$, $B(-1,\ 0)$

이므로 $\overline{AB}=6$ 답 6

09

$y=\frac{1}{3}x^2-x+m$에 $x=-2$, $y=0$을 대입하면

$0=\frac{4}{3}+2+m$ $\therefore\ m=-\frac{10}{3}$

$y=\frac{1}{3}x^2-x-\frac{10}{3}$에 $y=0$을 대입하면

$\frac{1}{3}x^2-x-\frac{10}{3}=0$, $x^2-3x-10=0$

$(x-5)(x+2)=0$ $\therefore\ x=5$ 또는 $x=-2$

따라서 다른 한 점의 좌표는 $(5,\ 0)$이다.   답 $(5,\ 0)$

10

$y=x^2-8x+k=(x-4)^2-16+k$의 축의 방정식은

$x=4$ …… 30 %

이때 $\overline{AB}=4$이므로 축에서 두 점 A, B까지의 거리는 각각 $\frac{4}{2}=2$이다.

따라서 $A(2,\ 0)$, $B(6,\ 0)$이므로   …… 30 %

$y=x^2-8x+k$에 $x=2$, $y=0$을 대입하면

$0=4-16+k$ $\therefore\ k=12$ …… 40 %

답 12

채점기준	배점
축의 방정식 구하기	30 %
두 점 A, B의 좌표 구하기	30 %
k의 값 구하기	40 %

같은문제 | 다른풀이

이차함수 $y=x^2-8x+k$의 그래프가 x축과 만나는 점의 x좌표는 이차방정식 $x^2-8x+k=0$의 해와 같으므로
$x^2-8x+k=0$에서
$x=4\pm\sqrt{16-k}$
$\therefore A(4-\sqrt{16-k},\,0),\ B(4+\sqrt{16-k},\,0)$
이때 $\overline{AB}=4$이므로
$(4+\sqrt{16-k})-(4-\sqrt{16-k})=4$
$2\sqrt{16-k}=4,\ \sqrt{16-k}=2$
$16-k=4\qquad \therefore k=12$

11

$y=x^2+ax+b$의 그래프가 점 $(2,\,0),\ (0,\,-2)$를 지나므로
$0=4+2a+b,\ b=-2$
$\therefore a=-1,\ b=-2$
$\therefore a-b=-1+2=1$　　　　　답 1

12

$-x^2+5x-2=-x+6$에서
$x^2-6x+8=0,\ (x-2)(x-4)=0$
$\therefore x=2$ 또는 $x=4$
$y=-x+6$에 $x=2$를 대입하면
$y=-2+6=4$
$y=-x+6$에 $x=4$를 대입하면
$y=-4+6=2$
따라서 교점의 좌표는 $(2,\,4),\ (4,\,2)$이다.
　　　　　답 $(2,\,4),\ (4,\,2)$

13

그래프가 위로 볼록하므로 $a<0$
축이 y축의 오른쪽에 있으므로 $ab<0\qquad \therefore b>0$
y축과의 교점이 x축보다 위쪽에 있으므로 $c>0$
① $ac<0$
② $ab<0$
③ $\dfrac{c}{b}>0$
④ $x=-1$일 때, $a-b+c<0$
⑤ $x=2$일 때, $4a+2b+c>0$　　　　　답 ⑤

14

그래프가 위로 볼록하므로 $a<0$
축이 y축의 왼쪽에 있으므로 $-ab>0\qquad \therefore b>0$
y축과의 교점이 x축보다 위쪽에 있으므로 $c>0$
따라서 $y=cx^2+bx+a$의 그래프는 $c>0$이므로 아래로 볼록하고, $bc>0$이므로 축이 y축의 왼쪽에 있으며, $a<0$이므로 y축과의 교점이 x축보다 아래쪽에 있다.
즉 $y=cx^2+bx+a$의 그래프로 알맞은 것은 ②이다.
　　　　　답 ②

15

$y=-x^2+x+6=-\left(x-\dfrac{1}{2}\right)^2+\dfrac{25}{4}$의 꼭짓점의 좌표는
$\left(\dfrac{1}{2},\,\dfrac{25}{4}\right)$
$\therefore A\left(\dfrac{1}{2},\,\dfrac{25}{4}\right)$
$y=-x^2+x+6$에 $y=0$을 대입하면
$x^2-x-6=0,\ (x+2)(x-3)=0$
$\therefore x=-2$ 또는 $x=3$
따라서 $B(-2,\,0),\ C(3,\,0)$이므로 $\overline{BC}=5$이다.
$\therefore \triangle ABC=\dfrac{1}{2}\times5\times\dfrac{25}{4}=\dfrac{125}{8}$　　　답 $\dfrac{125}{8}$

16

$y=-\dfrac{2}{3}x^2-4x+2=-\dfrac{2}{3}(x+3)^2+8$의 꼭짓점의 좌표는 $(-3,\,8)$
$\therefore C(-3,\,8)$
$y=-\dfrac{2}{3}x^2-4x+2$에 $x=0$을 대입하면
$y=2\qquad \therefore D(0,\,2)$
이때 $\triangle ABC$와 $\triangle ABD$에서 밑변이 $\overline{AB}$로 같으므로 넓이의 비는 높이의 비와 같다.
$\therefore \triangle ABC:\triangle ABD=8:2=4:1$　　　　　답 ④

17

꼭짓점의 좌표가 $(-3,\,4)$이므로 구하는 이차함수의 식을 $y=a(x+3)^2+4$로 놓으면 이 그래프가 점 $(0,\,-1)$을 지나므로
$-1=9a+4,\ 9a=-5\qquad \therefore a=-\dfrac{5}{9}$
$\therefore y=-\dfrac{5}{9}(x+3)^2+4=-\dfrac{5}{9}x^2-\dfrac{10}{3}x-1$

따라서 $a=-\dfrac{5}{9}$, $b=-\dfrac{10}{3}$, $c=-1$이므로

$9a-3b-c=-5+10+1=6$ 　　　答 6

18

꼭짓점의 좌표가 $(1,\ -2)$이므로 구하는 이차함수의 식을 $y=a(x-1)^2-2$로 놓으면 이 그래프가 점 $(2,\ -3)$을 지나므로

$-3=a-2$ 　　$\therefore\ a=-1$

$y=-(x-1)^2-2=-x^2+2x-3$

$y=-x^2+2x-3$에 $x=0$을 대입하면 $y=-3$

따라서 y축과 만나는 점의 좌표는 $(0,\ -3)$이다.

答 $(0,\ -3)$

19

축의 방정식이 $x=2$이므로 구하는 이차함수의 식을

$y=a(x-2)^2+q$로 놓으면 　　…… 20 %

두 점 $(1,\ -3)$, $(4,\ 3)$을 지나므로

$x=1$, $y=-3$을 대입하면 $-3=a+q$ 　…… ㉠

$x=4$, $y=3$을 대입하면 $3=4a+q$ 　…… ㉡

㉠, ㉡에서 $a=2$, $q=-5$ 　　…… 40 %

$\therefore\ y=2(x-2)^2-5$ 　　…… 20 %

따라서 $y=2(x-2)^2-5$의 그래프가 점 $(-1,\ k)$를 지나므로 $k=2\times(-1-2)^2-5=13$ 　…… 20 %

答 13

채점기준	배점
$y=a(x-p)^2+q$ 꼴로 이차함수 식 놓기	20 %
a, q의 값 구하기	40 %
이차함수의 식 구하기	20 %
k의 값 구하기	20 %

20

구하는 이차함수의 식을 $y=ax^2+bx+c$로 놓고

$x=0$, $y=1$을 대입하면 $1=c$ 　　…… ㉠

$x=3$, $y=7$을 대입하면 $7=9a+3b+c$ 　…… ㉡

$x=2$, $y=1$을 대입하면 $1=4a+2b+c$ 　…… ㉢

㉠, ㉡, ㉢에서 $a=2$, $b=-4$, $c=1$

따라서 $y=2x^2-4x+1=2(x-1)^2-1$의 그래프의 꼭짓점의 좌표는 $(1,\ -1)$이다. 　　答 $(1,\ -1)$

21

x축과 두 점 $(-4,\ 0)$, $(3,\ 0)$에서 만나므로 구하는 이차

함수의 식을 $y=a(x+4)(x-3)$으로 놓으면 이 그래프가 점 $(-3,\ 2)$를 지나므로

$2=-6a$ 　　$\therefore\ a=-\dfrac{1}{3}$

$\therefore\ y=-\dfrac{1}{3}(x+4)(x-3)=-\dfrac{1}{3}x^2-\dfrac{1}{3}x+4$

따라서 $a=-\dfrac{1}{3}$, $b=-\dfrac{1}{3}$, $c=4$이므로

$9abc=9\times\left(-\dfrac{1}{3}\right)\times\left(-\dfrac{1}{3}\right)\times4=4$ 　答 4

22

y축을 축으로 하고 x축과 만나는 두 점 사이의 거리가 4이므로 그 교점의 좌표는 $(-2,\ 0)$, $(2,\ 0)$이다. 따라서 구하는 이차함수의 식은 $y=(x+2)(x-2)=x^2-4$이므로 $a=0$, $b=-4$

$\therefore\ a+b=-4$ 　　　答 -4

STEP **C** 실력완성문제 　　　본문 103~106쪽

01 ③	**02** $a=7$, $b=\dfrac{2}{3}$
03 $\left(\dfrac{1}{2},\ \dfrac{5}{12}\right)$	**04** ⑤ 　**05** 2, $-\dfrac{2}{3}$
06 5 　**07** $-\dfrac{1}{2}$ 　**08** $(2,\ 3)$	**09** $-\dfrac{9}{2}$
10 -12 　**11** 20 　**12** ⑤	**13** $\dfrac{31}{2}$
14 $y=x+5$ 　**15** $2b$	**16** ④
17 $y=x^2-8x+15$ 　**18** 0	**19** -2
20 $y=-\dfrac{9}{8}\left(x+\dfrac{10}{3}\right)^2$ 또는 $y=-\dfrac{1}{8}(x-2)^2$	
21 $\dfrac{10}{3}$ 　**22** $\dfrac{32}{25}$ 　**23** ①	

01

$y=3x^2-3kx+k-1=3\left(x-\dfrac{k}{2}\right)^2-\dfrac{3}{4}k^2+k-1$의 그래프의 꼭짓점의 좌표가 $\left(\dfrac{k}{2},\ -\dfrac{3}{4}k^2+k-1\right)$이므로

$\dfrac{k}{2}=-1$, $-\dfrac{3}{4}k^2+k-1=-6$ 　　$\therefore\ k=-2$

$\therefore\ y=3x^2+6x-3$

$y=3x^2+6x-3$에 $x=0$을 대입하면 $y=-3$
따라서 주어진 그래프와 y축과의 교점의 좌표는 $(0, -3)$
이다. 　　　　　　　　　　　　　　　　　　답 ③

02

$y=x^2+2x+a=(x+1)^2-1+a$

$y=-x^2-3bx+5=-\left(x+\dfrac{3}{2}b\right)^2+\dfrac{9}{4}b^2+5$

두 그래프의 꼭짓점의 좌표는 각각

$(-1, -1+a)$, $\left(-\dfrac{3}{2}b, \dfrac{9}{4}b^2+5\right)$이고 꼭짓점이 일치

하므로

$-1=-\dfrac{3}{2}b$에서 $b=\dfrac{2}{3}$

$-1+a=\dfrac{9}{4}b^2+5$　　$\therefore a=7$　　답 $a=7, b=\dfrac{2}{3}$

03

두 점 $(-3, 0)$, $(0, -1)$을 지나는 직선의 방정식은

$\dfrac{x}{-3}+\dfrac{y}{-1}=1$, $y=-\dfrac{1}{3}x-1$

$\therefore a=-\dfrac{1}{3}$, $b=-1$

$a=-\dfrac{1}{3}$, $b=-1$을 $y=-bx^2+3ax-2ab^2$에 대입하면

$y=x^2-x+\dfrac{2}{3}=\left(x-\dfrac{1}{2}\right)^2+\dfrac{5}{12}$

따라서 구하는 그래프의 꼭짓점의 좌표는 $\left(\dfrac{1}{2}, \dfrac{5}{12}\right)$이다.

답 $\left(\dfrac{1}{2}, \dfrac{5}{12}\right)$

04

$y=2x^2-4kx+2k^2-k+5=2(x-k)^2-k+5$의 그래프
의 꼭짓점의 좌표는 $(k, -k+5)$
꼭짓점이 제4사분면에 있으려면 $k>0$, $-k+5<0$이므로
$k>5$
따라서 k의 값이 될 수 있는 것은 ⑤이다. 　　답 ⑤

05

$y=x^2-3ax+3a+3=\left(x-\dfrac{3}{2}a\right)^2-\dfrac{9}{4}a^2+3a+3$

이 그래프의 꼭짓점이 x축 위에 있으려면 꼭짓점의 y좌표
가 0이어야 하므로

$-\dfrac{9}{4}a^2+3a+3=0$, $3a^2-4a-4=0$

$(a-2)(3a+2)=0$

$\therefore a=2$ 또는 $a=-\dfrac{2}{3}$　　　　답 $2, -\dfrac{2}{3}$

06

$y=(x+a)^2-2(x+a)-6$
　$=x^2+2ax+a^2-2x-2a-6$
　$=x^2+2(a-1)x+a^2-2a-6$
　$=x^2+2(a-1)x+(a^2-2a+1)-7$
　$=x^2+2(a-1)x+(a-1)^2-7$
　$=(x+a-1)^2-7$

이 그래프의 꼭짓점의 좌표가 $(-a+1, -7)$이므로
$-a+1=3$, $-7=b$
$\therefore a=-2$, $b=-7$
$\therefore a-b=-2+7=5$　　　　　　　　답 5

07

$y=x^2-4ax+b$의 그래프가 점 $(-1, 2)$를 지나므로
$2=1+4a+b$　　$\therefore b=-4a+1$
$y=x^2-4ax+b=(x-2a)^2-4a^2+b$
　$=(x-2a)^2-4a^2-4a+1$
의 그래프의 꼭짓점의 좌표는 $(2a, -4a^2-4a+1)$
이 꼭짓점이 직선 $y=x-3$ 위에 있으므로
$-4a^2-4a+1=2a-3$, $4a^2+6a-4=0$
$2a^2+3a-2=0$, $(2a-1)(a+2)=0$
$\therefore a=\dfrac{1}{2}$ $(\because a>0)$, $b=-1$
$\therefore ab=-\dfrac{1}{2}$　　　　　　　　답 $-\dfrac{1}{2}$

08

$x<2$일 때 x의 값이 증가하면 y의 값도 증가하고, $x>2$
일 때 x의 값이 증가하면 y의 값은 감소하므로 그래프의
축의 방정식은 $x=2$이다.

$y=-\dfrac{1}{2}x^2+mx+m-1$

　$=-\dfrac{1}{2}(x-m)^2+\dfrac{1}{2}m^2+m-1$의

그래프의 축의 방정식이 $x=m$이므로
$m=2$

따라서 이차함수의 식은 $y=-\dfrac{1}{2}(x-2)^2+3$이므로 구하
는 꼭짓점의 좌표는 $(2, 3)$이다. 　　　　답 $(2, 3)$

09

$y=4x^2-8x+3=4(x-1)^2-1$의 그래프를 x축으로 p 만큼, y축으로 q만큼 평행이동한 그래프의 식은

$y=4(x-p-1)^2-1+q=4\{x-(p+1)\}^2-1+q$

이 그래프가 $y=4x^2-12x+3=4\left(x-\dfrac{3}{2}\right)^2-6$의 그래프 와 완전히 포개어지므로

$p+1=\dfrac{3}{2},\ -1+q=-6$

$\therefore p=\dfrac{1}{2},\ q=-5$

$\therefore p+q=-\dfrac{9}{2}$　　　　　　　　　답 $-\dfrac{9}{2}$

10

전략

이차함수 $y=-x^2-6x+7$의 그래프가 x축과 만나는 두 점 사이 의 거리를 구한다.

$y=-x^2-6x+7$에 $y=0$을 대입하면

$x^2+6x-7=0$에서 $(x-1)(x+7)=0$

$\therefore x=1$ 또는 $x=-7$

따라서 $y=-x^2-6x+7$의 그래프가 x축과 만나는 두 점 사이의 거리는 8이다.

즉 $y=-x^2-6x+7=-(x+3)^2+16$의 그래프를 y축의 방향으로 k만큼 평행이동한 그래프의 식은

$y=-(x+3)^2+16+k$

이때 축의 방정식은 $x=-3$이고 이 그래프가 x축과 만나는 두 점 사이의 거리는 4이어야 하므로 두 점의 좌표는 $(-5,\ 0),\ (-1,\ 0)$

따라서 $y=-(x+3)^2+16+k$에 $x=-1,\ y=0$을 대입하면

$0=-4+16+k$

$\therefore k=-12$　　　　　　　　　답 -12

11

$y=x^2-2x-3=(x-1)^2-4$의 그래프의 꼭짓점의 좌표는 $(1,\ -4)$이므로 $A(1,\ -4)$

$y=x^2-12x+32=(x-6)^2-4$의 그래프의 꼭짓점의 좌표는 $(6,\ -4)$이므로 $B(6,\ -4)$

$y=x^2-12x+32$의 그래프는 $y=x^2-2x-3$의 그래프를 x축의 방향으로 5만큼 평행이동한 것이므로 다음 그림에 서 빗금친 부분의 넓이는 서로 같다.

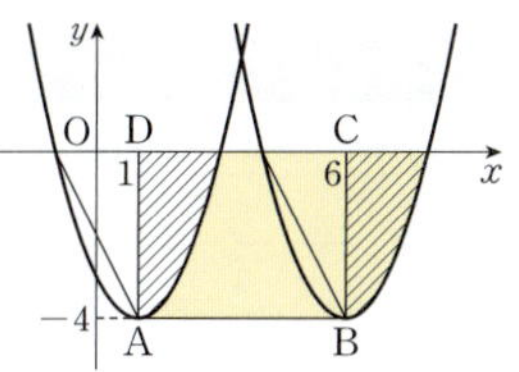

따라서 색칠한 부분의 넓이는 □ABCD의 넓이와 같으므로 $5\times4=20$　　　　　　　　　답 20

12

$y=-\dfrac{1}{2}x^2+4x-6$에 $y=0$을 대입하면

$-\dfrac{1}{2}x^2+4x-6=0,\ x^2-8x+12=0$

$(x-2)(x-6)=0$　　$\therefore x=2$ 또는 $x=6$

$\therefore A(2,\ 0),\ C(6,\ 0)$

$y=-\dfrac{1}{2}x^2+4x-6=-\dfrac{1}{2}(x-4)^2+2$이므로

$B(4,\ 2)$

$D(0,\ -6)$이므로 $y=-\dfrac{1}{2}x^2+4x-6$에

$y=-6$을 대입하면 $-6=-\dfrac{1}{2}x^2+4x-6$

$x^2-8x=0,\ x(x-8)=0$　　$\therefore x=0$ 또는 $x=8$

$\therefore E(8,\ -6)$

따라서 점의 좌표가 옳지 않은 것은 ⑤이다.　　답 ⑤

13

$y=x^2+3x-4$에 $x=0$을 대입하면 $y=-4$

$\therefore A(0,\ -4)$　　　　　　　　　…… 25 %

$y=x^2+3x-4=\left(x+\dfrac{3}{2}\right)^2-\dfrac{25}{4}$

$\therefore B\left(-\dfrac{3}{2},\ -\dfrac{25}{4}\right)$　　　　　…… 25 %

$y=x^2+3x-4$에 $y=0$을 대입하면

$0=x^2+3x-4,\ (x+4)(x-1)=0$

$\therefore x=-4$ 또는 $x=1$

점 C의 x좌표는 음수이므로 $C(-4,\ 0)$　　…… 25 %

$\therefore □OABC=\triangle OAB+\triangle OBC$

$=\dfrac{1}{2}\times4\times\dfrac{3}{2}+\dfrac{1}{2}\times4\times\dfrac{25}{4}$

$=3+\dfrac{25}{2}=\dfrac{31}{2}$　　　　　…… 25 %

답 $\dfrac{31}{2}$

채점기준	배점
점 A의 좌표 구하기	25 %
점 B의 좌표 구하기	25 %
점 C의 좌표 구하기	25 %
□OABC의 넓이 구하기	25 %

14

$y=-x^2-4x+5=-(x+2)^2+9$

$\therefore \mathrm{A}(-2,\ 9)$ ⋯⋯ 10 %

$y=-x^2-4x+5$에 $y=0$을 대입하면

$-x^2-4x+5=0,\ x^2+4x-5=0$

$(x+5)(x-1)=0$ $\therefore x=-5$ 또는 $x=1$

$\therefore \mathrm{B}(-5,\ 0),\ \mathrm{C}(1,\ 0)$ ⋯⋯ 10 %

이때 $\triangle \mathrm{ABC}=\dfrac{1}{2}\times 6\times 9=27$ ⋯⋯ 10 %

오른쪽 그림과 같이 $\overline{\mathrm{AC}}$와 직선 l의
교점을 $\mathrm{D}(m,\ n)$이라 하면

$\triangle \mathrm{DBC}=\dfrac{1}{2}\times 6\times n=\dfrac{27}{2}$

$\therefore n=\dfrac{9}{2}$

이때 두 점 $\mathrm{A}(-2,\ 9),\ \mathrm{C}(1,\ 0)$을
지나는 직선의 방정식은 $y=-3x+3$

$y=-3x+3$에 $x=m,\ y=\dfrac{9}{2}$를 대입하면

$\dfrac{9}{2}=-3m+3$ $\therefore m=-\dfrac{1}{2}$

즉 두 점 $\mathrm{B}(-5,\ 0),\ \mathrm{D}\left(-\dfrac{1}{2},\ \dfrac{9}{2}\right)$를 지나는 직선의 방

정식은 $y=x+5$ ⋯⋯ 70 %

답 $y=x+5$

채점기준	배점
점 A의 좌표 구하기	10 %
점 B, C의 좌표 구하기	10 %
△ABC의 넓이 구하기	10 %
직선 l의 방정식 구하기	70 %

15

그래프가 아래로 볼록하므로 $a>0$

축이 y축의 왼쪽에 있으므로 $ab>0$ $\therefore b>0$

y축과의 교점이 x축보다 아래쪽에 있으므로 $c<0$

$\therefore a+b>0,\ b-c>0,\ c-a<0$

$\therefore \sqrt{(a+b)^2}+\sqrt{(b-c)^2}-\sqrt{(c-a)^2}$

$=(a+b)+(b-c)+(c-a)=2b$ 답 $2b$

16

주어진 일차함수의 그래프에서 $a>0,\ b>0$

따라서 $y=ax^2+bx-a-b$의 그래프에서

(i) $a>0$이므로 아래로 볼록

(ii) $ab>0$이므로 축이 y축의 왼쪽에 위치

(iii) $-a-b<0$이므로 y축과의 교점이 x축보다 아래쪽에
　위치

(i), (ii), (iii)에서 $y=ax^2+bx-a-b$의 그래프의 개형으
로 알맞은 것은 ④이다.   답 ④

17

축의 방정식이 $x=4$이고 x축과 만나는 두 점 사이의 거리
가 2이므로 축에서 x축과 만나는 두 점까지의 거리는 각각

$\dfrac{2}{2}=1$이다.   ⋯⋯ 30 %

따라서 그래프가 x축과 두 점 $(3,\ 0),\ (5,\ 0)$에서 만난
다.   ⋯⋯ 30 %

구하는 이차함수의 식을 $y=a(x-3)(x-5)$로 놓고

$x=2,\ y=3$을 대입하면

$3=3a$ $\therefore a=1$

$\therefore y=(x-3)(x-5)=x^2-8x+15$ ⋯⋯ 40 %

답 $y=x^2-8x+15$

채점기준	배점
축에서 x축과 만나는 점까지의 거리 구하기	30 %
그래프가 x축과 만나는 두 점의 좌표 구하기	30 %
구하는 이차함수의 식 구하기	40 %

18

ㄱ에서 x^2의 계수는 -1

ㄴ에서 꼭짓점의 좌표를 $(m,\ 4m+2)$로 놓으면

$y=-(x-m)^2+4m+2$ ⋯⋯ ㉠

ㄷ에서 ㉠에 $x=-1,\ y=-2$를 대입하면

$-2=-(-1-m)^2+4m+2$

$m^2-2m-3=0,\ (m+1)(m-3)=0$

$\therefore m=-1$ 또는 $m=3$

ㄹ에서 $m>0,\ 4m+2>0$이므로 $m>0$

따라서 $m=3$이므로 구하는 이차함수의 식은

$y=-(x-3)^2+14=-x^2+6x+5$

따라서 $a=-1,\ b=6,\ c=5$이므로

$a+b-c=(-1)+6-5=0$ 답 0

19

$y=-x^2+8x-8=-(x-4)^2+8$이므로

구하는 이차함수의 식을 $y=a(x-4)^2+8$로 놓는다.
이때 이 그래프가 점 $(2, -2)$를 지나므로
$-2=4a+8, \ 4a=-10 \qquad \therefore a=-\dfrac{5}{2}$

$\therefore y=-\dfrac{5}{2}(x-4)^2+8$

따라서 $a=-\dfrac{5}{2}$, $p=4$, $q=8$이므로

$ap+q=\left(-\dfrac{5}{2}\right)\times 4+8=-2$ 　　　　답 -2

20

x축에 접하는 포물선이므로 구하는 이차함수의 식을
$y=a(x-p)^2$으로 놓으면 이 그래프가 두 점 $(-2, -2)$,
$(-6, -8)$을 지나므로
$-2=a(-2-p)^2$ 　　　…… ㉠
$-8=a(-6-p)^2$ 　　　…… ㉡

㉡$\div$㉠을 하면 $4=\dfrac{(-6-p)^2}{(-2-p)^2}$, $3p^2+4p-20=0$

$(3p+10)(p-2)=0 \qquad \therefore p=-\dfrac{10}{3}$ 또는 $p=2$

$p=-\dfrac{10}{3}$일 때 $a=-\dfrac{9}{8}$, $p=2$일 때 $a=-\dfrac{1}{8}$

따라서 구하는 이차함수의 식은
$y=-\dfrac{9}{8}\left(x+\dfrac{10}{3}\right)^2$ 또는 $y=-\dfrac{1}{8}(x-2)^2$

답 $y=-\dfrac{9}{8}\left(x+\dfrac{10}{3}\right)^2$ 또는 $y=-\dfrac{1}{8}(x-2)^2$

21

점 $(0, -3)$을 지나므로 구하는 이차함수의 식을
$y=ax^2+bx-3$으로 놓고
$x=-1, \ y=8$을 대입하면
$8=a-b-3 \qquad \therefore a-b=11$ 　　　…… ㉠
$x=2, \ y=-7$을 대입하면
$-7=4a+2b-3 \qquad \therefore 2a+b=-2$ 　　　…… ㉡
㉠, ㉡에서 $a=3$, $b=-8$
즉 $y=3x^2-8x-3$이므로 $y=0$을 대입하면
$3x^2-8x-3=0, \ (3x+1)(x-3)=0$

$\therefore x=-\dfrac{1}{3}$ 또는 $x=3$

따라서 x축과의 두 교점의 좌표가 $\left(-\dfrac{1}{3}, \ 0\right)$, $(3, 0)$이

므로 $\overline{AB}=3-\left(-\dfrac{1}{3}\right)=\dfrac{10}{3}$ 　　　답 $\dfrac{10}{3}$

22

$\triangle ABC=\dfrac{1}{2}\times\overline{AB}\times\overline{OC}$이므로

$6=\dfrac{1}{2}\times 6\times\overline{OC} \qquad \therefore \overline{OC}=2 \qquad \therefore C(0, -2)$

x축과의 교점이 $(-1, 0)$, $(5, 0)$이므로 구하는 이차함
수의 식을 $y=a(x+1)(x-5)$로 놓으면 이 그래프가 점
$(0, -2)$를 지나므로
$-5a=-2 \qquad \therefore a=\dfrac{2}{5}$

$\therefore y=\dfrac{2}{5}(x+1)(x-5)=\dfrac{2}{5}x^2-\dfrac{8}{5}x-2$

따라서 $a=\dfrac{2}{5}$, $b=-\dfrac{8}{5}$, $c=-2$이므로

$abc=\dfrac{2}{5}\times\left(-\dfrac{8}{5}\right)\times(-2)=\dfrac{32}{25}$ 　　　답 $\dfrac{32}{25}$

23

구하는 이차함수의 식을 $h=a(t-3)^2+75$로 놓으면 이
그래프가 $(0, 48)$을 지나므로
$9a+75=48, \ 9a=-27$
$\therefore a=-3$
$\therefore h=-3(t-3)^2+75$
물체가 지면에 떨어질 때의 지면으로부터의 높이는 0 m
이므로 $h=0$을 대입하면
$0=-3(t-3)^2+75, \ (t-3)^2=25$
$\therefore t=8 \ (\because t>0)$
따라서 물체를 던진 후 떨어질 때까지 걸리는 시간은 8초
이다. 　　　답 ①

STEP A 최고난도문제 　　　본문 107~108쪽

01 $\dfrac{5}{9}$	02 D$(-2, 1)$	03 20501
04 $y=-3x^2+12x-8$		05 $\dfrac{15}{2}$
06 37.5 m		

01

전략

아래로 볼록한 이차함수의 그래프가 x축과 서로 다른 두 점에서 만
나려면 꼭짓점의 y좌표가 0보다 작아야 한다.

주사위를 두 번 던질 때 나오는 모든 경우의 수는
$6\times 6=36$

$y=3x^2-2ax+b=3\left(x-\dfrac{1}{3}a\right)^2-\dfrac{1}{3}a^2+b$의 그래프가 x

축과 서로 다른 두 점에서 만나려면

$-\dfrac{1}{3}a^2+b<0, \ -\dfrac{1}{3}a^2<-b, \ a^2>3b$

따라서 이 조건을 만족하는 순서쌍은
$(2, 1), (3, 1), (4, 1), (5, 1), (6, 1), (3, 2), (4, 2),$
$(5, 2), (6, 2), (4, 3), (5, 3), (6, 3), (4, 4), (5, 4),$
$(6, 4), (4, 5), (5, 5), (6, 5), (5, 6), (6, 6)$
의 20가지이므로 구하는 확률은 $\dfrac{20}{36}=\dfrac{5}{9}$ 이다.   답 $\dfrac{5}{9}$

02

$y=\dfrac{1}{3}x^2+\dfrac{2}{3}x-1$에 $y=0$을 대입하면
$\dfrac{1}{3}x^2+\dfrac{2}{3}x-1=0$
$x^2+2x-3=0,\ (x+3)(x-1)=0$
$\therefore\ x=-3$ 또는 $x=1$
$\therefore\ \mathrm{A}(-3, 0),\ \mathrm{C}(1, 0)$
$y=\dfrac{1}{3}x^2+\dfrac{2}{3}x-1$에 $x=0$을 대입하면
$y=-1$
$\therefore\ \mathrm{B}(0, -1)$
이때 $\mathrm{D}(a, b)$라 하면
$\overline{\mathrm{AB}}\ /\!/\ \overline{\mathrm{CD}}$에서 $\dfrac{-1-0}{0-(-3)}=\dfrac{0-b}{1-a}$
$\therefore\ a+3b=1$ …… ㉠
$\overline{\mathrm{AD}}\ /\!/\ \overline{\mathrm{BC}}$에서 $\dfrac{b-0}{a-(-3)}=\dfrac{0-(-1)}{1-0}$
$\therefore\ a-b=-3$ …… ㉡
㉠, ㉡에서 $a=-2,\ b=1$
$\therefore\ \mathrm{D}(-2, 1)$ 답 $\mathrm{D}(-2, 1)$

03

$f(x)=x^2+5x+2=\left(x+\dfrac{5}{2}\right)^2-\dfrac{17}{4},$

$g(x)=x^2+3x-2=\left(x+\dfrac{3}{2}\right)^2-\dfrac{17}{4}$이므로
$f(x)=g(x+1)$

$\therefore\ \dfrac{f(1)f(2)\cdots f(200)}{g(1)g(2)\cdots g(200)}=\dfrac{g(2)g(3)\cdots g(201)}{g(1)g(2)\cdots g(200)}$

$\qquad\qquad\qquad\quad =\dfrac{g(201)}{g(1)}$

$\qquad\qquad\qquad\quad =\dfrac{201^2+3\times201-2}{1^2+3\times1-2}$

$\qquad\qquad\qquad\quad =\dfrac{41002}{2}=20501$ 답 20501

04

$y=2x^2$에 $x=2$를 대입하면

$y=8$ $\therefore\ \mathrm{A}(2, 8)$
$y=-\dfrac{3}{2}x^2$에 $x=2$를 대입하면
$y=-6$ $\therefore\ \mathrm{B}(2, -6)$
$\overline{\mathrm{AB}}$ 위의 점 C의 좌표를 $\mathrm{C}(2, m)$이라 놓으면
$\overline{\mathrm{AC}}:\overline{\mathrm{CB}}=2:5$이므로
$(8-m):(m-(-6))=2:5$
$2(m+6)=5(8-m),\ 7m=28$ $\therefore\ m=4$
$\therefore\ \mathrm{C}(2, 4)$
즉 구하는 이차함수의 식을 $y=a(x-2)^2+4$로 놓는다.
$x=1,\ y=k$를 대입하면 $k=a+4$ …… ㉠
$x=4,\ y=-8k$를 대입하면 $-8k=4a+4$ …… ㉡
㉠, ㉡에서 $a=-3,\ k=1$
$\therefore\ y=-3(x-2)^2+4=-3x^2+12x-8$
     답 $y=-3x^2+12x-8$

05

$y=-ax^2+abx+5a+b+2$의 그래프
는 오른쪽 그림과 같다.
즉 $-a>0$이고 x축과 $(3, 0),\ (5, 0)$
에서 만나므로
$y=-a(x-3)(x-5)$
$\quad =-ax^2+8ax-15a$
$\therefore\ ab=8a,\ 5a+b+2=-15a$
$ab=8a$에서 $b=8\ (\because\ a<0)$
$5a+b+2=-15a$에서 $20a=-10$ $\therefore\ a=-\dfrac{1}{2}$
$\therefore\ a+b=-\dfrac{1}{2}+8=\dfrac{15}{2}$ 답 $\dfrac{15}{2}$

06

호수의 중앙인 M 지점을 원점
으로 하여 좌표평면 위에 호수
의 모양을 나타내면 오른쪽 그
림과 같다.

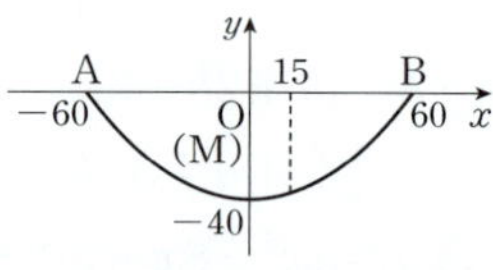

이때 호수의 모양을 그래프로 하는 이차함수의 식을
$y=ax^2-40$으로 놓으면 이 그래프가 점 $(60, 0)$을 지나
므로
$0=3600a-40$ $\therefore\ a=\dfrac{1}{90}$
$\therefore\ y=\dfrac{1}{90}x^2-40$

$x=15$를 대입하면 $y=\dfrac{1}{90}\times15^2-40=-37.5$

따라서 구하는 수심은 37.5 m이다.   답 37.5 m

memo

수학 꽉 잡는
급속충전
에이급수학
중 3 상

모두 CHEER UP 하세요!